mis pedazos rotos

mis pedazos rotos

sanando las heridas del abuso sexual
a través de la fe, la familia y el amor

....

ROSIE RIVERA

A CELEBRA BOOK

celebra

Publicado por New American Library,
Una división de Penguin Random House LLC
375 Hudson Street, Nueva York, Nueva York 10014

Este libro es una publicación original de New American Library.

Primera impresión: febrero de 2016

ISBN 978-1-101-99108-4

THE LIBRARY OF CONGRESS HAS CATALOGED THE ENGLISH-LANGUAGE EDITION OF THIS TITLE AS FOLLOWS:
Rivera, Rosie, author.
My broken pieces: mending the wounds from sexual abuse through faith, family, and love/Rosie Rivera.
p.   cm.
ISBN 978-1-101-99006-3
1. Rivera, Rosie. 2. Women television personalities—United States—Biography. 3. Television personalities—United States—Biography. 4. Rivera, Rosie—Family. 5. Rivera, Jenni. I. Title.
PN1992.4.R5313A3   2015
791.4502'8092—dc23   2015017328
[B]

Impreso en los Estados Unidos de América
10 9 8 7 6 5 4 3 2 1

NOTA DEL EDITOR
En Penguin tenemos el compromiso de publicar obras de calidad y honestas. En ese sentido, nos sentimos orgullosos de poner este libro a disposición de nuestros lectores; en cualquier caso, la historia, la experiencias y las palabras en él contenidas son responsabilidad exclusiva del autor.

Penguin
Random
House

Para Chay:

Por sembrar la semilla en mi corazón hace muchos años.

Hermana, ahora esa semilla da sus frutos.

Para todas las mujeres que han sufrido por el abuso:

No están solas; somos hermanas en nuestras fracturas.

A Jesús:

Quien se rompió para hacerme entera.

"Y aislados eran como trozos rotos de una estrella sin boca y sin brillo. Pero juntos eran el fuego, juntos eran el canto indestructible".

—PABLO NERUDA

"Todo el mundo es roto por la vida, pero algunas personas son más fuertes en las partes rotas".

—ERNEST HEMINGWAY

prefacio por myrka dellanos

Conocí a Rosie Rivera en un evento de la revista *People en Español*, realizado en Miami en octubre de 2012, y en el que estaban rindiendo homenaje a las *Mujeres Poderosas en los Medios*, y su hermana Jenni había sido elegida como una de ellas. En realidad, Jenni nominó a su hermana para ser parte de la lista de las poderosas y los fans votaron por ella, por lo que Rosie fue escogida para pronunciar el discurso de apertura. Nunca antes había visto a Rosie en persona, pero luego de observarla, lo primero que me impactó de ella fue su belleza.

Entonces comenzó a contar su historia. Recuerdo que estaba serena y era elocuente mientras relataba el abuso sexual que sufrió cuando era niña y el posterior abuso físico que tuvo que soportar. Las lágrimas comenzaron a brotar de mis ojos y el corazón me palpitó mientras la oía hablar acerca de sus años de dolor y de odio a sí misma, y todos los representantes de los medios permanecieron completamente en silencio, hipnotizados por sus palabras. Mi hija adolescente se conmovió tanto que me dijo que quería conocerla.

Nos acercamos a Rosie después del evento y le dije que quería entrevistarla, no sobre los detalles picantes relativos a su hermana, sino sobre la Love Foundation (Fundación Amor) y su trabajo con las mujeres maltratadas. Fue cálida y acogedora con mi hija y conmigo, e intercambiamos nuestros números de teléfono. Cuando nos fuimos, mi hija exclamó "¡la amo, mamá!". Los adolescentes se sienten atraídos por personas que son reales e inexpertas, y Rosie era exactamente así. Como periodista, he tenido la suerte de conocer a muchas personas, y me conecto más con unas que con otras. Sentí una empatía inmediata con Rosie y ese día comprendí que su historia tenía el poder para ayudar y sanar a otros.

Adelantémonos tres años en el tiempo, y mientras leía su libro, *Mis pedazos rotos*, que contiene tantos detalles sin censura, me conmoví una vez más, sintiendo compasión y tristeza por Rosie y su familia, pero también por muchos niños y niñas que sufren este dolor, pero que no sobreviven para contar su historia. Sin embargo, a pesar de la aflicción en su vida, hay una esperanza y una belleza que brilla más que el mal. Y por eso estoy segura de que este libro es una herramienta poderosa en la curación de muchas de nuestras almas, que consideramos heridas. Lo que veo a través de la vida de Rosie es que el bien prevalece al final, y si Dios está de nuestro lado (y creo que Él nunca nos abandona ni nos desampara), entonces podemos dar un respiro a través de los tiempos difíciles sabiendo que los mejores días están por venir. Incluso en medio de nuestros días más oscuros, podemos hacer eco de la creencia de Rosie que aparece en Romanos 8:28 "... a los que aman a Dios, todas las cosas les ayudan a bien...". Y yo también estoy muy agradecida por esa convicción. Sin ella, muchos de nosotros no estaríamos vivos hoy.

Me sentí animada al leer la historia de Rosie, y para todos aquellos de ustedes que han experimentado una pérdida, una tragedia, el abandono, el abuso y unos días más oscuros, deben recordar que así como Rosie está viva y ha salido adelante, ustedes también pueden hacerlo. Rezo para que todos y cada uno de ustedes que lean sus palabras, comprendan que es posible liberarse del dolor, la culpa y la falta de perdón. Si hay un hilo que se teje a lo largo de *Mis pedazos rotos* es que Dios puede crear una hermosa obra de arte a partir de nuestra aflicción.

introducción

Desde que era una niña, sabía que no quería entrar al mundo del espectáculo. Como era una Rivera, eso es lo que todos esperaban de mí, pero yo sabía que tenía otros planes. Cada vez que mi padre me sentaba en su regazo en la mañana y me preguntaba qué querría ser cuando fuera grande, yo le decía que quería ser maestra, escritora o astronauta... pero nunca me pasó por la mente ser artista. Eso era lo que hacían mis talentosos hermanos y hermana, pero yo no. Yo iba a ser tan grande como ellos, pero a mi manera, ya fuera viajando a la luna o escribiendo un libro.

Sin embargo, todo cambió el verano en que cumplí ocho años. Aunque yo estaba segura todavía de que no quería ser artista, mis propios sueños se vieron truncados. El abuso sexual que sufrí, y que mantuve en secreto durante tantos años, me carcomió el alma, y no pasó mucho tiempo antes de que perdiera toda mi autoestima. El mundo ancho y hermoso que alguna vez había soñado conquistar, se derrumbó de repente y mi universo se hizo oscuro y empecé a creer, en lo más profundo de mi corazón, que realmente yo no tenía ningún valor. Todos mis sueños se vieron interrumpidos y la inocencia de una infancia dorada, rodeada de mucho amor y afecto, se tornó oscura.

Durante muchos años, me despertaba cada mañana con la esperanza de que ese día fuera el último, todo lo que podía ver a mi alrededor era un pozo infinito de dolor, y sin importar lo mucho que lo intentara, no podía imaginar una vida más allá del día que tenía enfrente. Viví dieciocho años así, y podría haber seguido en esta situación durante muchos más si no hubiera sido por un descubrimiento simple que cambió mi vida.

La primera vez que le dije a Chay que quería escribir un libro, ella comentó "Sí, hermana, ¡hazlo! ¡Será genial! ¡Tu libro inspirará a muchas personas!". Mi hermana mayor me animó desde el principio y, aunque yo sabía que tenía que hacerlo, el proceso no fue fácil. Tuve que volver a vivir y a enfrentar muchos momentos difíciles de mi pasado, aunque al hacerlo descubrí una lección muy importante: que si no conoces tu propia historia, si no eres dueño de ella, nunca serás capaz de sanar. Contar mi historia aquí me ha ayudado a entender esas partes de mí en las que no había pensado nunca, y realmente espero que si estás teniendo alguna dificultad en tu vida, estas páginas puedan ayudarte a entender que no eres una causa perdida y que no estás sola. Dios te ama, y esa es la bendición más grande de todas.

Para poder contar mi historia, tenía que entenderla primero, y si no hubiera sido por la guía y la mano firme de Dios, nunca habría sido lo suficientemente valiente para compartirla en estas páginas. Pero por más vulnerable y expuesta que yo me sintiera al consignar esto por escrito, sé que hay un bien supremo, y lo que más me importa actualmente es ayudar a otras personas que han sufrido de abuso sexual. Porque no importa qué tan perdida te sientas o lo angustiada que estés, siempre hay una esperanza. Y el amor de Dios está ahí para recordarte que eres la persona más bella e importante en el mundo.

Oro para que lo que estás a punto de leer te dé fuerzas para saber que, sin importar lo que pase, siempre hay esperanzas. Este libro no trata sólo de lo que es ser una sobreviviente, sino de vivir una vida más rica, plena y feliz.

Es por eso que quiero decirles a todos ustedes: Si lo único que tienen son partes rotas, entréguenselas a Dios. Él puede componerlas, curarlas y utilizarlas para bien. Él quiere esas partes rotas que ustedes piensan que el mundo entero ha rechazado. Y no importa lo perdidos o rotos que se sientan, estoy aquí para decirles que esas partes de la vida se pueden reparar y restaurar.

contenido

uno

en busca de una salida

Era un sábado por la noche y yo estaba en casa de mi hermano Lupe tomando un tequila tras otro. Lo había estado haciendo desde que me levanté esa mañana y como todos los fines de semana, me estaba lamentando de ser yo misma. Acababa de abandonar la escuela de leyes, estaba siendo una madre terrible, fracasando en mi trabajo como agente de bienes raíces y por si fuera poco, estaba casada con un hombre abusivo. Mis hermanos y hermana viajaban por el mundo, tomándoselo por asalto mientras yo desperdiciaba mi vida fumando y bebiendo en clubes de mala muerte, esperando que el sol nunca saliera para no tener que enfrentar otro día. Mi familia era lo mejor que cualquiera pudiera pedir, pero por alguna razón eso no era suficiente. Todo lo que podía pensar es que era un completo fracaso y no lograba ver cómo podrían mejorar las cosas. Estaba atrapada.

Me tomé otro *shot* de tequila y miré fijamente a la pared. Estaba tocando fondo: no solo estaba triste y deprimida. Me encontraba en un punto en el que físicamente no podía soportar estar más en el mundo. Todo el tiempo me dolía la cabeza de tanto pensar, y también el cuerpo; a todas horas me sentía como si me acabaran de dar una paliza. No sólo no quería vivir más, era que no podía. Había estado viviendo con ganas de morirme durante todo el tiempo que podía recordar, pero esa noche algo hizo clic en mi interior y, finalmente, decidí tomar medidas. Decidí que tenía que terminar con mi vida de una vez por todas. Ya no me importaba nada, ni mis padres amorosos, ni mi hermana o mis hermanos. Ni siquiera mi hija Kassey, quien tenía dos años en ese momento. Había sido una poderosa razón para seguir con vida desde que había nacido, pero esa noche ni siquiera el hecho de pensar en ella me bastó para mantenerme a flote. Temía fallarle y pensaba que probablemente estaría mejor sin mí.

Sentí que me estaba derrumbando y entonces le marqué a mi hermano Juan. Juan es el más cercano a mí en edad, y si hay una persona en el mundo que yo sé que siempre estará a mi lado, es él. Pero en cuanto contestó el teléfono, me di cuenta por el ruido de fondo que estaba ocupado.

—Hermana, ¿puedo llamarte en una hora? Estoy a punto de subir al escenario —dijo.

—Sí, claro —le respondí, intentando sonar tranquila.

Es obvio que no tiene tiempo para mí, pensé, revolcándome en mi autocompasión. *¿Por qué habría de tenerlo?*

Luego intenté llamar a Lupe, otro de mis hermanos, pero probablemente también estaba en el escenario porque su teléfono se fue directamente al correo de voz. Así que finalmente decidí marcarle a mi hermana Chay: sin importar por lo que yo estuviera pasando, mi hermana nunca me juzgaba o me hacía sentir como algo menos que una guerrera. Ella me sacaría de esta. Yo necesitaba con urgencia verme a través de sus ojos y creer que todas las cosas buenas que ella pensaba de mí eran ciertas.

—Hola, hermana, ¿cómo estás? —le pregunté, haciendo mi mejor esfuerzo para ocultar las lágrimas en mi voz. Pero era imposible esconderle un secreto a Chay. Ella supo de inmediato que algo estaba pasando.

—No llores, hermana —me dijo con su dulce voz—. ¿Puedo llamarte en un par de horas? Estoy a punto de empezar un *show*. Te prometo que te llamaré en cuanto baje del escenario.

Colgué el teléfono pensando que dos horas eran una eternidad. Se me hacía imposible aguantar tanto tiempo. Me dolía cada célula de mi ser y ninguna cantidad de tequila o de drogas iba a calmar mi dolor. Necesitaba dejar de sentir.

No era la primera vez que se me había cruzado la idea de suicidarme. Intenté cortarme las venas cuando tenía dieciséis años y todavía estaba lidiando con los efectos de lo que me había hecho Trino. Pero apenas vi las primeras gotas de sangre en mi brazo dejé de ser tan valiente y me abalancé sobre el botiquín para buscar una venda. Tal vez se debía en parte a que si de veras me enfrentaba a la realidad, no quería matarme. Pero más que eso, no quería ofender a Dios. A pesar de que en ese momento yo no estaba viviendo una vida cristiana, me aterrorizaba el riesgo de irme al infierno. Sin importar todo el dolor que sentía en ese momento, yo sabía que suicidarse significaba pasar una eternidad en el infierno, y no estaba dispuesta a arriesgarme a eso.

Sin embargo, durante esos años, la muerte siempre estuvo en mi mente. A mis veinticinco años, yo era una madre soltera, mi marido abusaba de mí desde hacía tres meses, y me sentía más sola que nadie en el mundo. Iba por la vida como una llaga en carne viva, esperando que algo o alguien me diera el golpe de gracia. Mi vida no valía nada, por más que mi familia intentara convencerme de lo contrario. Quería que me pasara algo, quería ponerme en peligro y acabar de una vez con mi vida. Todos los fines de semana tomaba hasta perder conocimiento, usaba grandes cantidades de éxtasis y me acostaba con cualquier tipo que me encontrara en un bar, sin nunca usar protección. En mi mente retorcida, llegué al extremo de esperar que me diera SIDA.

Pero nunca pasó nada.

Ahora, mientras bebía sola en la casa de mi hermano, de alguna manera le perdí miedo al infierno. Estaba convencida de ser invisible para Dios. Sabía que Él existía, estaba segura de que Él existía, pero me ignoraba, era obvio que no le importaba. ¿Por qué si no había permitido que yo cayera tan bajo? Mi sensación siempre fue de que mi vida era un infierno y pensé que el infierno al que Dios me iba a mandar no podía ser peor que este. Sin embargo, no era capaz de quitarme la vida, y más me valía encontrar a alguien que lo hiciera por mí. Así que se me ocurrió un plan.

Caminaría desde la casa de Lupe en Playa del Rey hacia el Sur Central de Los Ángeles, un barrio conocido por ser una de las zonas con más alto índice de criminalidad en el país. Todo tenía sentido en mi borrachera mental: en el tiempo que me tomaría llegar allá, tenía que haber por lo menos un degenerado dispuesto a violarme y matarme. Era imposible tener *tanta* suerte.

A eso de las 2:30 a.m., comencé a caminar hacia el norte por Lincoln Blvd. Tenía una mini falda negra ajustada y un *top* colorido y revelador que seguramente llamaría la atención. Pero en el momento en que llegué a la Universidad Loyola —casi media hora después— ni una sola alma se había fijado en mí. Había muchos carros en la calle, pero nadie se detuvo para siquiera echarme un vistazo. Aunque tenía muchas ganas de morirme en ese momento, una parte de mí esperaba también que alguien se detuviera a hablar conmigo. Sin embargo, no estaba logrando nada. Todo parecía indicar que no sólo era invisible para Dios, sino también para toda la humanidad. ¿Acaso era así de indeseable? Acababa de perder peso, me había hecho cirugía plástica en el torso, y me veía mejor que en muchos años. ¿Por qué entonces nadie se fijaba en mí?

Necesitaba llamar la atención de alguien a como diera lugar, y si no lo lograba vagando como una loca por la calle, entonces necesitaba dar más de mí. Me quité la mitad del *top* y me alcé la falda aún más. La temperatura era baja y sentí cómo me envolvía el viento frío de Marina del Rey. Me quité los tacones, pero ni siquiera sentía las piedras de aquel cemento frío bajo mis pies. Si tan sólo mi corazón estuviera tan insensible como mis pies.

Lo único que podía oír era el silencio. Ni un solo carro me tocó el claxon, ni una sola persona se detuvo para preguntarme si necesitaba ayuda. Sólo estaban el silencio y el zumbido de los autos que iban a toda velocidad. Era como si yo fuera la única alma en el mundo con una oscuridad absoluta alrededor de mí, confirmando todo aquello que sentía en mi corazón. Recuerdo que miré las estrellas y grité: "¡Dios! ¿Por qué no te deshaces de mí? ¿Por qué? Permitiste que me pasaran todo tipo de cosas horribles en mi vida, ¿por qué entonces no dejas que me vaya?".

Apenas tenía veinticinco años, pero me sentía como si hubiera vivido cien.

"Por favor, Dios", supliqué, mi cara cubierta de lágrimas. "Si acaso te importo algo, te ruego por amor que me quites la vida".

Pero una vez más, no pasó nada.

Habían transcurrido unas pocas horas desde que había bebido por última vez. Mi nivel de alcohol había disminuido y estaba recuperando algunos de mis sentidos, pero no lo suficiente como para disuadirme de mi plan. Me dolían los pies y estaba empezando a temblar, pero estaba desesperada por encontrar una salida. Seguí caminando por la calle mientras pensaba en cómo terminar con mi vida.

El sol aún no había salido cuando finalmente decidí acostarme en la calle a un lado de la banqueta. Recuerdo que pensé: "Me acostaré aquí y me quedaré dormida. Tal vez algún borracho pase a toda velocidad por esta calle, no vea mi cuerpo y me atropelle sin que yo me dé cuenta de nada". Más que el hecho de morir, me daba miedo el dolor y esto garantizaba que todo acabaría rápido.

"¿Ya ves, Dios?", me dije. "No te necesito. Puedo encargarme de esto".

Agotada, apoyé mi cabeza en la banqueta y caí en un sueño profundo.

la vida rivera

La mayoría de la gente piensa que la familia Rivera está en el negocio de la música por mi padre, don Pedro Rivera, pero lo cierto es que la que sabe cantar es mi madre. A mi padre siempre le ha gustado la música, pero doña Rosa, como todo el mundo la llama, es inigualable. Tiene una voz increíble, pero a diferencia de su marido y de sus hijos, nunca quiso entrarle a la música. Canta en el coro de la iglesia, y hasta ahí llegan sus ambiciones. "Perdí a mis hijos mucho antes de que el avión de Janney se cayera", me dijo una vez, "mientras más famosos, menos los veo". Si las cosas fueran como ella quisiera, todos estaríamos viviendo a poca distancia unos de otros, rodeados todos los días de nuestra familia inmediata. De hecho, hubo una época en que todos vivimos a menos de cinco minutos de su casa en Ellis Street en North Long Beach; ella nunca fue tan feliz.

Mamá y papá se conocieron en un concurso de canto cuando ella tenía catorce años y él quince. Mamá era una joven muy buena. Venía de una familia de once hijos, pero cuando tenía siete años, la enviaron a vivir con su madrina, a quien supuestamente tenía que cuidar en su vejez. Por lo que me dice mi madre, su madrina no era una mujer fácil, y esos años no fueron los más agradables. Por lo general, ella creció sin ningún tipo de afecto y como no vivía en casa con su propia familia, nunca desarrolló una relación con sus hermanos, y mucho menos con sus padres. Entonces, cuando conoció a mi padre a la tierna edad de catorce años, se enamoró al instante. Mi padre vendía billetes de lotería en las calles, una actividad que mi abuelo —el papá de mi madre— miraba con desprecio. Mi abuelo le prohibió que viera a mi padre, pero por primera vez en su vida, ella no le dio importancia a sus palabras. La pasión por mi padre le ganó al deseo de obedecer a mi Tata.

No mucho tiempo después de haberse conocido, mi madre y mi padre empacaron sus cosas y se escaparon juntos. Mi padre se la llevó, se casó con ella y la cuidó desde ese momento. Trabajó duro para darle todo lo que pudiera, pero esos primeros años juntos fueron muy complicados. Vivieron de pueblito en pueblito, en ranchitos pequeños, rodeados de mucha pobreza, siempre en busca de nuevas oportunidades que no siempre encontraron. Eran tiempos difíciles. Por si fuera poco, el padre de mi madre se las arregló para poner a mi papá tras las rejas por haber escapado con una menor de edad. Él cumplió su condena mientras mi madre lo esperaba con paciencia: nunca se quejó de su situación y siempre se mantuvo fiel a él. Todos los intentos por presionarla o persuadirla no lograron hacer que cambiara de opinión. Tan pronto como mi papá salió de la cárcel, se fueron a vivir un tiempo con los padres de él hasta que pudieron arreglárselas por su cuenta.

Aunque la familia de mi padre los ayudó, también eran muy tradicionales, pero en el peor sentido posible. Mi abuelo paterno creía que un hombre debía golpear de vez en cuando a su mujer con el fin de hacerla sumisa y obediente. Mi padre no entendía por qué tenía que hacer eso y, por supuesto, mi madre tampoco. Sin embargo, ella nunca se quejó ni dijo nada malo de mi padre a su familia o a sus hijos. Era una mujer a la antigua: siempre estuvo a su lado sin importar lo que pasara.

Mis hermanos Pedro y Gustavo nacieron en México, y desde que tuvo hijos, don Pedro Rivera se convirtió en un abnegado hombre de familia. Tuvo tantos empleos como pudo para mantener a su familia porque, sea lo que sea, para él la familia siempre es lo primero. Siempre. Fue un valor que inculcó en todos los corazones de sus hijos. Es algo por lo que todos vivimos.

Las cosas se hicieron más difíciles con dos niños pequeños a cuestas. Mis padres hicieron lo que pudieron para sobrevivir, pero la situación no mejoraba, por lo que en 1966, mi padre cruzó la frontera a los Estados Unidos en busca de trabajo y de mejores oportunidades para su familia. Fue y volvió varias veces hasta que finalmente, en 1968, decidió que ya era hora de que mi madre y los niños se unieran a él. Mi pobre madre estaba aterrorizada mientras cruzaban la frontera para comenzar una nueva vida en el sur de California. No sólo se estaba mudando a un nuevo país para tener una nueva vida: tenía pocos meses de embarazo de mi hermana Jenni, o Chay, como siempre la llamé.

Los primeros años en los Estados Unidos fueron duros. Muy duros. Mi padre, un conocido emprendedor, tuvo varios empleos —en la pizca, en una fábrica de plástico— pero los odiaba todos. Se había hecho a sí mismo, y recibir órdenes de otros le parecía una verdadera desgracia. Aguantó un tiempo, hasta que finalmente pudo ahorrar un poco de dinero y decidió trabajar por su cuenta. ¡Qué no hizo! Vendió frutas en las calles, trabajó como fotógrafo en bodas, en *sweet sixteens* y quinceañeras, vendió prendedores en conciertos, accesorios para joyería y hasta cortinas... vendíamos de todo lo imaginable en el *swap meet* al precio que nos dieran:

uñas postizas, cassettes y artículos electrónicos. Mi padre siempre decía: si tenemos que vender pañales, ¡pues venderemos pañales! Le entrábamos a lo que fuera. Y en todas y cada una de sus aventuras, mi mamá siempre estuvo a su lado. Cuando iban al *swap meet*, ella se encargaba de uno de los puestos. Cuando abrieron un bar, ella era la mesera. Cuando tuvieron un restaurante, ella era la cocinera. Fuera lo que fuera, mi mamá le ayudaba a mi papá en todos sus negocios y eso mientras era mamá de tiempo completo con sus hijos.

Mi padre recibe mucho crédito por lo que ha creado y logrado, pero mi madre fue igual de importante en la consolidación del negocio familiar. Ella lo dio todo por nosotros para triunfar en este país. Ha movido cielo y tierra por su familia, tanto así que incluso sacrificó sus dientes. Literalmente. A principio de los años ochenta, cuando a Chay se le ocurrió la idea de hacer y vender prendedores para un concierto de Menudo, mi mamá llevaba varios años ahorrando para arreglarse los dientes. Pero las locas oportunidades de negocios de mi padre siempre estaban primero y ella le dio todos sus ahorros para que comprara una máquina de hacer prendedores. Chay hizo un dineral vendiendo sus prendedores en el concierto, y mi madre tuvo que esperar varios años para arreglarse los dientes, mientras desarrollaban su nuevo negocio.

Papá usó la máquina de hacer prendedores para los Juegos Olímpicos de Los Ángeles en 1984, y con los 14.000 dólares que ganó, le entró a otro negocio: la producción musical. Una noche escuchó un grupo norteño tocando en un bar, y le gustó mucho. Platicó con ellos después del *show*, y resultó que estaban buscando a alguien para que les ayudara a grabar sus canciones. Mi padre, que nunca rehuía una oportunidad de negocios, se ofreció a hacerlo.

Trabajaron juntos para producir un álbum que no fue un éxito de ventas, pero eso no detuvo a mi padre. Fue sólo cuestión de tiempo antes de encontrar algo que funcionara. Siguió buscando bandas, mariachis y grupos norteños con talento, y poco a poco comenzó a crear un grupo pequeño pero leal de seguidores dentro de la comunidad mexicano-estadounidense del sur de California. Nadie había hecho esto antes, y era evidente que había un vacío en el mercado porque el negocio comenzó a crecer muchísimo. En 1987, lanzó su sello discográfico, Cintas Acuario, donde descubriría y grabaría a artistas tan exitosos como Chalino Sánchez, El Chapo de Sinaloa, Graciela Beltrán, Rogelio Martínez, Paraíso Tropical de Durango, Lobito de Sinaloa, Canelos de Durango, Voces del Rancho entre muchísimos otros, incluyendo a mis hermanos y hermana.

Y como todo en la familia Rivera es un esfuerzo de equipo, tan pronto como el negocio de papá comenzó a despegar, se convirtió en una empresa familiar. Todos trabajábamos en ella y compartíamos nuestros éxitos. Poco después abrimos Música del Pueblo, una tienda de discos en Pacific Avenue en Huntington Park, aunque los fines de semana vendíamos cassettes en el Paramount *swap meet*.

Yo era la hija más pequeña, y siempre adoré a mi hermana y a mis cuatro hermanos mayores. Gustavo y Pedro ya habían dejado la casa de nuestros padres en el momento en que nací, pero Chay, Lupe y Juan vivían con ellos y me parecían las personas más increíbles, divertidas, amables, inteligentes y talentosas del mundo. Cuando hablan de la familia Rivera, a veces la gente me dice: "¡No eres nadie, sólo eres su hermana pequeña!". Y es que lo que no saben es que ese es el mayor elogio que me puedan hacer: ¡me encanta ser su hermana pequeña! Ser parte de esta familia loca, amorosa, talentosa y divertida es mi mayor alegría en la vida, y lo que más agradezco.

Mis primeros recuerdos de infancia son al lado de Juan y Lupe.

Son los más cercanos a mí en términos de edad, pues Juan es tres años mayor que yo, y Lupe nueve. Juan era la persona que yo admiraba más en el mundo. Era el niño más *cool* que había visto. Era súper hábil, y su forma de actuar, y hasta de moverse, irradiaba mucha seguridad. Siempre hacía reír a la gente y todo el mundo se sentía atraído automáticamente hacia él. Inicialmente tendían a amarlo o a odiarlo, pero una vez lo conocían, todos lo amaban. Cuando éramos niños, e íbamos caminando por la calle, siempre había alguien que lo reconocía. Para mí no era menos que un rey. Lo seguía a dondequiera que iba porque quería ser como él.

Siempre lo he llamado Juanelo o Wualelo, pues no podía pronunciar su nombre correctamente.

—Wualelito, wualelito, ¿quieres jugar? —le preguntaba yo.

En esa época, Juanelo estaba obsesionado con la *Wrestlemania*, y terminé obsesionándome yo también. Todo el tiempo luchábamos. Generalmente jugábamos un rato, pero siempre pasaba algo y yo corría a quejarme con mami.

—¡El wuanelo me anda pegando! —le decía a mi mamá.

Ella decía simplemente: "Vas a ver, Juan, vas a ver...", y yo me alegraba porque significaba que Juan las iba a pagar. Tenía mucho coraje con él, pero cinco minutos después me olvidaba de lo que había pasado.

—Wuanelito, wuanelito, ¿quieres jugar?

Juan es tan compasivo que cinco minutos después también se había olvidado de todo. Hasta el día de hoy, cada vez que hablamos por teléfono y comenzamos a enojarnos porque no estamos de acuerdo en algo, yo le digo:

—Hermano, creo que deberíamos colgar.

—Lo mismo digo yo —me contesta—. Te marco después.

Entonces colgamos y cinco minutos más tarde uno de los dos llama al otro y dice:

—¿Vamos a comer algo?

Y así nomás, regresamos a la normalidad, como si nunca hubiera pasado nada.

Además de la lucha libre, a Juan le encantaba jugar con carritos y canicas, y como yo me moría de ganas de ser como él, traté de imitarlo en todo lo posible. Nunca me puse una falda, nunca me cepillé el cabello, casi nunca accedía a bañarme. Yo era la niña más sucia que hubieras visto, ¡pero no me importaba! Mientras que otras niñas llevaban vestidos bonitos y jugaban con muñecas, a mí lo único que me importaba era jugar afuera con mis hermanos. Mientras más sucia estuviera, más me divertía. Esto molestaba a mi mamá.

—¡Quítate esos *jeans* sucios! ¡Quítate esa camiseta grande! ¡Péinate, por favor! —me gritaba. Pero Gustavo, mi hermano mayor, intervenía antes de que yo pudiera decir algo.

—Mamá, deje a la güera, que está hermosa.

—¿Ve, amá? —decía yo con una sonrisa gigante en la cara—. ¡Estoy hermosa!

Aunque me encantaba pasar tiempo con mi familia, detestaba con toda mi alma ir al *swap meet*. Y es curioso, cuando leí el libro de Chiquis, ¡me sorprendió descubrir que a ella le encantaba! Yo no podía soportarlo. Odiaba tener que madrugar, odiaba lo sucio que era y los cambios extremos de temperatura. Era súper frío en la mañana, y en la tarde hacía un calor muy picante y todo estaba sucio.

En esa época, nuestros padres no nos daban domingo, y siempre que le pedía dinero a mi padre, me daba una bolsa negra de basura y me decía:

"Aquí tienes, hija. Lo que recojas en latas... Ese será tu domingo".

No era un castigo ni nada; simplemente así eran las cosas. Yo veía a mis padres trabajar muy duro día tras día, haciendo todo lo posible para que nuestra vida fuera mejor, así que yo sabía que también tenía que ayudar. Todos lo hicimos. Éramos muy trabajadores y pueden decir lo que quieran de la familia Rivera, pero una cosa es cierta: tenemos una ética de trabajo muy sólida.

Entonces, mis hermanos y yo salíamos a buscar latas, hurgando entre la basura y arrastrándonos debajo de los carros. Las latas estaban llenas de porquería, de escupas y gargajos. Yo me quería morir. Me sentía completamente asqueada; era repugnante.

Cuando no me embarcaba en expediciones para recoger latas, permanecía con mi mamá en su puesto del *swap meet* y a veces me quedaba dormida debajo de una de las mesas. Mi hermanos Lupe y Juan se quejaban:

—¿Por qué Rosie puede dormir, mientras nosotros tenemos que trabajar? ¡No es justo! ¡No se vale!

—Déjenla en paz —decía ella—, pobrecita mi niña.

Pero Lupe y Juan no se daban por vencidos y mientras yo estaba dormida, me pegaban con ligas. Me despertaba dolida, ¡y con mucho coraje! Las ligas me aterrorizaron. Por muchos años, bastaba con que amenazaran con pegarme con una liga para que yo aceptara hacer lo que me pidieran. De hecho, hasta el día de hoy todavía le tengo pavor a las ligas.

Mi hermano Lupe es el hombre más chistoso, extrovertido, cariñoso y entendido para los negocios que puedan conocer. Siempre ha sido así, desde que era un chavo. Era precioso, y muy afectuoso con mi hermana y conmigo, las mujeres más jóvenes de la familia, pero cuando se trataba de mi mamá, era todo amor. La andaba besando y abrazando siempre, y nunca dejó de cuidarla. Mi mamá solía decir: "Lupe, no puedes casarte, me vas a dejar por tu esposa". Lupe es increíble para demostrar que te ama. Realmente se pasa y recibir todo ese amor es una sensación muy padre.

Siempre me cuidó cuando yo estaba pequeña. Uno de los mejores recuerdos que tengo de él es que cada vez que íbamos a algún lugar —a la escuela, a la tienda o a donde fuera—, me hacía agarrar su dedo índice pues no quería que me perdiera. "Rosa", me decía (él es el único que me llama Rosa, y en realidad odio mi nombre), "siempre y cuando me agarres el dedo, estarás bien". Y cuando estábamos juntos en la calle, yo lo agarraba del dedo con fuerza. Él sabía cuándo me asustaba, porque se lo agarraba con más fuerza. Nunca olvidaré esa sensación de estar protegida, de ser siempre amada.

Esto no quiere decir que Lupe no fuera un bromista como el resto. Un día, Juan, Lupe y yo estábamos solos en casa. Cuando yo tenía unos seis años y Juan nueve, él me cuidaba siempre que mis padres tenían que salir a hacer algo, y a mí me encantaba. Cocinaba arroz blanco y pastel de chocolate, y a él se le hacía que era una comida buenísima. Sobra decir que a mí me encantaba, ¡y cada vez que Juan cuidaba de mí era un banquete!

Ese día en particular, Lupe estaba con nosotros y después de nuestra deliciosa comida de arroz blanco y pastel de chocolate, estábamos jugando en el garaje y él —que sabía que siempre podía contar con Juan para hacer cualquier cosa, sin importar lo estúpida o loca que fuera— señaló un rincón oscuro del garaje y dijo:

—Oye Juan, ¿ves esa colmena de abejas grande y vieja que está allá?

—Sí, ¡es enorme! —dijo Juan.

—Sí, creo que deberías destruirla —añadió Lupe.

—¿De veras? —exclamó Juan con un asomo de duda en sus ojos.

—Sí, creo que deberías buscar un palo grande y destruirla —Contesto Lupe.

—¡Okay! —dijo Juan, siguiendo a ciegas la sugerencia de nuestro hermano mayor.

Juan salió y me fui detrás de él, pues era entrometida y nunca quería perderme de nada.

Juan intentó golpear la colmena con el palo, y como la colmena seguía en pie, fue por unas piedras. Las tiró lo más fuerte que pudo y de repente toda la colmena de abejas se vino abajo.

—¡*Whoa*, lo hiciste! —grité emocionada. Pero apenas me di la vuelta, mis hermanos no estaban por ninguna parte. Juan corrió a toda velocidad y entró en la casa mientras que Lupe, que ni siquiera había entrado al garaje, cerró la puerta detrás de él. Las abejas pululaban por todas partes y yo de repente me encontré sola en el garaje. ¡Me sentí aterrorizada! Comencé a golpear la puerta, rogándoles que me dejaran entrar, pero ellos se reían como locos. No dejaban de reír, y al ver que no me iban a dejar entrar, tuve que darle toda la vuelta a la casa para entrar por la puerta principal. Juro que había un rastro de abejas siguiéndome, y cuando entré en la casa, mis hermanos seguían riendo tan fuerte que se habían quedado sin aire.

—¡Están locos! —grité—. ¡Podrían haberme matado! ¿Qué pasa si soy alérgica? ¡Podría haberme muerto!

Pero Lupe siguió como si nada, y dijo con mucha calma:

—Nadie te dijo que salieras, Rosa. Le dije a Juan, no a ti.

Así eran siempre las cosas en la casa de los Rivera; siempre nos hacíamos bromas el uno al otro, y divirtiéndonos como nunca. Años más tarde cuando vimos la película *Jackass*, fue como "¡Ándale! ¡Mis hermanos hicieron todas esas mismas cosas, y de gratis!". Mi mamá y mi abuela estaban tan acostumbradas a sus bromas que cuando veían *Jackass* hasta comentaban entre ellas: "Ay, pues mira, Juanito hizo eso una vez...".

La primera casa en que viví estaba en Gale Street, en Long Beach. Era una casa pequeña de un color verde intenso al lado del *freeway,* pero tenía un patio enorme. *Seguramente que somos ricos,* pensaba yo, *¡para poder tener una yarda tan inmensa!* Mis hermanos y yo pasamos días y días jugando en ese patio y nunca nos aburríamos.

A pesar de que la casa era pequeña, nos las arreglamos para compartirla con todo tipo de animales: perros, gatos, conejos, pájaros y ardillas. Un día, papá hasta trajo un pato. Los animales andaban libremente por la casa y vivíamos con ellos como si fueran parte de la familia. Cada vez que un animal se moría, mis hermanos inventaban historias graciosas al respecto. Y cuando el pato que me regaló mi padre desapareció un día sin dejar rastro, mis hermanos me dijeron que se había suicidado. Por alguna razón, ellos pensaban que eso me haría sentir mejor (sobra decir que no fue así).

Todos aprendimos a querer a los animales, algo que se ha transmitido de generación en generación. Si mis hijos, los de Chay y los de Gustavo encuentran un animal en la calle, se lo llevan a casa y lo cuidan. Creo que soy la única que me aparté de esto en cierta manera. Cuando tenía unos doce o trece años, uno de nuestros gatos se comió a mis dos tortolitos. ¡Yo adoraba esos pájaros y se me rompió el corazón! Me sentí traicionada e hice una promesa de no sentir eso nunca más. Todavía respeto a los animales, pero mantengo mi distancia y no me permito encariñarme mucho con ellos.

Por alguna razón, mi hermano mayor, Pedro, actualmente el

pastor Pedro, pasó por una etapa, cuando tenía unos cinco años, en la que se obsesionó con matar animales. Ahogaba gatos, los agarraba de la cola y los aventaba contra un árbol. Tal vez sólo estaba experimentando y comprendiendo el significado de la vida y de la muerte, pero enloqueció por completo a mi madre, algo apenas comprensible. La escuchabas gritar a todo pulmón:

—¿Quién mató otro gato? —(Así las cosas, la situación era tan grave que ya era "otro" gato). Llamaba a Pedro y a Gustavo y les preguntaba—: ¿Quién lo hizo? Díganme... ¿Quién?

Y Pedro y Gustavo se quedaban tiesos y se hacían los que no sabían.

—¡No sé! ¡No sé! —lloriqueaban.

—Sé que ustedes lo saben —decía ella, echando humo—. ¿Quién de ustedes fue?

Había una larga pausa y, de repente, los dos respondían al mismo tiempo:

—¡Fui yo! ¡Fui yo!

Y mamá nunca se enteraba de quién había sido, hasta años más tarde, por supuesto.

Siempre fue así, porque después de crecer como una Rivera, si hay una cosa que todos sabemos es que nunca, nunca delatarás a un hermano. No importa lo que haga, no importa lo malo que sea, nunca dirás una sola palabra. De hecho, si uno de tus hermanos está a punto de ser descubierto, haces lo que sea y asumes la culpa. Pedro y Gustavo deben haber sido los primeros en comenzar con esta regla tácita que corre por todos nosotros. Gustavo lo hacía por Pedro, Juan lo hacía por Lupe, por Chay y por mí, y yo lo hacía por Juan, y estoy segura que Chay lo hacía por todos nosotros. Ella y yo éramos las niñas de la casa, por lo que nunca nos metimos en tantos problemas como los hombres y, de hecho, mis hermanos había recibido órdenes estrictas de mi padre de no tocarnos nunca.

—Nadie toca a Janney, o a Rosie —les decía siempre—. No les pueden pegar. Nadie las puede tocar.

Desde que era pequeña, papá me llenó de afirmaciones positivas. "Eres fuerte. Eres muy inteligente", me decía siempre. Mi padre también les dio un aliento increíble a Chay y a mis hermanos. Él quería que creyéramos en nosotros mismos, y nos decía que cualquier sueño podría hacerse realidad si trabajábamos duro, éramos honorables, hacíamos bien las cosas y no pasábamos por encima de nadie para llegar a la cima.

—Rosie, ¿qué quieres ser cuando seas grande? —solía preguntarme.

—¡Quiero ser astronauta, papi! —exclamaba yo.

—Bueno, hija, entonces puedes ser la mejor astronauta en el mundo —contestaba él.

Siempre le creí. Estaba rodeada de tanto amor y aliento que nunca dudé una sola vez de que estaba llamada a hacer cosas grandes e importantes en el mundo. En mi mente de niña chiquita, todo lo que tenía que hacer era trabajar duro y todos mis sueños se harían realidad.

Mi padre nunca dejó de hacerme la misma pregunta a través de los años, y cada vez yo tenía una respuesta diferente. Más tarde, respondía a la misma pregunta con: "Quiero ser la primera mujer mexicana-estadounidense en la Corte Suprema de Estados Unidos", o "Quiero ser maestra".

Y él me decía siempre:

—Está bien, pero asegúrate de ser la mejor maestra posible.

Un día, cuando yo tenía unos cuatro años, mamá estaba cocinando un gran desayuno para toda la familia y yo corrí a la cocina (como lo hacía muchas mañanas) y pregunté:

—¡Papi, papi! ¿Puedo sentarme en sus piernas mientras come?

Papi nunca me decía que no, y ese día no fue la excepción. Sin embargo, tan pronto como mi madre puso el gran plato de huevos revueltos y tortillas enfrente de él, de repente sentí un cosquilleo en mi nariz y estornudé sobre el plato.

Hubo un momento de silencio antes de que mami le dijera a mi padre:

—No te preocupes, te voy a preparar otro desayuno.

—No hay por qué —contestó él—. Es mi hija.

Me sentí muy mal por haber estornudado en el plato, pero oírlo decir eso me hizo sentir muy especial. Con esas palabras tan sencillas, él me estaba diciendo lo mucho que me amaba. No tuvo que decirlo: después de todo, yo sabía muy bien lo mucho que me amaba, pero el hecho de que hiciera eso me hizo sentir genial. Cuando me levanté a la mañana siguiente, él estaba sentado de nuevo a la mesa del desayuno, y una vez más corrí hacia él con los brazos extendidos, preguntando:

—Papi, ¿puedo sentarme con usted?

Mamá protestó:

—¡No la dejes, otra vez va a estornudar en tu desayuno!

Pero a papi no le importó. Me levantó y me sentó en su regazo al igual que la mañana anterior. Y, por supuesto, ¡estornudé!

Años más tarde nos enteramos de que yo era alérgica a su colonia. Sin embargo, mi padre nunca me negó su amor ni una sola vez. ¡Ni siquiera si eso significaba comer huevos estornudados!

Papá siempre decía que Chay era su reina y yo su princesa, y así fue como siempre nos trató. No había nada de malo en que ella fuera la reina y yo una princesa, era sólo cómo eran las cosas, y a mí me encantaba que fuéramos las dos únicas niñas y ser —y siempre lo seré— la única hermana de Chay.

Chay me decía: "Hermana, qué bueno que no tenemos otra hermana en nuestra familia, porque ella sería la fea y se sentiría excluída". Y nos moríamos de risa.

Desde el principio de los tiempos, mi hermana fue mi héroe. Lupe y Juan eran más cercanos a mí en términos de edad, por lo que eran mis compañeros de juego y mis amigos de todos los días, pero mi hermana era el centro de mi adoración. La seguía adondequiera que iba, y aunque ella se fue de la casa cuando yo tenía unos tres años, nunca sentí que no viviera con nosotros, porque siempre pasaba mucho tiempo en nuestra casa. Siempre tenía tiempo para mí, y me sentía muy especial cuando estaba con ella.

En la casa de Gale compartíamos una habitación, y Chay había llenado todas las paredes con pósters de Menudo. Estaba enamorada de ellos, y como yo quería hacer todo lo que hacía ella, pensé que también me gustaban. Una vez vi cómo ella los besaba, entonces saltaba en su cama para tratar de besarlos yo también. De hecho, una vez salté tan alto intentando alcanzar el póster que me caí y me di un fuerte golpe en la cabeza.

Mi mamá se asustó mucho al ver sangre, pero mi hermana se quedó muy tranquila. Me recogió con amor y no me regañó. A pesar de que saltar en una cama para besar un póster era una tontería, ella nunca me dijo que yo era estúpida, idiota ni nada. Cuando estaba molesta conmigo, comenzaba su frase con "Hermana, no me gusta que…", y con sólo esas palabras yo sabía que estaba en problemas. Sin embargo nunca me hizo sentir mal conmigo misma. Y eso me hizo quererla más.

Un día, Chay me llevó al Long Beach City College, donde estudiaba, y me explicó lo que hacía allí. Yo debía tener unos seis años en esa época y pensé: *Chay es el ser humano más extraordinario que existe*. Quería ser como ella y en ese momento decidí que, sin importar nada, algún día iría a la universidad.

Yo era la baby de Chay. De hecho, Juan y yo éramos sus bebés. A pesar de que ella había estado orando por tener una hermanita, se enamoró de Juan en el instante en que lo trajeron a casa del hospital. Y luego, cuando nací yo, me convertí en su muñeca de carne.

Cuando mi hermana contaba la historia de mi nacimiento, decía en broma que el día en que llegué al mundo la regué. Según ella, arruiné su fiesta cuando cumplió doce años. Fue la mayor decepción que había tenido en la vida, y nunca olvidó la marca terrible que dejó en su existencia. Cumplía años el 2 de julio y estaba a punto de cortar su pastel cuando a mi madre se le rompió la fuente, y cundió el pánico entre todos los presentes. Fue trasladada de urgencia al hospital, mientras que todos los invitados de mi hermana recogieron sus cosas y salieron de volada. Nací varias horas más tarde, pero Chay nunca se recuperó de un incidente tan traumante. Fueron varios los años en que mi hermana me recordó este incidente pues cada vez que necesitaba que yo le hiciera algo, o cuando quería simplemente salirse con la suya, me decía: "Hermana, me la debes. ¿Recuerdas que arruinaste mi fiesta cuando cumplí 12 años? ¡Me debes un chingo!".

E inevitablemente, yo cedía y hacía todo lo que ella quería. Era su ficha más fuerte, la garantía de que podía salirse con la suya.

Imagínense mi sorpresa cuando, años más tarde, me enteré por su libro *Inquebrantable,* que la famosa fiesta de cumpleaños, la misma que yo había pasado años y años imaginando que era una celebración grandiosa, sólo superada por la boda del príncipe Carlos y Diana, ¡era apenas mi hermana y dos niñas más! Todo este tiempo pensé que realmente le había arruinado su cumpleaños, cuando en realidad no había sido gran cosa. Nunca tuve la oportunidad de decírselo, ¡pero cómo lo aprovechó ella a su favor! ¡Tendremos una eternidad para llevar este caso a Jesús en el cielo!

Ahora, si ella realmente pensaba que yo le había arruinado su fiesta de cumpleaños, se desquitó con creces cuatro años más tarde, cuando nació Chiquis, su primera hija. Chay acababa de marcharse de nuestra casa para vivir con su marido Trino. Aunque Chiquis nació el 26 de junio, la primera vez que Chay fue a casa para que toda la familia la conociera fue una semana después de su nacimiento, el mismo día en que yo cumplí cuatro años. Chiquis era la bebé más hermosa del mundo, con sus enormes ojos verdes, y por supuesto, tenía que traerla a mi fiesta para robarse el *show*. ¡Me dio tanto coraje! Si ven las fotos de ese día, notarán que no estoy mirando a la cámara ni al pastel. Sólo estoy mirando directamente a Chiquis, echando humo de los celos.

Sin embargo, ese día, Chay dijo algo que nunca dejó de decirme:

—Te quiero, hermana. *Don't worry*. Siempre serás mi *baby*.

Y cumplió su promesa, porque siempre lo fui.

el juego del amor

A medida que yo iba creciendo, a mamá le cayó el veinte y entendió que no importaba lo mucho que yo intentara pasarla bien, simplemente odiaba ir al *swap meet*. Y como yo era la más pequeña y casi siempre me salía con la mía, se las arregló para no llevarme más al mercado. A veces nos enviaba a Juan y a mí con papá al estudio de grabación. Escondidos debajo de la consola, Juanelo y yo pasábamos horas jugando con carritos, con Barbies o con cualquier cosa que encontráramos. Escuchábamos a los artistas que grababa mi padre interpretar una y otra vez la misma canción, y él interrumpía a veces la grabación para darnos una botana muy balanceada de Gatorade, palitos de queso y maíz frito. ¡Nos encantaba! A veces nos lo daba tres días seguidos, pero nunca nos dejó de gustar. Incluso hoy, cada vez que como maíz frito, me acuerdo de esos largos días escondida debajo de la consola con mi hermano y me invade un sentimiento de nostalgia. En aquel entonces, yo no tenía una sola preocupación en el mundo y todo lo relacionado con mi vida era perfecto.

Otras veces, cuando mi padre estaba ocupado en el *swap meet*, mi madre me enviaba a la casa de mi hermana. En ese momento, Chay ya estaba juntada con Trino, y Chiquis tenía unos cuatro años. Vivían en un tráiler en Carson, que para mí era el mejor lugar del mundo. Me encantaba ir allá porque no sólo podía pasar el fin de semana jugando con Chiquis, sino también pasar tiempo con mi hermana mayor. Su casa estaba llena de luz y era muy tranquila y, aunque no era la más cómoda, era mucho mejor que estar en el *swap meet*.

Chay se había casado con Trino en 1984, cuando salió embarazada de Chiquis. Sus padres los presionaron para que se casaran, y a pesar de la desilusión de mi hermano —le rompió el corazón que Chay se mudara y yo estaba muy pequeña para entender completamente lo que estaba sucediendo— Chay sintió que era necesario dejar nuestra casa para ir a vivir con el padre de su hija.

Chay conoció a Trino cuando estaba en octavo grado. Un par de amigas la llevaron al restaurante de pollo donde trabajaba y él les regaló comida. Trino se fijó muy pronto en mi hermana, ella se fijó en Trino, y se enamoraron perdidamente. ¿Quién podría culparlos? Chay era LO MÁXIMO y Trino era un tipo rockero, carismático e increíblemente *cool*; todos lo querían en el barrio y parecía tener amigos en todas partes. Recuerdo muy bien que yo lo veía en la iglesia los domingos y notaba lo cariñoso y amable que era con todo el mundo. Nunca levantaba la voz, y cuando mi hermana y él tuvieron hijos, siempre fue muy amable y paciente con ellos. Un día los niños de Chay me dijeron que una noche, cuando manejaban de vuelta a casa después de un evento, cruzaron el puente de Long Beach y al ver la luna enorme sobre el agua, uno de los pequeños dijo: "Mira, papi, ¡qué bonita se ve la luna!".

Y Trino contestó: "¡Cómo no! Te voy a llevar a la luna esta noche". Fue un comentario muy dulce y realmente mostraba lo mucho que se preocupaba por los niños. Siempre los hizo sentirse seguros y cuidados. Hasta yo misma soñaba con ir a la luna desde aquel puente.

Yo quería a Trino cuando estaba pequeña. A pesar de que siempre iba a su casa para estar con mi hermana y mi sobrina, Trino siempre fue súper amable conmigo, y tan bondadoso como lo era con su propia hija Chiquis. Era como otro hermano mayor para mí, y nunca dudé de que era una gran persona. Chay *amaba* a Trino, y yo también, pues veía el mundo a través de los ojos de mi hermana mayor. Ella confiaba en él, y por lo tanto yo también. Además, él era increíblemente *cool* y decía que amaba a mi hermana, ¿qué más se podía pedir?

Pero aunque se querían mucho, las cosas entre ellos estaban lejos de ser perfectas. Decir que Chay y Trino tenían una relación complicada es decir poco. A pesar de que durante la mayor parte de su vida Chay fue la mujer que todos recordamos hoy, esa mujer firme, intrépida, resistente y fuerte que nunca se dejó rajar por nada ni por nadie, en aquellos días podía ser muy sumisa. Creo que sentía temor y se sentía vulnerable —quería hacer que su matrimonio funcionara— y nunca olvidaré las muchas veces que la vi pedirle a Trino que no la dejara después de una de sus acaloradas discusiones.

En el verano de 1989 —yo tenía ocho años, y Chiquis cuatro— pasé un fin de semana en la casa móvil de mi hermana en Carson. Chay estaba embarazada de Jacqie, su segunda bebé, y Chiquis y yo estábamos jugando en su habitación sin preocuparnos por nada. La vida no podía ser mejor: yo estaba con mi hermana y mi sobrina, no tenía que ir a la escuela, y lo más importante, no estaba en el *swap meet*. Era un día hermoso y soleado, y Chay estaba en la cocina preparando espaguetis con albóndigas, mi comida favorita. Chay hacía unas albóndigas *gigantes*, y a mí me encantaban. Cada vez que iba a su casa, le pedía que me preparara ese plato.

Pero en algún momento entré a la cocina y vi que no estaba preparando albóndigas. Y como era lo que más me gustaba, le dije:

—¡*Hey*, hermana, los espaguetis no tienen albóndigas!

—¡Oh, sí! —dijo—. Hoy no pensaba hacerlas.

—Oh, *ok* hermana, no hay problema —respondí. Me sentí decepcionada, pero un par de minutos después volví a jugar con Chiquis.

Trino y Chay apenas estaban comenzando a vivir juntos sin ayuda de la familia, por lo que tenían muy poco dinero y prácticamente nada de muebles. En el cuarto de Chiquis había un tapete azul oscuro y una cobija raída de San Marcos verde y azul —toda familia mexicana tiene una— extendida en el piso para jugar en ella. Los cálidos rayos del sol se filtraban a través de las ventanas abiertas y la recámara se sentía luminosa y ventilada. Era uno de esos días tan hermosos y perfectos como una postal, donde los colores son tan brillantes que sientes como si estuvieras en una película. Chiquis y yo estábamos sentadas en la cobija jugando con Barbies; nuestro juego era hermoso e inocente, dos niñas soñando con un mundo de fantasía de reinas, princesas y bailes. De repente oímos a Chay y a Trino comenzar a pelear. Trino y Chay siempre estaban peleando, así que no nos sorprendimos por los gritos y simplemente seguimos jugando. Pero unos minutos después, nos sorprendió oír un portazo. Chiquis y yo corrimos a la sala para ver quién se había ido. Vimos a Trino parado en la cocina.

—¿Dónde está mi hermana? —le pregunté.

—Fue a buscarte unas albóndigas —contestó—. No te preocupes, volverá en un rato.

—Oh, está bien —dije y volví a jugar con Chiquis. Era extraño que mi hermana saliera sin despedirse, pero pensé que seguramente tenía prisa o algo así. Después de todo, yo estaba feliz de que me cocinara albóndigas.

Chiquis y yo volvimos a jugar con las Barbies, y Trino entró al cuarto pocos minutos después.

—Chiquis, anda a jugar afuera —dijo con severidad.

—¿Por qué? —preguntó ella—. ¡No quiero!

—¡Te estoy diciendo, anda a jugar en la sala! ¡Anda a ver la tele o algo así! —dijo, esta vez en un tono más áspero.

Era tan raro que él le gritara a Chiquis, que ella entendió de inmediato que no habría más negociaciones. Salió rapidito y Trino cerró la puerta. Aunque me pareció extraño que le gritara a Chiquis, no necesariamente pensé que algo estaba mal.

—¿Quieres jugar un juego, Rosie? —me preguntó.

—¡Claro! —le respondí—. ¿Qué tipo de juego?

—Es el juego del amor —respondió.

—¡Genial! —le dije. Yo no entendía por qué Chiquis no podía jugar con nosotros, pero de todos modos decidí hacerlo.

Trino me pidió que pusiera mis Barbies a un lado, cerrara los ojos y me acostara. Me quedé inmóvil mientras él me bajaba los *shorts*, dejándome en ropa interior y con el pequeño *top* azul que llevaba ese día. Me cubrió con la cobija de San Marcos y luego comenzó a besarme el cuello despacito. Podía sentir su cálido aliento en mi piel, y la humedad de sus besos se sentía extraña. Yo no entendía lo que estaba pasando, pero confiaba en él y no tenía mucho miedo, pues estaba haciendo lo que él me había dicho. Trino dijo que era un juego, y mientras estuviéramos jugando, yo sabía que iba a estar bien.

Pero Trino siguió besándome y tocándome. Deslizó su mano grande entre mis muslos y lentamente la llevó a mi ropa interior. La confusión se apoderó de mí y me sentí incómoda. Sentí los dedos de Trino ásperos contra mi piel mientras me tocaba gradualmente en lugares en los que nunca nadie me había tocado.

De repente, la puerta se abrió. Era Chiquis. Nunca olvidaré la expresión de su cara cuando nos vio.

—¡Oh, ¿le vas a hacer a ella lo que le haces a *mommy*? —preguntó.

—¡Vete! —le gritó Trino y Chiquis se escabulló.

Fue entonces cuando me asusté. Fue entonces cuando supe que algo estaba definitivamente mal. ¿Qué tipo de juego era ese que Chiquis no podía jugarlo? ¿Y por qué diablos iba a jugar eso conmigo si lo jugaba con mi hermana? ¿Chay se molestaría porque yo también jugaba eso?

No supe qué pensar. Yo no quería hacer nada que le molestara a Chay, y sin embargo, tampoco quería molestar a Trino. Estaba sorprendida, confundida y congelada en el silencio.

Momentos después, Trino simplemente se levantó y se fue. No dijo palabra y ni siquiera me miró. Simplemente se marchó. Si bien lo que me hizo ese día no me dolió físicamente, la sensación que me quedó en última instancia fue que él me dejó sola allí. En un momento estaba encima de mí, prestándome atención y diciendo que quería jugar conmigo, y un momento después me estaba desechando como a un pedazo de basura, dejándome sola, vulnerable y medio desnuda. Me sentí avergonzada, y mi mente simplemente no podía procesar lo que acababa de suceder.

No recuerdo el resto de ese día. La mayoría de mis recuerdos acuden a mí en *flashes*: la cobija de San Marcos, las muñecas Barbie rubias, el cielo azul brillante, la mirada en la cara de Chiquis. Sé que Chay volvió después a casa, y que nos sentamos alrededor de la mesa y comimos aquellos espaguetis con albóndigas gigantes. Durante muchos años después de este incidente, una vez que entendí completamente lo que pasó ese día, no pude comer espaguetis y albóndigas. La mera idea de pensar en eso me revolvía el estómago.

Ese día fue el comienzo de una pesadilla que duraría varios años, y los recuerdos difusos de lo que sucedió acudieron a mí con frecuencia. Yo me obsesionaba y pensaba en todas las formas en que podría haber evitado esa situación, lo que podría haber hecho para evitar que sucediera. *Si yo no hubiera pedido albóndigas, Chay no habría salido... Si yo no le hubiera dicho que sí a su juego estúpido y simplemente hubiera seguido jugando con Chiquis... Si hubiera ido al* swap meet *con el resto de mi familia... Dios mío... ¿Cómo podía ser tan estúpida?* Una y otra vez, me culpaba a mí misma por todo lo que pasó ese día, y desde ese día en adelante. Pensé incluso que me lo merecía por ser tan mensa. Me tomó muchos años entender que no era mi culpa: yo era apenas una niña en esa época y no podría haber hecho nada para detener a Trino.

Ese mismo verano, en otro día hermoso y soleado, me encontré sola en el baño con Trino. No estoy segura de cómo terminé allí ni por qué, pero sí recuerdo el momento exacto con un cierto grado de claridad.

Trino estaba sentado en la taza del inodoro y estábamos, una vez más, jugando el "juego del amor". Se bajó los pantalones y vi que estaba erecto. Nunca antes había visto a un hombre desnudo, por no hablar de un pene erecto, así que no tenía idea de lo que significaba eso. Me preocupaba tanto que se pusiera molesto y me abandonara otra vez que me esforcé al máximo para mantener la calma. De un modo extraño, aunque yo sospechaba que lo que estábamos haciendo estaba mal, yo todavía quería que Trino estuviera contento y satisfecho conmigo. No quería que él se fuera y me dejara como lo había hecho la vez anterior. Así que, aunque esta vez fui un poco más consciente de lo que implicaba el "juego del amor", no ofrecí ninguna resistencia.

Trino me sentó encima de él y sentí algo duro entre mis piernas, e inmediatamente después el dolor fue insoportable. Era como si me hubiera clavado un cuchillo por dentro. El dolor era tan fuerte y tan intenso que estaba convencida de que tenía un cuchillo y me estaba cortando.

—¡AY! —grité a todo pulmón—. ¡Eso DUELE!

Alguien debía estar afuera porque tan pronto dejé escapar ese grito, él me tapó rápidamente la boca con la mano, dejándome saber, en términos muy claros, que tenía que mantener la boca cerrada.

—Si dices una palabra sobre esto, mataré a tus hermanos y a tu hermana —me susurró enérgicamente al oído—. ¿Me oyes?

Fue entonces cuando comprendí que algo no estaba bien. Yo estaba lastimada, adolorida y él no sólo no estaba preocupado, sino que además no quería que se lo contara a nadie. Fue entonces cuando entendí que este "juego" no era un juego después de todo, y que tampoco era para niños.

Mil pensamientos se agolparon en mi mente mientras intentaba encontrarle un sentido a lo que estaba pasando. *¿Chay iba a morir? ¿Él iba a hacerle daño? ¿Y mis hermanos?* Yo estaba asustada y con mucho dolor, pero, irónicamente, lo que más me preocupaba era que Trino estaba enojado. Estaba visiblemente molesto (probablemente porque no había podido penetrarme por completo) ¡y yo no sabía qué hacer porque nunca había hecho enojar a nadie! Yo era la bebé de esta gran familia amorosa y, en general, era una niña buena; nadie tenía ninguna razón para estar molesto conmigo. Todo lo que yo quería era que él dejara de tener coraje conmigo: no quería que me lastimara, pero lo más importante, no quería hacerle daño a Chay. Lo miré, y sin devolverme siquiera la mirada, simplemente me lanzó a un lado, se puso de pie y se fue. En ese momento, el dolor era tan insoportable que yo pensaba que estaba sangrando, y en mi mente de ocho años, eso seguramente significaba la muerte. *¿Por qué me está dejando aquí?*, pensé. *¿Cómo puede abandonarme cuando tengo dolor y lo necesito?* ¿Chay va a morir? Desde ese momento, le rogué a mi hermana que no muriera. Le decía que sin ella me volvería loca, me deprimiría y también moriría. Mi hermana no sabía por qué, pero mi mayor miedo era perderla.

Yo escasamente podía encontrarle sentido a muchos de estos pensamientos que se arremolinaban en mi cabeza. El dolor entre mis piernas finalmente cedió y después me miré para comprobar que no estuviera sangrando. Pero ese sentimiento de abandono —y el miedo a perder a Chay— no me dejaron nunca por muchos años.

No recuerdo mucho más de aquel día o del resto de ese hermoso verano. Tampoco del tiempo que pasé con Chay y Chiquis, o los momentos en casa con mis hermanos y padres. Todo lo que no era abuso simplemente desapareció de mi mente.

Hay tantas cosas horribles sobre el abuso y he tenido muchos años para reflexionar sobre la manera en que las acciones de Trino afectaron el resto de mi vida. Pero una de las cosas que más me duelen fue perder mis recuerdos de infancia. Recuerdo muy poco entre los ocho y los once años, y no importa la cantidad de terapia que reciba o lo mucho que intente recordar, es algo que no he recuperado.

Lo cierto es que, en muchos sentidos, yo vivo de mis recuerdos de infancia. Me encanta recordar a mi familia, reírme de todas nuestras locas historias, revivir los maravillosos momentos que hemos compartido juntos. Mi familia es mi roca y mi fundación. Es por lo que yo vivo, y cada vez que paso por tiempos difíciles, ya sea que se trate de un problema de familia o de mis problemas personales, esos recuerdos son lo que me alimenta. En la época en que estaba siendo abusada, o incluso después, cuando la vida me parecía tan triste que apenas podía soportarla, el amor de mi familia me mantuvo a flote. Saber que hay valiosos recuerdos que he perdido para siempre es algo que me hace llorar por dentro. He tratado tanto de bloquear las cosas malas, que también perdí todas las cosas buenas. Cuando pienso en aquella tarde cuando mi hermana me estaba haciendo espaguetis y albóndigas, me entristece pensar que Chay me preparó mi comida favorita y que ni siquiera puedo recordarla con detalles.

Si alguna vez había sentido amor por Trino por ser el marido de mi hermana, desapareció por completo en el instante en que comprendí que había algo muy malo en su juego. Las cosas se hicieron extrañas cada vez que estaba sola con él, y entonces decidí que la mejor manera de lidiar con la situación era asegurarme de no volver a estar nunca a solas con él. *No te le acerques*, pensé. Y eso fue lo que hice. Comencé a ir de nuevo al *swap meet* a pesar de que lo odiaba. Sin embargo, mi hermana me extrañaba, y se me hacía tan duro estar lejos de ella que terminé yendo a su casa de vez en cuando. Pero siempre que lo hacía, me aseguraba de estar cerca de mi hermana y la perseguía como si fuera su sombra.

A medida que pasaba el tiempo y la realidad de lo que Trino me había hecho surtía efecto, comencé a hacerme muchas preguntas inquietantes: *¿Soy la única niña a la que le sucede esto? ¿O acaso los hombres lo hacen todo el tiempo y nadie habla de eso?* Veía la televisión durante horas y horas, tratando de escapar de mi realidad, pero también deseaba que apareciera alguien y hablara de lo que me estaba pasando. *Seguramente esto le debe ocurrir a otras niñas,* pensaba yo. Pero nadie apareció en la tele y me sentí más sola que nunca.

Comencé a convertirme en una persona cada vez más introvertida. Odiaba a Trino con todo mi ser, pero la verdad me odiaba a mí misma aún más. Le tenía miedo por lo que podía hacerme él, pero lo que me estaba destruyendo en el fondo de mi corazón era que me despreciaba a mí misma por permitir sus abusos. Me comparaba con todas las fuertes personalidades de mi familia y me veía a mí misma como una niña débil, y como una cobarde.

Dejé de ser la niña alegre que había sido antes de los abusos y empecé a alejarme de mi familia en varios sentidos. Estoy segura de que todos se dieron cuenta de esto, pero nadie me confrontó. Supongo que simplemente pensaban que estaba siendo rebelde.

Muy pronto, comencé a perder la confianza en todos los hombres, pues pensaba que cada uno de ellos podía ser como Trino, incluso mis hermanos y mi padre. Nunca intenté hablar de esto con nadie, por lo que los pensamientos empezaron a crecer en mi cabeza y en poco tiempo pasé de preguntarme si todos los hombres eran iguales a creerlo con absoluta certeza. Juan siempre había sido mi héroe y yo hacía todo lo que él me pedía. Pero cuando esto comenzó a suceder con Trino, dejé de luchar con él de un momento a otro. Aunque nos tirábamos en el suelo y nos empujábamos, caíamos y nos hacíamos cosquillas hasta que las caras se nos ponían azules de tanto reír, ni siquiera dejé que se acercara a mí. La hermanita que lo había abrazado, amado y seguido por todas partes se alejó, y él no entendía por qué.

—¡No me toques! —le gritaba yo—. ¡No me abraces! ¡Apártate!

—¿Qué te pasa? —me preguntaba él desconcertado.

—¡Eres asqueroso! ¡Aléjate de mí!

Juan no fue el único que me perdió: mi papi también. Ya no quería sentarme en su regazo durante el desayuno, y me alejaba siempre que trataba de abrazarme o de besarme como cualquier padre querría abrazar y besar a su hija, a su pequeña princesa. A mi padre se le rompía el corazón al ver que yo me portaba de esa manera, pero siempre respetó mis deseos y me dejó en paz.

Lo único que recuerdo que me gustaba en esos días era leer. Pasaba horas refugiada en mis libros favoritos: de alguna manera, era reconfortante leer sobre realidades que estaban tan lejos de la mía. En mi mente, yo ensayaba mil veces lo que haría si Trino se me acercaba de nuevo, y decidí despegarme de la situación y dejar que mi mente divagara por lugares lejanos. Era la única form de Sobrevivir. Debo de haber leído todos los libros de la serie *Babysitter's Club,* y cuando Trino se las arreglaba para acercarse a mí, yo cerraba mi cuerpo y escapaba al mundo de mis sueños, pensando en mis personajes favoritos. Mientras él me tocaba, yo cerraba los ojos e imaginaba que era Claudia. Claudia vivía en Nueva York y estaba siempre a la moda, por lo que creé toda una fantasía en mi mente en la que era igual que ella. Vivía en mi propio departamento en Nueva York y estaba en el mundo de la moda, era hermosa y popular. Enfocarme en estas historias me permitió escapar de la realidad de lo que me estaba pasando y me permitió aferrarme al poco amor propio que me quedaba.

No recuerdo nada más de cuando tenía diez años. Todo lo que sabía era que tenía que concentrarme en mantenerme alejada de Trino. Mi pobre hermana no tenía idea de lo que estaba ocurriendo, ni ninguna otra persona. Tenía tanto miedo de que Trino matara a mi hermana que tuve mucho cuidado de no dejar que nadie lo supiera. Si yo estaba en la misma habitación con Trino, me escabullía rápidamente antes de que alguien lo notara. Yo pensaba que estaba siendo sutil, pero muy pronto, Trino se dio cuenta de lo que estaba pasando y me preguntó:

—¿Por qué te alejas de mí?

¿No es obvio?, pensé, pero no dije nada y simplemente corrí a jugar.

. . .

Por el tiempo en que yo tenía unos nueve años, Chay y Trino se habían mudado a una casa en la calle 55, en North Long Beach, una cuadra detrás de la casa de mi madre en Ellis Street.

Una tarde fui a visitar a mi hermana. Trino había salido a hacer algo en el carro y yo estaba sentada en el porche. Era una tarde tranquila y calmada, y me aseguré de permanecer lejos de Trino y de no hablar con él a menos de que fuera absolutamente necesario. Siempre tuve miedo de él, pero por alguna razón no me sentí tan amenazada estando al aire libre. De repente, y de la forma más natural, Trino me dijo:

—Hey, Rosie, ¿quieres aprender a manejar?

Inmediatamente me olvidé de todo, me puse en pie de un salto y grité:

—¡Sí!

Mis hermanos aprendieron a manejar cuando tenían doce años y me parecían la gente más *cool* que había en el mundo. ¡Por supuesto que quería aprender a manejar! ¡Por supuesto que quería ser como ellos! Ni siquiera pensé dos veces en lo que podría pasar si yo estaba sola en un carro con Trino... Sólo quería aprender a manejar. Yo todavía era una niña chiquita e inocente... pienso en eso ahora y me enfurece haber bajado la guardia con tanta facilidad. Pasé muchos años preguntándome, ¿cómo pude haber sido tan mensa? ¿Cómo pude haber sido tan ingenua? ¿Cómo pude haberme olvidado de todo tras la simple mención de aprender a manejar?

—*Okay* —dijo Trino mientras salía debajo del carro—. Pero vas a tener que sentarte sobre mis piernas.

Trino subió al asiento del conductor y me hizo señas para que me metiera.

—¡Está bien! —contesté. Ahí va la mensa, y me senté en sus piernas.

—Yo me encargo de los pedales porque no lo puedes hacer, y tú te encargarás del volante —explicó.

Trino prendió el motor y yo ya estaba sentada en sus piernas, tan feliz de estar manejando que me olvidé de todo temor, de toda confusión... de todo lo que había sucedido. En ese instante, yo era sólo una niña feliz aprendiendo a manejar.

No habíamos llegado al final de la cuadra cuando empecé a sentir su mano debajo de mi falda, tratando de tocarme la ropa interior. Y me acordé de inmediato: *Oh,* my God, *estoy sola con él, estamos en un carro, mi hermana no está cerca. Esto no es bueno...*

Estaba tan asustada que comencé a rogarle:

—Por favor no. Por favor, no me hagas esto. *Please.*

Trino se enojó y, después de oír por un tiempo que yo le rogaba, me tiró al asiento del pasajero. Esa vez no me hizo nada, pero recuerdo que pensé que yo era una imbécil. ¿Cómo podría haberlo olvidado?

No quería volver a caer en su trampa, y como yo no podía confiar completamente en mí, me prometí algo ese día: sin importar lo que Trino —o cualquiera— me ofreciera, siempre diría sistemáticamente que no.

tiempos oscuros

El abuso sexual cambia todo lo que has escuchado toda tu vida. Mi padre siempre me había dicho que yo era una princesa y que podría conquistar el mundo y ser lo que quisiera. Pero una vez que comenzó el abuso, mi burbuja estalló y todo lo que yo había pensado acerca de mí misma se hizo pedazos. Me di cuenta de que no era ninguna princesa, ¿cómo podría una princesa ser parte de algo tan sucio? ¿Cómo podría yo conquistar el mundo? ¡Ni siquiera era capaz de permanecer alejada de Trino! Poco a poco, empecé a creer en todas las cosas retorcidas que me decía mi mente y me olvidé por completo de todas las lecciones y afirmaciones positivas de mi papá. Lo único que yo sabía con certeza es que la familia era lo más importante, pero aparte de eso, todo lo demás se convirtió en una mentira. Yo no valía nada. Era sucia. Y era débil. Yo no merecía nada bueno porque en el fondo de mi mente creía que era una mala persona.

Con el paso del tiempo, dejé de hablar por completo. Me convertí en una niña triste y difícil que no dejaba que se le acercara nadie. En ese momento, yo llevaba un diario y, aunque ahora creo que escribir podría haber sido una forma de reflexionar y liberarme en un momento tan difícil, dejé de hacerlo por completo. Tenía demasiado miedo de que alguien lo leyera y que mi vida terminara realmente. Trino nunca repitió la amenaza de matar a Chay si alguien se enteraba de nuestro pequeño secreto, pero yo repetía eso en mi mente cada vez que lo veía. Yo estaba realmente aterrorizada de perder a mi hermana. La vida de Chay se convirtió en mi responsabilidad, y si eso significaba que tenía que soportar todo el dolor y la humillación por mi cuenta, eso era entonces lo que yo iba a hacer.

El abuso sexual te obliga a vivir en una mentira continua. Mientes a las personas que te rodean, y también te mientes a ti misma. Todo tu sistema de creencias queda volteado boca abajo y comienzas a cuestionar todo lo que siempre has sabido que era verdad, incluyendo los conceptos del amor y del sexo, y lo que significan. Trino había dicho que el juego que estábamos jugando se llamaba el "juego del amor", pero yo no sabía lo que realmente significaba eso. *¿El amor y el sexo son lo mismo? ¿El sexo es lo que hace la gente para demostrar que se ama mutuamente? ¿Qué pasa con mis padres y mis hermanos? Ellos no me hacen esto a mí, ¿significa que no me aman? ¿Trino es el único que me ama? Y si él me ama, ¿entonces por qué me lastima?*

En el transcurso de ese verano, todo, absolutamente todo en mi vida cambió. Ya no podía soportar a mis hermanos, a quienes siempre había adorado; tenía miedo de mi padre amoroso; estaba aterrorizada de que mi hermana pudiera morir. La vida se convirtió en una serie de extremos, no había nada que me hiciera sentir estable. La vida diaria continuaba su ritmo en tanto que mi alma se volvía un agujero negro que chupaba la vida que tenía dentro. Incluso las cosas que solía disfrutar, como jugar con mis muñecas

Barbie, quedaron manchadas tras mi experiencia de abuso sexual. Mis Barbies fueron mis únicos testigos aquel día en el tráiler *home*, y aunque casi no volví a jugar con ellas, cuando lo hice, las muñecas terminaban inevitablemente teniendo relaciones sexuales entre sí. Todo a mi alrededor se sexualizó, y ya no supe cuál era la diferencia entre lo que era normal y lo que no. Cuando tu cuerpo es expuesto al sexo a tan temprana edad, no tienes la madurez para entender lo que sientes. Tu cuerpo simplemente despierta, y el deseo sexual que crece en ti desconoce tu edad o quién te está tocando; desconoce que es tu cuñado o que se trata de incesto. Sólo sabe que se siente bien. Entonces, comienzas a desear tener sexo y a buscarlo en todo lo que te rodea.

Ahora que he leído libros al respecto, trabajado al respecto e ido a terapia lo entiendo, pero en aquel entonces mi mente no podía entender por qué deseaba algo que odiaba tanto. Odiaba mi cuerpo porque a mi cuerpo le gustaba algo que a mi corazón y a mi mente claramente no. *¿Qué está mal conmigo?*, me preguntaba una y otra vez. *¡El sexo es un asco!* Pero no importaba cuánto lo intentara, no podía dejar de sentir lo que sentía.

Para el tiempo en que cumplí once años, me había vuelto adicta a la pornografía. Solía buscarla en la televisión o encontrarla en revistas, y buscaba cualquier cosa donde pudiera encontrarla. Me escondía en mi cuarto para verlas tan rápido como pudiera y, cuando hacía lo que tenía que hacer, me apresuraba a esconderlas o deshacerme de ellas, sintiéndome sucia y avergonzada. Me prometía que nunca lo volvería a hacer, pero al día siguiente comenzaría de nuevo. Se convirtió en un círculo vicioso que me perseguiría durante los años siguientes.

Yo estaba en quinto grado en esa época, y había una clase de educación sexual que era parte del plan de estudios de la escuela. En un esfuerzo para introducirnos en el concepto del sexo, los maestros nos enseñaron ilustraciones de la anatomía masculina y femenina, y platicamos acerca de los ciclos reproductivos, la anticoncepción, los embarazos no deseados, las enfermedades de transmisión sexual y así sucesivamente. Cuando el profesor nos mostró una imagen del pene flácido de un hombre, las otras chicas empezaron a reírse y actuar con mucho nerviosismo. ¿Por qué estaban siendo tan ridículas?, me pregunté. ¿Acaso no habían visto hombres desnudos?

Yo no podía entender por qué pensaban que era tan gracioso. Me dije a mí misma: *Ese dibujo está mal. No es así en la vida real*, porque, por supuesto, yo lo había visto de una manera diferente. Mientras echaba un vistazo a mi alrededor, comprendí de repente: ¡*Wait a minute*, soy la única que no se está riendo!

Estaba lívida. Me di cuenta de que no importaba cuánto lo intentara, no importaba lo que hiciera o dijera, nunca sería una niña normal como todas las demás. Al meter su pene dentro de mí, Trino me había hecho anormal y nada volvería a ser como antes. Trino me robó mi inocencia, mis recuerdos y mi infancia.

Sentí náuseas mientras la risa en el aula aumentó a mi alrededor. Le pedí permiso a la maestra para ir al baño y vomité.

Cada verano, mi familia iba a México de vacaciones. Para nuestros papás era muy importante que nos familiarizáramos con la cultura mexicana. Aun cuando la mayoría de nosotros había nacido en Estados Unidos, todos crecimos hablando español en casa y nos sentíamos muy orgullosos de nuestra ascendencia mexicana. De hecho, durante muchísimo tiempo me molestó no ser una mexicana *de verdad*, o lo suficientemente mexicana.

Adoraba nuestros viajes anuales a México, y durante los años en que Trino abusó de mí esos viajes me brindaron un gran consuelo. Eran un descanso de la oscuridad que había invadido mi alma. A cientos de millas lejos de mi vida diaria sentía casi como si se me permitiera ser una niña pequeña de nuevo: mis hermanos y yo pasábamos largos días de verano jugando al aire libre con nuestros primos y los niños del vecindario, corriendo y divirtiéndonos como lo hacíamos en casa, pero rodeados de más niños y miembros de la familia. Juan y yo usábamos la roca enorme que estaba detrás de casa de mi abuela en El Cerro de la Campana como si fuera una resbaladilla. Alimentábamos los pollos de mi nana Lola y jugábamos básquetbol en el parque hasta la medianoche. Jugábamos videojuegos y veíamos la televisión, tal como en casa, pero adoraba jugar en la calle sabiendo que estaba segura.

Usualmente nos quedábamos en la casa de mi abuela materna, pero pasaba la mayor parte del tiempo jugando con mis primas Juana y María. Eran un poco mayores que yo, eran mexicanas *de verdad* y para mí eran increíblemente geniales, por lo que las seguía como una sombra. En mi casa sólo podía jugar con mis hermanos varones, por lo que jugar con niñas era nuevo y refrescante: un cambio bienvenido, especialmente en un momento en el que detestaba estar cerca de miembros del sexo opuesto. Pasar tiempo con ellas era reconfortante y fácil, y no tenía que estar constantemente cuidándome de lo que podría ocurrir. Me sentía segura.

Fue así que un día, cuando Juana sugirió que jugáramos a la mamá y el papá no me detuve a pensarlo. Una de nosotras sería el papá y otra la mamá, y nos explicó cómo "hacer un bebé". María y yo seguimos sus instrucciones con la ropa puesta, nos acostamos una encima de la otra al tiempo que fingíamos besarnos en la boca y el cuello, frotando lentamente nuestros cuerpos imitando movimientos sexuales. Todo duró no más de un minuto y después ¡puf!, el bebé nació y seguimos nuestro juego.

A pesar de que nuestros movimientos eran bastante gráficos y algo reminiscentes, en mi mente, de lo que había sucedido con Trino, no sabía que estaba haciendo algo malo. Después de todo eran niñas, y como nunca me habían lastimado, confiaba en ellas y sabía que se trataba de un simple juego. Las tres estábamos jugando juntas, por lo que nunca me encontraba en una posición de debilidad —era más una especie de exploración del único tema sobre el que podía pensar en aquel momento—. Mi sexualidad estaba tan confundida que yo estaba buscando cualquier cosa que me ayudara a entender aquello por lo que estaba pasando.

Todo lo que hice con Juana y María se sentía tan normal y carente de amenaza que cuando regresé de México aquel verano, inocentemente sugerí a una de mis amigas que jugáramos al papá y a la mamá y le enseñé lo que Juana me había enseñado. Cada que venía a casa jugábamos el mismo juego una y otra vez sin que me diera cuenta de lo que estaba haciendo. En mi cabeza, simplemente estaba repitiendo lo que mis primas me habían enseñado. Ahora me doy cuenta de que mis acciones tuvieron consecuencias más serias de las que podría haber imaginado, pero en aquel entonces se trataba de algo completamente inocente. Nunca pretendí lastimar a esa niña y, hasta el día de hoy, aun cuando hemos hablado a profundidad del tema y ella entiende las circunstancias que me llevaron a actuar así, me siento culpable por lo que hice y espero que un día me perdone.

Sería fácil voltear hacia atrás y culpar a Trino o a Juana o a María por lo que hice, pero cuando se trata de mis acciones sé que no hay nadie más a quien culpar que a mí misma. Sí, Trino abusó de mí; sí, eso destruyó mi noción de la normalidad y nubló mi capacidad para distinguir el bien del mal, pero hay un punto a partir del cual mis decisiones son sólo mías y tengo que hacerme responsable de lo que haya hecho.

Reflexionando al respecto y después de haber leído sobre el

tema del abuso sexual, me doy cuenta de que Juana y María era dos niñas pequeñas quienes, como yo, sabían demasiado sobre el sexo considerando la edad que tenían. Quizá, como yo, habían sido víctimas de abuso sexual en algún momento y, de la misa manera en que Juana y María estaban reproduciendo de manera inocente lo que alguien les había hecho, yo estaba reproduciendo lo que alguien más me hizo. Éramos niñas jugando juegos de adultos sin entender lo que significaban.

A lo largo de los años, he intentado mantenerme en contacto con Juana y con María, y ruego a Dios que, lo que sea que les haya sucedido, encuentren la paz.

"*El tiempo es* tu mejor aliado", es lo que dice la gente cuando estás tratando de superar algo, y aunque puede ser cierto cuando estás superando un desamor, no es el caso del abuso sexual. El abuso no sólo afectó mi forma de ser, sino que destruyó mi auto estima y mis sueños y esperanzas. A medida que pasaba el tiempo, me sentía más y más encadenada a las mentiras que había elaborado en mi cerebro. Mi tristeza aumentó, mi cólera aumentó, y a cada día que pasaba me odiaba más a mí misma. Sólo unos años antes, yo había querido ser astronauta o escritora; quería viajar por el mundo o aprender sobre el arte. Uno por uno, enterré todos y cada uno de esos sueños, y lo único que realmente quería era morirme. En mi fuero interno, yo sabía que Dios estaba en algún lugar, pero nunca traté de acudir a él. No entendía por qué había permitido que me sucediera esto. Yo pensaba lo siguiente: si no podía confiar en el padre que yo podía ver y no creía que él me iba a proteger, ¿cómo podía estar segura de que el Dios que no podía ver se preocupaba por mí? En mi mente, llegué a la conclusión de que Él no se fijaba en mí o no me amaba lo suficiente para mantenerme a salvo. Sola y deprimida, no sabía a quién recurrir. La única persona que sabía que me amaba incondicionalmente era mi hermana Chay, pero no soportaba la idea de decirle la verdad.

Durante incontables días y noches, suplicaba para que sucediera *algo* que mejorara mi vida.

Mi vida no mejoró en nada, pero sucedió algo: a los once años, mi cuerpo empezó a cambiar y tuve mi primer período. Entonces, como por arte de magia, Trino dejó de abusarme. Me dijo que no le gustaban las niñas con vello púbico, y el abuso se detuvo. Así nomás. Fue un gran alivio, por supuesto, pero las heridas invisibles que quedaron después de esos tres años terribles son algo con lo que sigo lidiando hasta el día de hoy.

Me sentí más y más infeliz a medida que la adolescencia comenzó a manifestarse. Aumenté mucho de peso y me sentí muy mal por mi cuerpo y por mí. Miraba a mi hermana y a mi madre, deseando ser tan fuerte, resistente y amorosa como lo eran ellas, pero yo sabía en mi corazón que nunca sería como ellas porque tenía un secreto: un secreto sucio que me hacía indigna de la vida que había recibido.

Alrededor de un año después de que el abuso se detuvo, la difícil relación de Trino y Chay finalmente hizo implosión. Se separaron y mi mamá cuidaba con frecuencia a los tres niños de Chay —Chiquis, Jacqie y Michael—, mientras ella se ocupaba de sus dos trabajos. Yo sabía que mi hermana estaba pasando por un momento particularmente difícil, pero al mismo tiempo me sentí profundamente agradecida de no tener que volver a estar cerca de Trino. A pesar de que todas las señales indicaban que él ya no iba a abusar de mí, seguí viviendo con miedo por todo el tiempo que estuvo en nuestras vidas. Tenía miedo de estar cerca de él y debido a sus amenazas contra su vida, era claro que yo tampoco quería que mi hermana estuviera cerca de él.

Trino continuó teniendo una relación con los niños, y los fines de semana venía a recogerlos a nuestra casa. Recuerdo un sábado, cuando yo tenía doce años; estaba sola en casa cuando él tocó la puerta para ver a los niños. Una aguda punzada de miedo recorrió mi cuerpo y lo último que quería hacer en el mundo era dejarlo entrar.

Tocó y tocó, gritando.

—Abre la puerta. ¡Quiero ver a mis hijos! ¡Déjame entrar!

—No están aquí —le contesté del otro lado de la puerta—. ¡Lo juro! No sé dónde están.

Traté de sonar tan tranquila como fuera posible, pero estaba aterrorizada.

Trino siguió golpeando y golpeando, y como yo sabía que había una puerta de malla entre nosotros y que estaba un poco protegida, abrí la puerta.

En cuanto me vio, dijo:

—No te preocupes, no te voy a hacer nada. ¡Estás demasiado gorda!

Quise morirme. Después de todo lo que Trino me había hecho, oírlo decir que yo estaba gorda me hizo sentir aún peor. De una manera retorcida, Trino había sido mi medida de la autoestima en todos esos años, y una parte de mí quería creer que él me había hecho lo que me hizo porque realmente me amaba. Era obvio que no me amaba, pero sus palabras eran la confirmación de lo que más temía yo: que era gorda, fea e indigna de amor.

Me hundí aun más en mi depresión y cuando cumplí trece años pesaba 175 libras. Lloraba todas las noches porque era difícil tener sobrepeso, especialmente a mi edad y en nuestra familia. Mi padre, hermanos y hermana eran artistas, pero papá decía que yo representaba a la familia independientemente de que cantara o no. Estaba seguro de que yo iba a terminar en el mundo del entretenimiento por más que me negara, y según él, todo el mundo tenía que mantenerse en forma, lucir lo mejor posible, y sonreír a las cámaras.

A pesar de vivir con el dolor y la angustia por mi obesidad y por lo que me hizo pasar Trino, me imaginé que si él no me deseaba porque estaba gorda, lo mismo sucedería con otros hombres. Y eso estaba bien conmigo. Prefería mil veces el dolor y la humillación de estar gorda a la tortura del abuso sexual.

Ese mismo año supe que Chiquis estaba teniendo dificultades. Hasta ese momento, yo siempre la había visto como mi sobrinita adorable, mi primera amiga, la *princess* de mi hermana. Para mí, ella era la niña más afortunada del mundo porque era la hija de mi hermana, y yo pensaba que nunca podía pasarle nada malo.

Aun así, mientras ella tenía la mejor madre del mundo, Trino —el hombre que me había atormentado durante los últimos cinco años— era su padre. Yo había llegado a odiar a Trino con cada fibra de mi ser, pero nunca pensé que no fuera un buen padre con sus hijos. Chiquis lo adoraba, y recuerdo que incluso después de abusar de mí, iba a la iglesia y se sentaba en primera fila con Chay y los niños. Cantaba las canciones y sonreía, saludando siempre a todos con mucho cariño. Aunque yo sabía la verdad sobre él (y Dios también), cuando lo veía así en la iglesia, siempre me hacía dudar si acaso todo sería un mero producto de mi imaginación. ¿Cómo podía alguien ser tan hipócrita?

Pero la naturaleza de su verdadero yo se confirmó una vez más durante el verano, antes de entrar a la escuela secundaria. Chiquis tenía diez años en ese momento. Yo estaba hablando con una amiga por teléfono.

—Tía, ¿podemos hablar? —me preguntó Chiquis.

—Por supuesto, *baby*. ¿Qué pasa? —contesté.

—Sé por qué odias tanto a mi papá —me dijo.

No entendí muy bien por qué me decía eso, pero su pregunta me hizo sentir expuesta al instante. ¿Era posible que después de tantos años se acordara de lo que había sucedido en el tráiler *home*?

—Ah, ¿sí? —le contesté un poco a la defensiva—. ¿Por qué?

—Lo sé porque lo que te hizo a ti me lo hace a mí.

Nunca olvidaré esas palabras. Mi corazón se arrugó y al mismo tiempo explotó en furia. Quise salir corriendo a matar a Trino en ese mismo instante, pero también me sentí increíblemente culpable: ¿cómo era que yo había estado tan enfocada en mi propio drama que no había podido ver lo que él le había estado haciendo a mi dulce Chiquis?

Platicamos sobre el tema, pero sólo bastaron unos pocos minutos para que yo entendiera exactamente lo que estaba pasando. Trino abusaba de Chiquis siempre que los niños se quedaban con él los fines de semana. Me horroricé. No podía creer lo que me estaba diciendo Chiquis. Pensé que había algo malo en mí, y que era por eso que yo había sido abusada. Pero ¿cómo podía Trino estarle haciendo una cosa tan horrible a su propia hijita preciosa? ¿Cómo podía estar lastimándola?

Mi mente empezó a dar vueltas. No sabía qué hacer. Si yo no había podido defenderme de su abuso, ¿cómo iba a defender a Chiquis? ¿A quién se lo iba a contar? ¿Qué iba a hacer yo? Las preguntas se acumulaban en mi mente, pero no surgió una respuesta clara.

Chiquis y yo nos sentíamos sumamente incómodas, así que no discutimos muchos detalles, pero por lo que me dijo, parecía que Trino llevaba un tiempo sin tocarla, y ambas esperamos que eso significara que todo había terminado. Decidimos orar por él, porque era claro que estaba enfermo o tenía problemas emocionales. Chiquis tenía tanto miedo de decirle a su mamá, como yo, así que hicimos la promesa de no decir una palabra. Le hice prometer que me dijera si él volvía a ultrajarla, y que se lo confesaríamos a nuestra familia. Tal vez por eso dejó de contármelo, y quizá lo bloqueé de mi mente y fantaseé con que él había parado de hacerlo porque yo no podía lidiar con la culpa y el dolor de saber que su padre abusaba de ella.

Esa fue la última vez que Chiquis y yo en verdad conversamos del abuso. Creo que las dos estábamos terriblemente avergonzadas y, aunque el hecho de poder confiar la una en la otra nos traía un poco de consuelo, el recuerdo de esa conversación me produjo una abrumadora sensación de culpa durante muchos años. No podía dejar de pensar que tal vez, y sólo tal vez, había algo que yo podría haber hecho para evitar que Trino hiciera lo que le hacía a Chiquis. Tal vez si yo hablaba de ello las cosas podrían ser diferentes. Daba vueltas en la cama cuando pensaba en lo tonta que había sido al permitir que Trino me amenazara en silencio. Chiquis y yo nunca discutimos los detalles, pero al pensar en la cronología de los acontecimientos, llegué a la conclusión de que probablemente él había comenzado a abusar de mi sobrina todo el tiempo que dejó de abusar de mí. Su pesadilla comenzó cuando la mía por fin había terminado.

Pensé en algo más: hasta cierto punto, mi abuso era más fácil de procesar: Trino me había agredido sexualmente y yo podía odiarlo por eso. Pero era diferente para Chiquis. Trino era su padre y ella lo amaba. A su juicio, no podíamos contarle a nadie no sólo por las amenazas que hizo él (en el caso de ella, la amenazó con enviarla a vivir con su abuela gruñona), sino también porque era de su padre de quien estábamos hablando, y a pesar de lo mucho que ella detestaba lo que él le estaba haciendo, también lo quería porque era muy especial con ella y era un papá atento y cariñoso.

Chiquis y yo nunca discutimos nada de esto, pero cuando leí su libro *Perdón* y supe los detalles de todo lo que tuvo que pasar, mi corazón se rompió en mil pedazos. Me parece increíble la manera como soportó todo eso. Ella es tan fuerte y resistente como su madre, un alma hermosa y extraordinaria que ningún grado de mal o desesperación podrá aplastar.

Mi depresión se hizo más profunda a medida que pasaron los años, y terminé logrando alejar a toda mi familia. Pensaron que estaba atravesando mis años de adolescencia rebelde, por lo que básicamente me dejaron en paz. Yo estaba tan enojada que me desquitaba con ellos, pero lo cierto es que nunca culpé a mis padres o a mis hermanos por lo que pasó. Mi mamá y mi papá siempre fueron los padres más cariñosos y bondadosos del mundo. Ellos me adoraban y cuidaron de mí de todas las formas posibles. Estaban muy involucrados en la vida de todos nosotros, pero cuando se trataba de mí, y tal vez porque yo era una niña y también la más pequeña de la casa, siempre hicieron un gran esfuerzo para darme todo el tiempo y la atención que yo necesitaba. Sin embargo, ¿cómo les agradecía yo? Alejándolos y pidiéndoles que me dejaran en paz.

Pobres mis padres. No sabían qué hacer conmigo esos años cuando yo estaba tan enojada. Les hablaba de una manera que ninguno de mis hermanos o mi hermana se atreverían a hablarles jamás. Maldecía y gritaba, y me encerraba varias horas en mi habitación. Ellos no sabían cómo controlar a esta muchacha inteligente, pero de carácter fuerte y malhumorada. En ese momento yo era la única que vivía con ellos, y aunque nunca me hubiera atrevido a faltarles el respeto si alguno de mis hermanos estuviera en casa, ahora que sólo estábamos los tres, yo arremetía contra ellos en cualquier ocasión. Mis padres me querían mucho, pero yo era muy diferente de mis hermanos mayores: era más "americana" y menos familiarizada con los tradicionales valores mexicanos de honrar y respetar a los mayores, por lo que simplemente daban un paso atrás y me dejaban ser.

Un día, mi mamá y yo estábamos en el sofá viendo un episodio de *El show de Cristina* sobre las jóvenes y el sexo. Lo estábamos viendo en silencio pero recuerdo que podía sentir mi sangre hervir bajo la superficie, pues estaba muy enojada. La manera en que estaban discutiendo el tema era tan ingenuo y simplista que no tenía nada que ver con mi experiencia. Era la confirmación de que todo lo que me había sucedido era anormal, y yo tenía tanto coraje que sentía como si fuera a explotar. De repente, mi madre se volvió hacia mí y me preguntó:

—Hija, ¿qué piensas de las muchachas que tienen relaciones sexuales a una edad temprana?

Eso bastó para que yo explotara con ella.

—¿Por qué me lo pregunta? ¿Qué se supone que debo saber? —le grité—. ¿A poco cree que lo estoy haciendo? ¡Déjeme en paz!

Y simplemente corrí a mi habitación y cerré la puerta de un portazo.

Mi pobre madre estaba desconcertada y creo que después de ese día, nunca intentó acercarse a mí otra vez. Nunca dejó de estar ahí para mí, siempre me apoyó y me insistió en que fuera con ella a la iglesia, pero no intentó acercarse más a mí. Creo que lo hizo porque nunca había tenido que lidiar con algo como esto con mis hermanos mayores. Simplemente no podía creer que yo me comportara de esa manera.

Me sentía como una oveja negra. Sin importar adónde fuera, yo sentía que no pertenecía. Una parte de ello se debía al abuso sexual, pero otra parte era simplemente la forma como eran las cosas, y creo que el abuso sexual enfatizó algo que ya estaba ahí. Siempre saqué buenas notas en la escuela y nunca tuve problemas hablando inglés, pero en el instante en que yo decía que era mexicana-estadounidense, la gente sonreía de manera condescendiente y decían "Oh, el español es tu lengua materna". Por otro lado, cuando iba a México hablaba en español con mis primos, pero siempre se burlaban de mi acento y decían que yo era una gringa. En casa, yo era parte de esta gran familia de artistas, pero pensaba que tenía una voz terrible y sabía que no quería cantar. Era como si estuviera viviendo la vida de otra persona. Yo no encajaba, así que me aislé aún más: levanté unas paredes enormes y me aseguré de no querer demasiado a nadie para no salir lastimada. La única persona a la que le daba libremente mi corazón era a mi hermana. No importaba lo que pasara, no importaba lo mal que me comportara durante esos años terribles de la adolescencia —y en los siguientes—, mi hermana siempre estuvo a mi lado. Ella nunca me juzgó, nunca me hizo sentir mal y jamás me regañó. A su lado, siempre me sentí aceptada, incluso en el tiempo en que mis padres —cuyo trabajo era disciplinarme y corregirme cuando estaba equivocada— no tenían idea de qué hacer conmigo.

Fue en la época en que cumplí quince años cuando mi familia comenzó a volverse más famosa. Lupe se estaba convirtiendo en una celebridad local con éxitos *underground* como "20 Mujeres" y "El Moreño", y en poco tiempo la "Familia Rivera" se volvió un nombre conocido. Esto le dio una sensación de prestigio y poder a nuestra familia, y aunque todos éramos parte del éxito de mi padre y de mi hermano, yo seguía sintiendo como si estuviera viviendo con la familia equivocada. Todos eran tan talentosos y guapos, tan divertidos e inteligentes. ¿Cómo podría yo, una adolescente con sobrepeso e insegura, estar relacionada siquiera con ellos?

Chay había comenzado a grabar su propia música, y además de su compañía productora, mi padre estaba teniendo éxito como artista de grabación. Yo estaba todavía en la escuela secundaria, y de repente, el mundo me empezó a ofrecer todo lo que supuestamente te hace feliz: dinero, tarjetas de crédito, un carro, ropa, maquillaje, lo que fuera. Yo era una mimada. ¿Me sentía fea? Podía ir a comprar ropa nueva o tener un cambio de imagen. ¿Sobrepeso? No hay problema, podía hacerme una cirugía para arreglar eso. Sin embargo, nada de eso cambiaba lo que sentía por dentro. Ninguna cantidad de cirugías, ropa o dinero podrían hacerme sentir mejor acerca de quién era yo. Sólo me sentía más vacía por dentro.

Papá trató de hacerme entrar en el mundo de la música, pero yo sabía que no estaba hecha para eso como mis hermanos y hermana. Nunca he querido ser el centro de atención, siempre he sentido que no tenía nada que ofrecer. Así que en lugar de unirme a la empresa familiar, empecé a trabajar en una tienda por departamentos, convencida de que me sentiría mucho mejor conmigo misma si era capaz de ganar mi propio dinero, pero me equivoqué una vez más.

Todo el mundo sabe que cumplir quince años es un gran rito de paso en la comunidad mexicano-estadounidense. Se considera que es el año en que las niñas se convierten en mujeres, y el asunto está marcado por una gran celebración. Las niñas se preocupan por el vestido que se van a poner, quiénes serán sus damas, qué música tocarán. Es una alegre ocasión familiar y todo el mundo al norte y al sur del Río Bravo ha tenido o ha estado en una quinceañera.

A nuestra familia le estaba yendo bien cuando cumplí quince años, y mi padre se aseguró de no escatimar esfuerzos para hacer que mi quinceañera fuera la mejor.

Rentó el Long Sherman Hall en Wilmington. Mis padres habían vivido en esta comunidad antes de que yo naciera, por lo que en cierto modo era un regreso a nuestras raíces. El Long Sherman era un enorme salón de eventos con capacidad para cerca de 1.000 personas, y era un lugar donde la gente solía hacer grandes fiestas y cobrar la entrada en la puerta.

—¿Está loco? —le dije a mi papá cuando me habló del lugar—. ¿Cómo vamos a llenar un salón tan grande? ¡No tengo amigos!

Yo era tan antisocial en esa época que prácticamente no tenía amigos. Era cercana a Gladyz y Claudia, y tal vez a otras dos muchachas, pero eso era todo. Ni siquiera tenía suficientes amigas para hacer el tradicional conjunto de siete damas, así que tuvimos que llamar a un montón de primos, con algunos de los cuales yo apenas había hablado y ni sus nombres me sabía. No conocía a un solo muchacho en esa época, y alguien me consiguió un amigo para que bailara conmigo, y recuerdo que todos mis hermanos estaban muy celosos porque era muy guapo y estaba recibiendo toda la atención.

—No te preocupes —me dijo mi papá con una gran sonrisa en su rostro—, lo llenaremos.

Y claro que lo hizo. El día de mi quinceañera, mi padre habló por la radio y anunció que todos los que quisieran ir a la fiesta eran bienvenidos. No importaba quién fuera. Fueron cientos y cientos de personas, algunos con regalos, otros sin nada, y a todos los invitaron a participar en las festividades. ¡Terminó siendo un verdadero desorden porque algunos miembros de mi familia extendida ni siquiera pudieron entrar al salón de tan lleno que estaba!

Y mi papá no se conformó con eso. Ya tenía su propia compañía de grabación, así que trajo todas las bandas y grupos que pudo conseguir. Consiguió a Los Canelos, que eran realmente populares en ese momento en Los Ángeles, y a El Lobito de Sinaloa que, insistió mi padre, me encantaba (papá nunca supo que yo estaba enamorada de Rogelio Martínez). También trajo a Los Razos y a Leonel y a Amilkar.

Recuerdo que le supliqué:

—Papá, por favor, ¡no deje que mis hermanos suban a cantar al escenario! ¡Me sentiré muy avergonzada!

—Ay, hija, no te preocupes, claro que no los voy a dejar cantar.

Pero obviamente, la fiesta comenzó, y al poco tiempo mis hermanos estaban cantando en el escenario. Y fue genial. La única que no cantó ese día fue Chay, pero subió al escenario para dar un discurso hermoso.

—Quiero platicarle a mi hermana —dijo, y luego procedió a sacar una carta de siete páginas en la que me decía lo mucho que me amaba. Hasta ese día, yo no tenía idea de esto... Fue un momento precioso y emotivo que nunca olvidaré.

La familia de mi madre había preparado la comida y cuando llegó la hora de la cena, mi padre nos dijo: "Vamos a servirle a los invitados". Así que yo, con mi enorme vestido blanco, junto con mi hermana con su vestido de lujo, mis hermanos y mis padres, recorrimos el salón con enormes bandejas de comida para servirle a cada uno. Esta era la manera como decía mi padre, independientemente de lo rico o famoso que te vuelvas, siempre tienes que seguir siendo humilde.

Cuando llegó el momento del vals, yo sólo quería estar con toda mi familia, así que en vez de bailar sólo con mi padre o con el tipo guapo a quien ni siquiera conocía, quise que todo el mundo saliera a la pista de baile con su cónyuge o pareja.

Pero, por supuesto, nada salió como estaba planeado. La noche anterior, mi hermana me llamó y me dijo que había tenido un pleito con su entonces esposo Juan.

—Juan es un buey, así que ya se puede ir a la chingada, hermana; no vendrá a tu quinceañera.

—¿Qué vamos a hacer, hermana? —le pregunté.

—Oh, tengo otro amigo, no te preocupes.

Y por supuesto, al día siguiente apareció con un tipo cualquiera que yo no había visto antes.

—¿Quién es este? —le pregunté.

—Oh, te lo diré más tarde, hermana —me susurró.

¡Así eran las cosas! Todos salimos a la pista de baile y, finalmente, toda la coreografía se vino abajo y a nadie le importó. Bailé con mi padre y mis hermanos, y luego terminé bailando con Chay (que se había deshecho del tipo porque no podía seguirle el paso) y lo único que importaba era que todos estábamos juntos, rodeados de mucho amor. Al final de la tarde, me dolía la cara de tanto reír.

Fue un día muy hermoso, un pequeño descanso en medio de todo el dolor y el odio que sentía por mí misma en esos años.

Muchos años después, mi padre me dijo que mi quinceañera había sido uno de los días más felices de su vida. Cuando le pregunté por qué, respondió: "Porque fue la única vez que te vi sonreír todo un día".

cinco

la verdad aterradora

Tres eventos cruciales sucedieron cuando yo tenía dieciséis años, los cuales me llevaron a tomar una decisión que cambiaría mi vida. El primero tuvo lugar en la iglesia a la que asistía nuestra familia.

Uno de los miembros de nuestra congregación era un hombre muy querido, una de esas personas sobresalientes y espirituales que realmente saber cómo inspirar y nutrir a los que lo rodean. Él y su esposa eran admirados y respetados, no sólo entre los miembros de la congregación, sino también en la comunidad.

Y entonces, una noticia inesperada cayó como una bomba. Una joven de quince años que asistía a la iglesia confesó que estaba teniendo un romance con el hombre. Ella sentía que lo amaba, pero al mismo tiempo se sentía culpable e incómoda cada vez que iba a la iglesia. El hombre había comenzado a hacerla sentirse mal cuando estaban en medio de la congregación; ella estaba confundida y no entendía por qué la hacía sentirse de esa manera, y entonces le confesó todo a su hermana en privado. La muchacha era amiga de nuestra familia desde hacía mucho tiempo y realmente nos preocupábamos por ella, pero el destacado miembro de la congregación también era muy importante para nosotros, sobre todo porque era un guía espiritual para mi hermano Pedro.

Me sentí mal cuando lo supe, pero había una cosa que yo necesitaba averiguar a toda costa: ¿cuál sería la reacción si la muchacha confesaba? ¿La gente le creería a ella, o al hombre? El escándalo estaba muy lejos de mi realidad, pero yo estaba contemplando en mi mente las posibles repercusiones de revelar algo que nunca había considerado divulgar hasta ese entonces: ¿Qué pasaba si yo decía la verdad sobre Trino? ¿Alguien me creería? ¿O le creerían a él?

Esperé mientras la controversia se desarrollaba.

Las mujeres de nuestra familia estaban sorprendidas y disgustadas.

—¡Ella es menor de edad! —gritaban—. ¡Esto es violación estatutaria y abuso sexual! ¡Hay que hacer algo!

Me agradó escuchar eso, pero yo tenía que saber todavía lo que estaban pensando los hombres, especialmente mi hermano Pedro, que era el pastor asociado de la iglesia.

Pedro estaba molesto y muy enojado con lo que había ocurrido. No sólo estaba sorprendido como todos los demás, sino también decepcionado, y se sintió personalmente traicionado por su mentor espiritual. Dijo con lágrimas en los ojos:

—¡Me gustaría quebrarle la espalda!

Él nunca habría soñado siquiera con lastimarlo, y mucho menos con hacerle daño físicamente. Pero lo que realmente importaba fue su reacción. Una oleada de alivio me invadió, al ver que se puso del lado de la muchacha sin dudarlo e insistió en que había que hacer algo.

Finalmente, el hombre dejó la congregación y la muchacha fue exonerada. A partir de ese momento, una ventana se abrió. Tal vez, y sólo tal vez, yo podría contarle a alguien lo que me había sucedido. Trino ya no era parte de la familia, por lo que su amenaza de matar a mi hermana no era inminente. Mantener viva a Chay había sido mi prioridad durante tanto tiempo que había perdido completamente de vista lo que *yo* necesitaba y cómo podía comenzar a sanar. A la hora de decirle a alguien sobre el abuso, mi mayor temor siempre había sido que nadie me creería. Lo que sucedió con esa muchacha en la iglesia me enseñó que las cosas podían ser diferentes. Vi la re-acción de mi familia, y su solidaridad y compasión me hicieron ver algo que nunca me había permitido siquiera imaginar: que tal vez mi familia estaría de mi lado. Tal vez ellos me ayudarían. Tal vez yo podría ser normal otra vez. Tal vez mi secreto no los asustaría y alejaría por completo, y tal vez, sólo tal vez, todavía me amarían.

Viví con esos pensamientos por un par de meses y me dieron un destello de esperanza.

El segundo evento que tuvo lugar en mi vida ese año también ocurrió en la iglesia. Pienso en él ahora y me doy cuenta de lo irónico que es que mi madre me tuvo que arrastrar literalmente a la iglesia durante mi adolescencia, y fue allí que finalmente encontré mis respuestas.

Un orador invitado se encontraba de visita en nuestra iglesia un domingo por la mañana; era muy interesante porque tenía lo que se llama "el don de la profecía"; es decir, que Dios le revela ciertas cosas porque quiere que la gente las reciba. No todos tienen el don de la profecía, pero quienes lo poseen pueden guiar a otros en lo que está pasando en sus vidas, en el presente o en el futuro, basa-dos en la Palabra.

Este hombre no sabía nada acerca de mi familia, de la industria musical y definitivamente no sabía nada de mí. ¿Cómo podría? En ese momento, yo vivía en las sombras, y estaba convencida de ser invisible para el resto del mundo. Así que, como de costumbre, estaba sentada en la última fila del auditorio, prestando atención de vez en cuando, pero sin querer participar en el servicio.

Sin embargo, me interesó cuando el hombre se acercó a mi hermano Lupe y a su esposa María, y dijo frente a toda la congregación: "Tengan cuidado con su matrimonio. Está en riesgo. Iglesia, simplemente ora por este hombre y por esta mujer".

Yo ya sabía que Lupe y María estaban teniendo problemas en su matrimonio; todo lo que él les decía era verdad. Me sentí sorprendida, pero también aterrorizada. *¿Él sabía también la verdad sobre lo que me estaba pasando a mí? ¿Dios le había contado mi secreto más profundo y oscuro?*

Antes de darme cuenta, todo mi cuerpo estaba temblando. *Por favor, Dios, no hagas esto,* le rogué. *No estoy preparada para hablar de lo sucedido. ¡No estoy lista para confrontar esto! Por favor, por favor, dame un poco más de tiempo y déjame hacerlo a mi manera,* supliqué. *¡Please! No dejes que el ministro se lo diga a toda la iglesia. ¿Qué pasa si se vuelven contra mí? ¿Y si nadie me cree?*

Yo estaba haciendo todo lo posible para permanecer atrás, pero mi madre, que estaba sentada a mi lado, me animó a que fuera a la parte delantera, donde el predicador estaba orando con la gente después de su mensaje. Fue un momento muy poderoso y una parte de mí quería participar en algo tan hermoso, pero me decía a mí misma: *¡No puedo ir allá, no puedo!*

A continuación, el predicador les pidió a los aficionados a la astrología que fueran adelante. Yo encajaba en esa descripción, y mamá lo sabía. Pero yo no quería estar involucrada con nada de lo que decía el hombre. Estaba demasiado aterrorizada de que él pudiera saber, demasiado asustada para escuchar lo que podría decir él.

Me quedé en la parte de atrás, pero el predicador continuó.

—Hay una joven aquí que está sufriendo muchísimo. Dios te está llamando. Por favor, ven adelante. Puedes sentirlo dentro de ti, y es posible que tengas miedo, pero Dios no te va a hacer daño.

Oh, man, pensé. *Parece como si fuera yo.* Pero me negué a ceder.

Y entonces el predicador me llamó.

—Tú, la joven con *top* blanco y pantalones azules con bota campana —dijo después—. Por favor, ven al frente.

Entré en pánico. Mi primera reacción fue darme la vuelta y salir corriendo lo más rápido que pudiera, pero algo en mi interior me dijo que tenía que quedarme en la iglesia. Mi familia estaba allí y pude sentir sus miradas perplejas. *Es ahora o nunca,* pensé, y caminé lentamente hacia adelante.

El predicador puso sus manos sobre mis hombros, y dijo:

—Un espíritu de abuso ha rodeado tu vida desde que eras una niña. Eso te ha entristecido y atormentado.

Yo no podía creer en lo que estaba diciendo el predicador. Todo mi mundo se habia abierto de un tajo, y me sentí demasiado aterrorizada para procesar lo que estaba sucediendo. Todo lo que recuerdo fue que le rogué a Dios en silencio para que no dijera el nombre de Trino. *Please, God. Por favor, no digas quién es. Por favor, no digas que fue Trino.*

Empecé a sollozar incontrolablemente. Pensé: *Este hombre conoce los secretos más íntimos de mi corazón, y está a punto de revelar los detalles a todos.*

Afortunadamente, Dios es muy misericordioso y compasivo. Él sabía las palabras exactas que le diría a su profeta, quien se limitó a decir:

—Esta joven no conoce su valor y no tiene idea de lo mucho que es amada. Te ruego, iglesia, que le muestres tu amor. Abrázala, y por favor, ora por su vida. Eso es lo que ella necesita.

Cuando mi familia me vio romper en llanto, deben de haber sabido que sus palabras tenían algo de verdad, aunque no entendieran qué significaba todo aquello. Yo había llegado a ser tan cerrada en casa que era casi imposible que no pensaran que me estaba ocurriendo algo muy serio. Pero se habían acostumbrado tanto a vivir con mi silencio y mi distancia que, incluso después de aquel servicio, nadie trató de hacer que me abriera.

Ese día, las palabras del predicador confirmaron lo que yo había sospechado durante tanto tiempo: que yo no era invisible para Dios; Él no me había olvidado o rechazado. Dios sabía exactamente lo que me había sucedido. No sé si eso me hizo sentir mejor o peor, pero no pude dejar de preguntarme: *¿Dios me ama, o me va a abandonar?*

Luego cayó la tercera bomba.

Casi un mes después de aquel domingo en la iglesia, oí a Chay decirle a mi madre:

—Acabo de tener una gran discusión con Trino y está amenazando con quitarme a los niños para siempre. Dice que estoy viajando demasiado y quiere llevarme a la corte para poder obtener la custodia total.

En esa época, Chay estaba casada con Juan López, y Trino probablemente se estaba comportando así debido a los celos. No podía soportar que ella hubiera seguido adelante con su vida, así que hizo todo lo posible para amargarle la vida. Pero esta era la primera vez que amenazaba con quitarle los niños.

Yo sabía que si había una cosa que Chay no iba a permitir

nunca era que alguien se metiera con sus hijos. Ella era una madre antes que otra cosa, y no permitiría que Trino le quitara a sus hijos por nada del mundo. Pero de todos modos, yo estaba aterrorizada. Sabía de lo que era capaz Trino, y aunque en ese momento supuse que ya no estaba abusando de Chiquis, no pude dejar de preocuparme. ¿Y si él lo había hecho de nuevo? ¿Y Jacqie? ¿Estaría abusando de ella?

Soportar esto era demasiado para mí. Aunque yo tenía miedo de decirle a mi hermana la verdad sobre lo que había pasado, tenía más miedo aún del daño que pudiera seguir haciendo Trino. Yo no iba a permitir por nada del mundo que le quitara los niños a mi hermana, y si eso significaba que yo tenía que enfrentar mis demonios más oscuros y profundos, entonces lo haría. La reacción de la gente con esa muchacha en la iglesia, así como con el predicador que había podido leer mi corazón, me dio la esperanza de que todo iba a estar bien. Y aún así, me dije a mí misma: "Estoy dispuesta a asumir las consecuencias, aunque mi familia me abandone y la iglesia me rechace. No puedo dejar que Trino se lleve a estos niños".

El campanazo final sonó en Lakewood High, mientras estaba yendo a casa. La compañía de entretenimiento y producción musical de mi padre estaba en Market Street, y al otro lado de la calle estaba la oficina de mi hermano Lupe, donde tenía su centro de fabricación de CDs. Todos los miembros de nuestra familia trabajaban en uno de los dos edificios; todos menos yo.

Mientras caminaba, seguí diciéndome a mí misma: "Rosie, hoy es el día. No puedes posponerlo por más tiempo. Sólo tienes que hacerlo." Yo estaba pensando en contárselo todo a mi hermana, pero todavía no sabía cómo.

Cuando llegué a los edificios de la calle Market, entré directamente a la oficina de mi hermano Pedro. Sabía que Chay estaría allí, pues en esa época trabajaba como secretaria en la compañía de mi padre, además de su empleo a tiempo parcial vendiendo bienes raíces desde allí. Chay estaba en su tercer trimestre de embarazo de Jenicka. Cuando llegué al edificio, la vi sentada detrás del escritorio con su gran panza. Ramona, la esposa de Pedro, también estaba allí, y ellas estaban enfrascadas en una profunda discusión.

Entré con pies de plomo y la cabeza agachada, haciendo lo posible para actuar de la manera más normal que pudiera. No sé de qué estaban platicando Chay y Ramona, pero me senté enfrente de mi hermana sin siquiera decir "Hola". Me quedé mirando directamente a los ojos de Chay y en un instante mi hermana sabía que algo estaba terriblemente mal. Ella me conocía mejor que nadie.

Ramona entendió que estaba pasando algo importante y salió rápidamente.

—Hermana, tienes algo que decirme —me dijo Chay.

Asentí con la cabeza. Era como si ella pudiera leer mi mente.

—Alguien te ha hecho daño —continuó.

Asentí una vez más.

—Ha estado ocurriendo durante mucho tiempo, pero tienes demasiado miedo de decirme —dijo ella—. Una persona te ha hecho algo sexualmente, ¿verdad?

Yo no había pronunciado una sola palabra todavía. Lo único que había hecho era asentir.

—Quiero que sepas que puedes decirme cualquier cosa. No importa lo que sea, siempre voy a estar contigo, hermana. No tengas miedo.

Las lágrimas empezaron a correr por mis mejillas. Mi hermana, mi campeona mayor, mi mejor amiga, siempre iba a estar conmigo. ¿Cómo había dudado siquiera de eso? ¿Cómo pude dejar que las amenazas de otra persona se interpusieran entre mi hermana y yo?

—Está bien —continuó—. ¿Puedes decirme quién es?

Negué con la cabeza y respondí:

—No puedo.

—¿Puedo adivinar? —preguntó con mucha calma.

—Sí —contesté, conteniendo las lágrimas. Entonces comenzó a adivinar.

—¿Fue uno de los amigos de *daddy*?

—No —dije.

—¿Es alguien que conozco?

—Sí —respondí.

—¿Es una persona de la industria?

Negué con la cabeza. Chay dijo algunos nombres pero yo siempre sacudía mi cabeza.

—He mencionado todos los nombres posibles —dijo ella finalmente—. ¿Por qué no me dices quién es? Por favor, hermana, dime. ¿Quién es?

Hice una breve pausa, tratando de formar las palabras en mi boca. Finalmente logré susurrar:

—Es una persona muy cercana a ti.

En una fracción de segundo, me di cuenta de que ella sabía que era Trino. Sus ojos se desorbitaron con horror, su boca se abrió en estado de *shock*. Gritó a todo pulmón, el grito más fuerte que he oído en mi vida. Fue tan fuerte que mi madre, que estaba en la oficina al otro lado de la calle, lo escuchó y vino corriendo.

En menos de un minuto mis cuatro hermanos estaban en la oficina de mi hermana. El único miembro de mi familia que no estaba ese día era mi padre, y hasta hoy no entiendo por qué. Permanecía *siempre* en la oficina, pero ese día se había ausentado por alguna razón.

—¿Qué está pasando? —preguntaron mis hermanos.

Chay estaba fuera de sí. Se había hincado de rodillas, completamente deshecha, y sollozaba incontrolablemente. Me arrodillé junto a ella y le supliqué:

—¡Por favor, por favor, perdóname, hermana! ¡*I'm so sorry*! ¡Lo siento mucho!

Ver a Chay tan dolida era como tener un puñal clavado en mi corazón. Esto era lo que yo había querido evitar por varios años. Había tratado de imaginarlo mil veces, pero aun así, ningún grado de imaginación era suficiente para intuir lo que ocurrió ese día.

Mientras mi familia se inclinaba sobre nosotros en una confusión total, Ramona explicó:

—Rosie le dijo a Chay que alguien había estado abusando sexualmente de ella.

Chay se volvió hacia nuestros hermanos y anunció:

—Fue Trino.

Ella se las arregló para calmarse un poco y, aunque todos mis hermanos estaban presentes, me pidió detalles.

—¿Cuántos años tenías?

—Alrededor de ocho —le dije, secándome las lágrimas.

—¿Cuánto tiempo duró?

—Hasta que tenía como once.

Las lágrimas volvieron a deslizarse por sus mejillas.

—Dios mío... hermana —murmuró—. ¿Por qué no me lo dijiste? Todos estos años... ¿Por qué?

—Tenía mucho miedo —le dije—. Estaba tan, tan asustada, hermana. Trino dijo que si yo le decía a alguien, te mataría a ti y a nuestros hermanos.

Ella me abrazó con fuerza y las dos dejamos simplemente que fluyeran las lágrimas.

Mi hermana no dudó y creyó automáticamente lo que yo le

había dicho, al igual que mis hermanos. En medio de tanto dolor y confusión, una vez más me sentí bendecida de saber que estaba rodeada de tanto amor y apoyo. Mis hermanos, muy molestos por lo que acababan de oír, gritaron en medio de su furia: "Busquemos a Trino".

Pedro dijo: "Tenemos que llamar a la policía", y mis otros hermanos aceptaron a regañadientes. Mientras uno de ellos llamaba a la policía, me volví a Chay y le pregunté:

—¿Dónde está Chiquis?

Por mi pregunta, ella supo de manera instintiva lo que yo estaba insinuando, y su cara pasó de pálida a verde.

—¿A ella también?

Asentí con lágrimas.

Chay estaba devastada. Gritó de inmediato:

—Vayan por Chiquis. ¡Tengo que hablar con mi hija!

Chiquis, que en esa época tenía doce años, estaba en la biblioteca, a un par de cuadras de allí. Cuando mis hermanos la llevaron a la oficina, ella nos vio llorando y supo al instante lo que sucedía.

Recordé la promesa que nos habíamos hecho la una a la otra y no pronuncié una palabra, me hinqué de rodillas y le pedí perdón:

—*Baby*, lo siento mucho. Tuve que hacerlo. Tuve que decir la verdad. Por favor, por favor, perdóname.

Chiquis puso buena cara y me dijo:

—*It's okay*. Ya era hora. No tengo rabia, pero no quiero que nadie le haga daño a mi papi.

La policía llegó a la oficina pocos minutos después. Nos separaron para el interrogatorio en la primera fase de la investigación. Fui la primera en ser interrogada y recuerdo que fue muy difícil para mí describir lo que había sucedido. Nunca había hablado de esto con nadie y el mero ejercicio de tener que expresarlo todo en palabras me hizo darme cuenta, por primera vez, del alcance de lo que había ocurrido realmente. Chay me agarró de la mano todo el tiempo, tranquilizándome y haciéndome saber que yo no corría peligro y que no estaba sola. Mientras hacía todo lo posible para recordar los detalles más incómodos por el bien de la investigación policial, vi la ira asomar a su cara.

Luego llegó el turno de Chiquis.

Ella y yo nunca compartimos ningún detalle, pero después de escuchar las dos caras de la historia, mi hermana ya lo sabía todo. Nuestro siguiente paso fue tomar medidas.

La familia ideó un plan para fingir que no estaba pasando absolutamente nada, ya que, como dijo uno de mis hermanos: "Si Trino oye una palabra sobre esto, se pelará. Correrá como un conejo asustado y se esconderá".

Chay habló con la policía y le informaron que el siguiente paso en la investigación era hacernos un examen médico a Chiquis y a mí. En el estado de California es un requisito legal examinar a todos los menores de edad que hayan sido víctimas de abuso. También decidieron examinar a Jacqie. Ella tenía ocho años en el momento, y dado el patrón de abuso de Trino, estaban preocupados de que podría haber intentado algo con ella.

Tan pronto como la policía se fue, le dije a Chay:

—Quiero que sepas que he tenido encuentros sexuales con otros hombres desde entonces.

Ella dijo:

—Entiendo, hermana, Está bien. Todo va a estar bien. Sólo quiero que estés bien. Te prometo que vamos a conseguir el mejor consejero de todos, y que vas a salir de esto.

Mi hermana. Mi hermana mayor. Ella siempre se hizo responsable de mí, siempre creyó en mí aun cuando yo no creía en mí misma. Tenerla a mi lado significaba que yo podía salir de esto. Lo sabía.

Mi mayor preocupación ahora era mi padre. Lo último que yo deseaba era que se enterara del abuso. No quería que pensara que ya no era su princesa, su niñita preciosa. Necesitaba su amor, y que pensara que aún era increíble y maravillosa, esa niña que se sentaba en sus piernas y soñaba con conquistar el mundo.

—Por favor —les rogué a mis hermanos—. Por favor, no le cuenten a *daddy*. Prométanme que no le dirán nada.

—Rosie —dijo Juan—, nadie le dirá una palabra hasta que tú lo hagas.

Asentí con la cabeza, las lágrimas resbalando por mis mejillas. No quería contarle.

—Rosie, tienes que hacerlo —intervino mi madre—. Tienes que decírselo esta noche.

Toda la familia se reunió alrededor de la mesa del comedor. Mis hermanos estaban allí, así como Chay, mi madre y mi cuñada Ramona. Todo el mundo estaba tenso y mi padre sabía claramente que pasaba algo extraño.

—¿Qué es lo que tienes que decirme, mi *baby*? —preguntó.

Yo estaba todavía en *shock* por lo que había sucedido esa tarde. De hecho, no sé qué palabras dije, y si no recuerdo mal, aún no me atrevía a decir nada, así que alguien se lo contó. Su cara se puso muy rígida. Interpreté esto como si estuviera enojado conmigo, y decepcionado.

—¿Por qué no me lo dijiste, hija? —preguntó.

—Estaba muy asustada, papá. Tenía miedo de que Trino matara a Chay o de que mis hermanos mataran a Trino.

Intenté explicar el miedo abrumador con el que había vivido

todos esos años, pero mi padre estaba desconectado, y había entrado en una especie de shock. La verdad es que cuando piensas en ello, yo había tenido varios años para procesar lo que me había sucedido. Había tenido tiempo para darle sentido al horror que viví por muchos años; sin embargo, mi familia tuvo que procesarlo de inmediato. Todas esas emociones llegaron como un vendaval y mi padre reaccionó encerrándose en sí mismo.

Me hizo una serie de preguntas muy cortas y rápidas. Y, finalmente, me preguntó:

—¿Entonces ya no eres señorita?

Fue una pregunta muy extraña en un momento como ese, pero más tarde comprendí que era la manera de mi pobre papá de pedir detalles de una forma indirecta.

—No —contesté, y ese fue el final de la conversación.

Ramona se desmayó en ese instante, y en cuanto cayó al suelo, me aproveché de la confusión para huir y encerrarme en mi cuarto. Yo había estado tan enojada por tantos años que todo el mundo sabía que lo mejor era dejarme en paz. Y en una situación como esta, ¿qué podían decirme?

Una de las cosas que más me gusta de nuestra familia es que todos somos muy habladores y nunca dejamos de decir lo que pensamos. Pero cada vez que surge una situación en la que no tenemos palabras, no tratamos de llenar el silencio simplemente con habladurías innecesarias. Si no hay nada que decir, pues no hay nada que decir.

Dos días después, Chiquis, Jacqie y yo fuimos a la consulta del doctor. Me pareció irreal platicar y tomar semejantes medidas reales con respecto a algo que yo había mantenido en secreto por tanto tiempo, pero gracias al apoyo de mi hermana, nosotras tres superamos esta experiencia tan difícil. En mi caso, el doctor no encontró ninguna señal de abuso sexual: había ocurrido hacía mucho tiempo y yo había estado sexualmente activa desde entonces. Pero con Chiquis fue otra historia. Era virgen sin duda alguna, pero el doctor encontró desgarro en su vagina, una clara señal de abuso sexual. La pequeña Jacqie también tenía marcas, pero por suerte, no tenía ningún recuerdo de los abusos. Mi hermana pensó que estos habían comenzado probablemente cuando era muy pequeña, porque recordó de repente que cuando Jacqie tenía unos tres años, muchas veces tenía un olor fétido.

"Creo que tenemos que llevarla al doctor", le decía Chay a Trino. "Ninguno de los otros bebés tenía esto; algo está mal". Pero Trino siempre desestimó sus preocupaciones diciendo que era una madre sobreprotectora. De vez en cuando, Jacqie mojaba la cama y no podía evitarlo. Pobre bebé. Fuera lo que fuese que Trino le hizo debió de haberle causado infecciones que afectaron todo su cuerpo.

Hasta el día de hoy, doy gracias a Dios por haber hecho que Jacqie bloqueara todos los recuerdos de lo que le hizo su padre. A pesar de todas las dificultades que ha tenido que enfrentar desde una edad muy temprana, ella ha podido vivir una vida alegre, y su precioso espíritu ha permanecido intacto.

En el instante en que Chay se enteró de los abusos, juró no permitir que Trino volviera a acercarse a los niños. Pero como estábamos esperando los resultados de la investigación policial, no podía hacerle saber a él por qué ella no quería que los niños lo vieran. Así que empezó a inventar excusas.

Las primeras excusas no despertaron ninguna alarma, pero poco después Trino comenzó a sospechar que pasaba algo. Sus exigencias se hicieron tan intensas que cuando llamaba, ella le decía que fuera al día siguiente para ver a los niños, pero cuando él iba, ella se aseguraba de que estuvieran a varias millas de la casa. No había manera de que ella permitiera que él se volviera a acercar a ellos.

Durante las primeras semanas, Trino llamaba a Chay y la amenazaba de todas las formas posibles. "¡Estás rompiendo la ley!", le gritaba. "¡Te voy a llevar a la corte!".

Era el diablo haciendo hostias.

Esto se prolongó casi un mes, y luego, las llamadas telefónicas cesaron de repente. No hubo más amenazas ni más exigencias. Nada. Chay intentó llamarlo un par de veces sólo para averiguar en qué andaba, pero Trino había desaparecido. Era obvio que había descubierto lo que estaba sucediendo y, como era plenamente consciente del hecho de que sus acciones eran castigadas por la ley, se aseguró de desaparecer de la faz de la Tierra.

Jacqie y Michael, quien en ese momento tenía sólo ocho y cinco años, estaban terriblemente confundidos. No entendían por qué su madre no les dejaba ver a su padre y, peor aún, no entendían por qué su padre había desaparecido así de sus vidas. Estaban enojados y culparon a Chay por todo lo que sentían.

Al ver que Trino había desaparecido, Chay intentó llamar a su familia, y confirmó de inmediato lo que todos sospechábamos: Trino era perfectamente consciente de lo que ocurría, porque su familia comenzó a insultar a Chay y a llamarla mentirosa. Dijeron que la familia Rivera estaba inventando historias sobre Trino, llamándolo un pedófilo y abusador de niños. "Sus hermanos son unos mentirosos y sus mujeres son de mala vida", le dijeron. "No son más que una bola de oportunistas que harán cualquier cosa por estar en el centro de atención".

Nunca me molestaron sus insultos. Estaba claro para nosotros que su familia sabía dónde se escondía Trino, pero también era obvio que nunca lo delatarían porque le creían a él. Y la verdad es que tenían todo el derecho a hacerlo, porque era su hijo, su hermano, su carne y su sangre. Si hubiera sido mi hermano, tal vez yo también le habría creído. Hasta el día de hoy, nunca he estado enojada con la familia de Trino porque a mi modo de ver, ellos también fueron víctimas. Estaban hablando desde la ignorancia y era imposible que hubieran podido imaginar la verdad. ¿Quién podría hacerlo? Incluso mi hermana y mi familia no habían podido darse cuenta de lo que estaba ocurriendo. Trino los había engañado con sus encantos y actitud amable.

Yo no necesitaba que la familia de Trino me creyera, o para el caso, que ninguna persona lo hiciera. Lo más importante era que mi familia me había creído. Además de tener que lidiar con el abuso sexual, muchas víctimas tienen que enfrentarse a una segunda realidad, tal vez más dura, de que sus seres queridos no les crean. No puedo imaginar el dolor que debe producir eso y estoy agradecida por haber tenido siempre una familia que me apoyó, y que nunca cuestionó nada de lo que les dije.

Después de haber perdido el contacto con Trino, y dado que su familia nunca nos iba a decir dónde estaba, quedamos totalmente en manos de los detectives del Departamento de Policía de Long Beach. Nos aseguraron que estaban trabajando en el caso, y nos sentimos seguros de que Trino sería encontrado y llevado ante la justicia.

Pasó un año.

Luego dos.

Chay llamaba por teléfono a la policía para recibir noticias, y la tranquilizaban diciéndole: "Estamos en ello". Pero al poco tiempo, dejaron de devolver sus llamadas.

. . .

Un día, nuestra familia estaba en una carne asada en casa de Chay. Todos se encontraban allí, excepto Lupe, que estaba retrasado. No queríamos comer sin él, así que le marcamos varias veces a su celular, y como no hubo respuesta, nos sentamos a comer.

Un par de horas después, Lupe llegó finalmente y notamos que estaba muy molesto.

—No me van a creer —nos dijo mientras se sentaba frente a un plato de comida fría. Parecía enojado—. Acabo de ver a Trino en el *freeway* 710. Sé que era él, y estoy convencido de que también me vio.

—¿WHAT? —preguntamos todos al unísono. No podíamos creerlo. Para entonces, todos habíamos asumido que estaba escondido en algún lugar fuera del país. Saber que estaba en nuestra vecindad me aterrorizó y me llenó de esperanza a un mismo tiempo.

—Bueno, empecé a seguirlo, y terminó siendo una persecución a alta velocidad —nos dijo—. No me importó lo que iba a pasar; sólo sabía que si agarraba a ese pedazo de mi**da lo iba a matar. Pero perdí su carro de vista.

Lupe tenía coraje porque los policías no habían podido encontrar a Trino, y ahora también se le había escapado de los dedos a él. Nunca había visto a mi hermano tan furioso. La carne asada pasó a un segundo plano mientras comentamos lo que acabábamos de oír. Decidimos que más que el hecho de que Trino hubiera escapado, la noticia importante era que todavía estaba en la zona. Todos supusimos que había huido a México, pero Chay recordó que Trino le había confiado una vez que cuando era joven, había sido expulsado de su ciudad natal. Nunca le dio ningún detalle, pero ella siempre recordó eso. ¿Por qué no podía volver allá? Empezamos a sumar dos más dos, y nos preguntamos si sería culpable de un cargo similar en su país natal.

Frustrados de que la policía no estuviera haciendo absolutamente ningún esfuerzo para seguirle la pista, mis hermanos decidieron tomar el asunto en sus propias manos. Empezaron a correr la voz por el barrio, mostrando fotos y preguntándoles a sus amigos y a los amigos de estos si habían visto a Trino.

Fue así como supimos que algunas personas de nuestra comunidad tenían contacto con él. Lo que se decía en la calle era que había cambiado su nombre y residencia, se había vuelto a casar y que y habia terido hijos. Al parecer, también se había operado la nariz, teñido el pelo artes de darse a la fuga y cambiado su aspecto para lucir mucho más joven.

Una pista nos permitió saber que Trino había sido invitado a una fiesta. Mis hermanos decidieron ir, y nos llevaron a Chiquis y a mí. También querían que algunos de los tipos que conocían a Trino fueran a identificarlo.

Mis hermanos hablaron en un rincón con unos hombres que parecían peligrosos y que probablemente iban armados. Nos sentamos y mientras todos parecían estar pasándola bien, cada segundo que pasaba se nos hacía una eternidad a Chiquis y a mí. Estábamos asustadas por Trino. Sí, yo quería justicia por sus acciones, pero no de esa manera. Si lo asesinaban a tiros, mis hermanos probablemente irían a la cárcel y Chiquis se quedaría sin su padre. En el fondo de nuestros corazones, las dos sentíamos que Trino no era una mala persona o un ser malvado, y estábamos convencidas de que necesitaba ayuda.

Chiquis y yo nos acurrucamos juntas y oramos:

—Por favor, Dios, no dejes que encuentren a Trino. Por favor, no dejes que venga a la fiesta.

Y no vino.

. . .

Con el tiempo, la presión para encontrar a Trino se convirtió en una carga enorme para mi alma. Cada enero, cuando llegaba el momento de hacer los propósitos para el Año Nuevo, mi papá siempre me decía: "Este año vamos a encontrar a Trino, hija. Este año lo encontraremos".

A medida que pasaba el tiempo, las predicciones de mi padre me produjeron más y más ansiedad. Yo sabía que mi papá estaba tratando de motivarme, y probablemente estaba haciendo lo mismo con mis hermanos, pero yo seguía con miedo de lo que sucedería si alguna vez encontraban a Trino. Más importante aún, yo sólo quería olvidarme de todo el episodio. Quería seguir adelante con mi vida y vivir en un mundo libre de la sombra de Trino. El miedo y la incertidumbre de no saber si él estaba en la esquina o escondido en alguna parte alejada del país me estaba comiendo por dentro. Parecía como si todo el peso del mundo descansara sobre mis hombros.

espiral descendente

Después de mi confesión me perdí completamente. No hay otra manera de expresarlo. Yo había vivido con mi secreto durante tanto tiempo que apenas lo solté al mundo, se desató la locura en mi interior.

El día que le hablé a mi hermana de Trino, ella dijo que me ayudaría a encontrar todo el asesoramiento y la terapia que necesitaba para superar lo que había sucedido. Y como siempre, mantuvo su promesa. Me reuní con todo tipo de expertos en depresión, abuso sexual, adicción, y durante nuestras sesiones, realmente comprendí y creí lo que me dijeron: el abuso no es culpa tuya, eres digna de amor, es normal que estés enojada, es normal sentirte asustada.

Pero cuando salía de los límites seguros de sus oficinas, era arrojada de nuevo a un mundo cruel que me decía que nada en mí era normal. Me odiaba, detestaba mi vida, ya no sabía quién era yo, y lo único que quería era escapar. Todos los días, desde el momento en que me despertaba por la mañana hasta el momento en que me iba a dormir, andaba como un zombi, deseando ser liberada de mi miseria.

Empecé a beber cuando tenía unos trece años, y para el momento en que tenía dieciocho, tenía que empezar el día con un trago de tequila. Poco tiempo después, añadí drogas a la mezcla y probé de todo tipo para calmar el dolor. Me escondía en los baños de la escuela secundaria y me drogaba casi con cualquier cosa que pudiera tener en las manos. Primero cocaína, luego marihuana y, finalmente, me gradué en éxtasis. El ciclo era siempre el mismo. En el instante en que me drogaba, sentía como si estuviera elevada en la cima del mundo, sin dolor, y aunque yo sabía que todo el estrés de mi vida diaria seguía oculto en mi interior, las drogas me permitían ponerlos un momento en espera. Me encantó lo liviana y despreocupada que me hacían sentir, pero tan pronto pasaba el efecto, me sentía asustada y culpable, prometiéndome a mí misma no volverlo a hacer nunca. Sin embargo, yo reincidía, y el círculo vicioso empezaba de nuevo.

Ahora que le había dicho a mi familia sobre el abuso de Trino, ellos entendieron finalmente las razones de mi comportamiento, pero eso no significaba que las cosas hubieran mejorado. Seguía siendo áspera y difícil, y sin importar lo mucho que intentaran acercarse, hice todo lo posible para mantenerlos a raya.

Yo sabía que si mis calificaciones comenzaban a bajar, mis padres se meterían en mi vida, así que me aseguré de seguir sacando sólo las mejores notas en la escuela secundaria y en la universidad. Mientras mis calificaciones fueran buenas, ellos pensarían que no me podía estar yendo *demasiado* mal y me dejarían en paz la mayor parte del tiempo, y eso fue exactamente lo que yo pensé que necesitaba.

· · ·

El abuso sexual te afecta en muchos sentidos. Obviamente, están los efectos psicológicos de sentirte sucia y rechazada, pero también hay un componente físico. Tu cuerpo es introducido al sexo a una edad tan temprana que aún no estás lista para procesarlo emocionalmente. En el fondo, yo era una romántica empedernida. Quería encontrar a toda costa el amor, y que me hiciera sentir bien, protegida y cuidada. El problema era que no me quería a mí misma; ¿cómo podría esperar entonces que alguien lo hiciera? Seguía pensando que la única manera de encontrar el amor era a través del sexo.

Cuando tenía diecisiete años, empecé a salir con Luis, un muchacho que conocí en la Música del Pueblo, la tienda que tenía mi papá en Huntington Park. Yo estaba trabajando en la caja registradora y él iba a comprar CDs todas las semanas, sólo para saludarme. Era bajito, moreno y medio guapo, gracioso y familiar. Pero lo que más me gustó es que era tres años mayor que yo, y eso significaba que era más maduro que algunos muchachos de mi edad. Yo estaba perdidamente enamorada al cabo de un mes.

Luis y yo teníamos relaciones sexuales, pero yo estaba tomando precauciones para no quedar embarazada. Como matar a Trino no era una opción aceptable, yo tenía mi mente puesta en ir a la escuela de leyes y ser una abogada para hacer justicia. No quería que nada me distrajera de mi plan, y ciertamente no iba a permitir un embarazo no planeado.

Bueno, algo debió salir mal, porque un día comencé a sentirme mareada y con náuseas. El malestar se prolongó un par de días antes de darme cuenta de que no sólo me sentía enferma, sino que mi período estaba retrasado. *¡No way!*, pensé presa del pánico. *¿Podría estar embarazada?* Tenía que saberlo de inmediato, así que salí rápidamente a la farmacia y compré una prueba de embarazo.

Seguí las instrucciones, y tres minutos más tarde obtuve mi respuesta: estaba embarazada.

Al igual que en la mayoría de los momentos importantes de mi vida, yo estaba sola. Sí, un bebé no estaba en mis planes, pero no pude evitar una sonrisa mientras las lágrimas corrían por mis mejillas. Tal vez este bebé iba a ser lo que cambiaría mi vida. ¿Luis se casaría conmigo? ¿Quería decir esto que yo iba a tener por fin una vida normal? Yo sabía en mi corazón que quería tener una profesión y que Trino estuviera tras las rajas, pero la ilusión fugaz de que todo estuviera finalmente en su lugar era una poderosa tentación.

Le di la noticia a Luis y al igual que yo, la posibilidad de ser padre lo aterrorizó. No podía entender muy bien lo que estaba sucediendo. "Esto no puede ser verdad. Esto no puede estar pasando. ¡No estoy listo para ser padre!", decía una y otra vez.

Y yo no estaba más dispuesta que él a ser madre. Me sentía completamente perdida. Tener un bebé significaba que todas mis esperanzas para el futuro serían destruidas una vez más. Aunque mi vida había sido todo un desorden desde el momento en que fui abusada, lo único a lo que he recurrido y en lo que siempre me destaqué fue en la escuela, porque yo sabía que era la clave para mi futuro. Incluso durante mis épocas más oscuras, me las había arreglado para mantener mis buenas calificaciones, lo cual era un motivo de orgullo para mí. De hecho, había decidido ir a la universidad y ser una abogada como Marcia Clark, a quien yo había visto en la televisión durante el juicio de O.J. Simpson. Quería ser como ella—una abogada—, con excepción de que yo ganaría el caso y haría justicia. Era la primera abogada que había visto y me pareció consistente y fresca, con todo y que tenia el cabello alborotado.

Pero no pasó mucho tiempo para entendiera que con un bebé, todos esos sueños nunca se harían realidad. Yo tendría que abandonar la escuela para poder criar a mi hijo, y quién sabía lo que sucedería a continuación. Probablemente yo terminaría siendo una estadística más. Y no había nada que yo detestara más que esa posibilidad.

Pasaron los días y Luis y yo discutimos nuestras opciones pero nunca parecíamos llegar a una conclusión definitiva. Seguimos dando vueltas y vueltas en círculos. ¿Qué íbamos a hacer? Yo estaba deshecha y deprimida, y claramente no estaba preparada para enfrentar una decisión tan trascendental. Luis se impacientó más y más conmigo y al poco tiempo comenzó a amenazarme: "Si tienes este bebé, diré que no es mío", me decía. "Será la vergüenza de tu familia porque todo el mundo sabrá que tuviste un hijo por fuera del matrimonio".

Yo sabía lo que significaría para mis padres tener un nieto nacido por fuera del matrimonio, y aunque siempre habían sido muy comprensivos conmigo, yo no quería hacerlos pasar por eso. Me habían dado todo lo que una niña podría soñar y yo no estaba dispuesta a echarles otro problema encima. Todo el drama que había rodeado mi abuso había sido más que suficiente.

Finalmente, Luis me dio un ultimátum: o abortaba o me dejaría en ese mismo instante. Yo lo amaba y no quería que me dejara: ya tenía problemas de abandono y no quería ser rechazada de nuevo. Pero tampoco quería hacerme un aborto. Yo podía estar alejada de Dios en ese momento de mi vida, pero era muy consciente de que matar era un pecado, y ciertamente no quería matar a mi propio bebé. Estaba tan aterrorizada con esta situación que era incapaz de pensar de forma racional: todo lo que yo deseaba era que Luis permaneciera conmigo, y no tener que hacerle pasar una vergüenza a mi familia. Muy pronto, llegué a lo que parecía ser la única solución viable.

Encontré el nombre y la ubicación de una clínica de abortos, y Luis y yo decidimos ir allá en secreto. Pensé que si nadie se enteraba, yo podría continuar con mis planes, evitar la deshonra de mi familia, y seguir adelante con mi vida.

Ese día, antes de ir a la clínica, me encerré en el baño y escuché

"Reloj" de Luis Miguel una y otra vez, orando para que el tiempo se detuviera y pudiera pasar un poco más de tiempo con Esperanza Soledad, mi hija no nacida. Quería decirle adiós antes de tener la oportunidad de ver su cara, y atesorar ese momento precioso con ella.

Era otro día hermoso y perfecto en el sur de California y la clínica de Planned Parenthood que habíamos encontrado estaba en Los Ángeles, por lo que Luis me llevó en la mañana. No hubo bromas ni música de fondo, permanecimos en absoluto silencio, cada uno extraviado en sus propios pensamientos. Recuerdo que miré por la ventana del pasajero durante todo el camino para que Luis no pudiera ver las lágrimas deslizarse por mi cara —lo último que yo quería era que él se molestara— Quería parecer valiente y segura de nuestra decisión, pero en mi corazón, todo el tiempo esperé a que girara el auto en cualquier momento y me llevara a casa de su madre en Sur Central para que pudiéramos criar a nuestra bebé y estar juntos para siempre. Crucé las puertas de la clínica con un nudo en la garganta y una pesadez en el corazón. Mi mente había tomado la decisión de ir a la clínica, pero cada célula de mi cuerpo me decía que me marchara de allí. Mis emociones oscilaban como un péndulo mientras llenaba los papeles. *¿Estaba haciendo lo correcto? ¿Debería seguir con esto, o más bien debería salir corriendo? ¿Dios me castigaría por ser tan egoísta?*

Escribí mi nombre y le entregué los papeles a la recepcionista antes de sentarme en la sala de espera. Poco después, una asistente médica vino a buscarme y la seguí a un cuarto pequeño y privado.

Me dieron un sedante, y mientras fluctuaba entre la conciencia y la inconsciencia, la doctora comenzó a hacerme algunas preguntas personales, tal vez porque estaba tratando de que yo me calmara.

—¿Has estado alguna vez bajo anestesia general? —me preguntó—. ¿Comiste algo esta mañana? No te preocupes, cariño, será un procedimiento rápido y podrás volver a casa y seguir adelante con tu vida en poco tiempo.

¿Seguir adelante con mi vida? ¿Cuál vida? Me sentí muy egoísta. Esta niña ya tenía una vida y yo se la estaba arrebatando.

Me corrieron lágrimas por las mejillas.

—¡Por favor! —grité de repente—. ¡Pare por favor! He cambiado de opinión, ¡no quiero seguir con esto! ¡Quiero tener a mi bebé!

Pero ya estaba empezando a caer en un sueño profundo. Lo último que recuerdo es mirar su rostro severo y luego la luz cegadora en el techo, que yo esperaba que se convertiría en la luz al final del túnel de la vida. Esperé con todo mi corazón no tener que despertarme de nuevo.

Cuando abrí los ojos de nuevo, le pregunté a la enfermera:

—¿Lo hicieron? Por favor, dígame que no maté a mi bebé. Por favor, dígame que me escuchó cuando le pedí que pararan.

Pero ya era demasiado tarde. La doctora había practicado el aborto y yo estaba sangrando y con mucho dolor, avergonzada de haber sido tan egoísta. ¿Era esto lo que mis padres me habían enseñado? Yo no podía creer que quisiera una profesión más que a un hijo. "La familia es lo primero", es lo que mi padre nos había enseñado siempre, y aquel día en la clínica de abortos, yo había fracasado estrepitosamente para estar a la altura de los valores que me había inculcado.

Después de pasar un tiempo en la sala de recuperación, la enfermera me informó que podía irme a casa. Me dio algunos medicamentos y me dijo que tenía que tomarlos para evitar una infección.

Poco sabía la enfermera que al darme ese consejo para conservar mi salud, realmente me había ofrecido un castigo. Pensé de inmediato: *No me importa si me da una infección; de hecho, me*

encantaría que así fuera. Si tengo suerte, ¡a lo mejor me muero!
Eso es lo que merezco por ser una persona tan egocéntrica y
monstruosa.

En el momento en que llegué a casa, me sentía tan horrible que
lo único que quería era encerrarme en mi habitación y llorar hasta
quedarme sin lágrimas. Dejé caer las pastillas y los papeles en la
mesa del comedor y rápidamente fui a mi recámara para no cru-
zarme con nadie: lo último que deseaba era tener que responder
preguntas.

Mientras dormía en mi habitación, mi madre encontró la me-
dicina y los papeles sobre la mesa del comedor, y de inmediato se
los entregó a Brenda, la esposa de mi hermano Juan, para que se
los tradujera. Fue negligente de mi parte dejar eso allí, pero tal vez
fue un acto inconsciente, tal vez una parte de mí realmente quería
que me descubrieran.

Mi mamá era tolerante pero no iba a dejar pasar esta. Sí, había
guardado silencio mientras yo salía con demasiados novios y tomaba demasiado alcohol, pero esto no era algo que ella pudiera
pasar por alto. Iba en contra de todas sus creencias, de todo lo que
ella representaba. El bebé que yo llevaba era *su* nieto y yo no tenía
derecho a arrebatárselo.

Esa noche, en cuanto asomé la cabeza por la puerta de mi dor-
mitorio, mi mamá vino corriendo con el fresco del medicanento en
la mano.

—¿Qué es esto? —me preguntó furiosa.

—¿Cómo voy a saber? —le contesté, tratando de actuar con
indiferencia.

—¿Qué quieres decir con que no sabes, hija. Aquí dice que estos son antibióticos y que has tenido un aborto hoy —continuó—.
Dios bendito, ¿en qué estabas pensando, Rosie?

La tristeza en sus ojos me rompió el corazón. Sin embargo, a pesar de que me sentía tan horrorizada como ella, no estaba dispuesta a revelarle mis pensamientos más íntimos. Como había hecho tantas veces en el pasado cuando la verdad me miraba directamente a los ojos, levanté un muro de ira y me negué a dejar entrar a nadie.

—No me importa lo que piense. Es *mi* vida y *mi* cuerpo. ¡No se meta en mis cosas!

Yo sólo quería que me dejara en paz. No sólo estaba de luto por mi hija perdida; me di cuenta por la mirada en su rostro que yo también le había roto el corazón, y me costaba muchísimo soportar eso. Yo sabía que a ella no le importaba si yo sacaba buenas calificaciones o me convertía en una abogada importante. Lo único que le importaba era su familia, y estaba consternada por lo que había hecho yo.

—¡Tú sabes que Dios no permite esto! —gritó, su voz temblando de dolor y de incredulidad.

—¡Pues no me importa lo que Dios piense! —le contesté y me volví a encerrar en mi cuarto.

Luis y yo salimos tres meses de manera intermitente. Nunca volvimos a hablar del incidente, y tampoco mi madre y yo. Era como si nunca hubiera sucedido. Me comporté como si me hubiera olvidado de esto, cuando en realidad no pasaba un día en que no pensara en mi bebé en el cielo.

Participé en varias organizaciones durante mi último año en Lakewood High; fui presidenta del club hispano Los Amigos Club, miembro del consejo estudiantil y una de las oradoras en la graduación de 1999. Compañeros de clase y profesores que apenas conocía se acercaron a mí ese día y me dijeron: "Rosie, estamos orgullosos de ti. Sabemos que tendrás un futuro fantástico".

Puse mi mejor sonrisa y les di las gracias, pero por dentro pensé: *si supieran*.

. . .

Después de la preña, me hice mi primera liposucción; otro intento por ser delgada y hermosa con el fin de encontrar el amor, el matrimonio y la felicidad. De alguna manera pensé que sería la solución milagrosa a todos mis problemas. Sobra decir que no lo fue.

Me inscribí en la Universidad de California, en Irvine. Mi padre me dio mi primer carro, pues yo tendría que manejar todos los días, ¡y para mí, eso significaba libertad! Aún vivía en casa de mis padres, pero ya podía ir a donde yo quisiera en cualquier momento del día o la noche.

Elegí Criminología como asignatura principal porque seguía decidida a ser abogada. La situación de Trino todavía me perseguía y yo quería trabajar en una profesión que me permitiera ponerlo a él —y a todos los abusadores como él— tras las rejas.

Durante mis años de universidad, pasé mucho tiempo con mi hermana en su casa en Compton, donde ella vivía con sus cinco hijos. Para entonces, probablemente se había separado de Juan porque recuerdo que nos divertíamos mucho, y mi hermana *siempre* era más divertida cuando estaba sola.

Todos los días nos despertábamos y Chay preparaba a los niños. Luego se apresuraba a trabajar y yo me tomaba un *shot* de tequila antes de subir a mi carro para ir a la escuela. No estaba borracha pero me sentía bien. Quería estar un poco anestesiada para enfrentar el día que tenía por delante.

Pasaba el día asistiendo a clases y conferencias, haciendo los deberes y estudiando en la biblioteca. No quería que nadie se fijara en mí, por lo que permanecía sola la mayor parte del tiempo y luego, al final del día, me ponía al volante y manejaba de vuelta a la casa de Chay o a la de mis padres.

Me portaba bien durante la semana. Permanecía concentrada en la escuela, asegurándome, como siempre, de que mis calificaciones no bajaran. Pero el viernes, cuando había hecho todo mi trabajo, me iba de fiesta. Iba a los antros, salía con amigas y si por alguna razón estaban ocupadas, me emborrachaba sola. Me vestía y arreglaba lo mejor que podía para ir a antros de mala muerte con el único propósito de terminar súper borracha y encontrar tal vez a alguien con quién acostarme.

En ese momento, sólo quería morirme. Sí, amaba a mi familia, sí, quería una carrera, pero si tuviera la posibilidad de dejar el mundo en ese mismo instante, la habría tomado sin pensarlo dos veces. Además de las cicatrices dejadas por el abuso, yo cargaba con el dolor de haber abortado y lo único que quería era castigarme a mí misma por lo que había hecho. Hice todo lo posible con el fin de lograr que alguien me matara para no tener que hacerlo con mis propias manos: me ponía ropa realmente diminuta, iba sola a antros de mala muerte, manejaba borracha y hablaba con cualquier tipo que se me acercara, por si acaso le entraban ganas de hacerme algo y me mataba después, esperando que nadie lo descubriera. Me aseguraría de cambiar mi nombre y esconder mi celular para que nadie pudiera encontrarme. Me ponía en situaciones extremadamente peligrosas; me acosté con tantos hombres que estoy avergonzada de decir que ni siquiera puedo recordar sus apellidos. No me importaba quiénes eran o lo que hicieran conmigo, lo único que me motivaba era un intenso deseo de desaparecer.

Todos los viernes era lo mismo: salía, le entraba duro a la fiesta, volvía a casa a dormir y regresaba a otro club el sábado y el domingo. En su mayor parte, hacía esto cuando estaba en la casa de Chay, y aunque ella nunca me juzgaba o me hacía sentir mal por lo que hacía, sé que se preocupaba mucho por mí.

—Hermana, tienes que tener más cuidado —me decía—. No tomes bebidas de extraños. ¡No te acuestes con cualquiera! *Tienes* que cuidarte. Sé que haces estas cosas debido a los abusos sexuales y por eso no te juzgo, pero tienes que tener cuidado porque un día no vas a estar bien... y *necesito* que estés bien.

Así eran siempre las cosas entre nosotras. Como yo había pasado tantos años temiendo por su vida, le decía: "hermana, te necesito viva", y ella me contestaba: "hermana, necesito que estés bien".

—Sé por qué haces esto, sé por qué tomas, sé por qué eres promiscua —añadía—. Lo entiendo, y estoy esperando que lo superes. Sé que lo superarás, hermana.

Teníamos largas conversaciones y ella siempre era muy buena conmigo, tan comprensiva y amorosa. Nunca me hizo sentir como si algo estuviera mal conmigo aunque sí me decía que lo que hacía estaba mal. Me hizo saber que mis acciones eran incorrectas, pero me amaba y me entendía dándome todo su apoyo en todo lo que pudiera necesitar.

—Tienes mucho potencial —me decía—. ¡Puedes ser realmente alguien! Hermana, deberías estar frente a las cámaras como reportera o en el pronóstico del tiempo. ¡Deberías tener tu propio programa algún día!

—¡Estás loca! —decía yo—. ¿Acaso no ves que soy un desastre?

—Eres un desastre en este momento, pero eres la persona más maravillosa que conozco —me contestaba.

Entonces me dirigía una de sus hermosas sonrisas "Chay" y había tanta convicción en sus palabras que a veces casi le creí. Ciertamente *quería* creerle. Chay me llenó de atención y de amor en esos años difíciles. Fue mi única fuente de consuelo cuando todo estaba oscuro. No sé si hubiera sobrevivido a todo eso sin su ayuda.

Siempre me sentía más fuerte y decidida a hacer un cambio real en mi vida al final de nuestras conversaciones. Tenía unos padres maravillosos, una gran familia que se había partido el lomo como inmigrante para llevarnos a donde estábamos. Yo tenía todas las oportunidades para ser una buena persona: ser una buena ciudadana, tener una carrera exitosa, y sabía que podía lograr cualquier cosa que me propusiera. ¿Cómo podía entonces desperdiciar mi vida de esa manera? *Tengo que ser una mejor Rosie para Chay,* me decía a mí misma. *Esta es la última vez que hago esto. Este es el último fin de semana que salgo así. Es la última vez.*

Pero tenía problemas para conciliar el sueño, y me decía: *me tomaré un solo trago: sólo uno para dormir mejor.* Pero, inevitablemente, un trago se convertía en dos, en tres y en cuatro, y poco después, estaba de vuelta en el punto de partida: llegaba el fin de semana y lo único que yo quería hacer era desmadrarme y olvidarme de todo mi dolor.

En todos esos años, Chay nunca perdió la fe en mí, y mi madre tampoco; nunca dejó de creer en mí, nunca se dio por vencida para hacer que yo volviera a la iglesia y abrazara a Dios. Yo llegaba a casa a las cuatro de la mañana, súper borracha y con una falda increíblemente corta, y sabrá Dios en dónde había estado. Entraba tropezando por la puerta y allí estaba mi mamá, esperándome pacientemente en el sofá con roles en el cabello y su pequeña *batita* sin sostén. En cuanto yo la veía, me ponía *muy* molesta y *enojada* cuando me preguntaba en dónde había estado.

—¿Por qué no se duerme? —le gritaba yo—. ¿Qué le importa lo que hago?

Yo creía ser muy fuerte. Había pasado por muchas cosas: que se burlaran de mí por estar sucia en el *swap meet*, por ser gorda y estar deshecha, por ser abusada sexualmente, por haber tenido un aborto y usado todo tipo de drogas. Sentí que no había nada que mi madre pudiera decir para mejorar las cosas. *Soy mucho más fuerte que usted, señora,* pensaba yo. *No se preocupe por mí. ¡Llegar a casa a las cuatro de la mañana no es nada! ¿No ve que nada me va a pasar, señora?* Poco sabía ella que yo estaba tratando realmente de matarme, pero sin importar cuánto lo intentara, no me pasaba absolutamente nada. Nunca usé condones; tomaba de la bebida de herirme o, peor, cualquier extraño; había intentado varias veces tener una sobredosis de drogas y pastillas, pero nunca me sucedió nada. Nunca tuve un accidente automovilístico, una ETS ni nada parecido. Llegar a casa a las cuatro de la mañana no era nada.

—¡Déjeme en paz! —le gritaba yo mientras caminaba por el pasillo a mi habitación. Y ella me seguía diciendo:

—No hija, las señoritas decentes no llegan a estas horas.

—¡No soy una mujer decente, mamá! —le gritaba—. ¿No entiende? ¡No me importa! ¡Me vale madre! Esta es mi vida y nunca seré una mujer decente, así que ¿por qué no me deja en paz?

Me iba a mi cuarto y ella me seguía.

—No Rosie, me niego a creer…

—¡Ay, ma, ya cállese!

—¡No! ¡No me voy a callar! ¡No te voy a dejar en paz! ¡Nunca me voy a cansar de decirte que vas a ser una buena mujer! Dios te ama y tienes que cambiar. ¡Vas a cambiar!

—¡No quiero cambiar! —gritaba yo—. ¡Y no quiero ir a su iglesia de locos!

Me sentía muy enojada. En realidad yo no sabía por qué se preocupaba por mí, y por qué no podía simplemente dejarme ser.

Me acostaba en mi cama fingiendo estar dormida y mi madre, pequeñita y llenita, tan linda en su batita y sus roles, ponía sus manos sobre mí. Me frotaba las piernas con aceite unguido mientras empezaba a decirle a Dios lo que veía con sus ojos espirituales y oía con sus oídos espirituales, y yo escuchaba cada palabra.

—Rosie —decía, hablando en voz baja y con ternura—, eres una gran mujer de Dios. Cantarás y predicarás para Él. Serás Evangelista y adoradora. Mi Señor ganará esta batalla. Declaro que serás sanada y liberada de todos estos demonios que te torturan.

Aunque sus palabras me parecían descabelladas, yo no podía dejar de admirar su fe. Hasta el día de hoy, es una de las cosas que más admiro de mi madre. Estaba yendo en contra de todo lo que veía, de todo lo que oía y de todo lo que sabía. Y aunque yo era exactamente lo contrario de todo lo que ella decía, nunca perdió la fe en lo que puede lograr Dios. Sabía que se necesitaría un milagro para que yo me convirtiera en la mujer que ella quería.

Miré a mi mamá cuando se dio vuelta para salir de mi habitación y me sentí mal por ella y sin valor. Todo parecía ridículo y patético a un punto tal que ya ni siquiera estaba enojada. *Mi pobre mami*, pensé. *Ella no se merece tenerme como hija. Ella se merece mucho más.*

Mientras, mi papá nunca me dijo una sola palabra. No sabía qué hacer conmigo desde el día en que se enteró de los abusos sexuales. No sabía qué decir. Me imagino que como padre, sentía que supuestamente debía ser mi protector, y creo que probablemente sentía que había fracasado, como si hubiera perdido toda credibilidad en sí mismo.

Pero a mí me daba lo mismo. A mi modo de ver, él no era más que otra persona que yo había logrado alienar de mi vida, y en realidad estaba contenta de que me dejara en paz.

Dicho esto, yo conocía lo suficiente a mi padre para saber que estaba decepcionado de mí al igual que mi madre. Y no era sólo el hecho de que me hubiera alejado de Dios. Tenía más que ver con mi falta de valores y autoestima. Lo que más les importaba en la vida era tener valores: respeto por ti mismo y por tu familia. Sí, yo estaba sacando buenas notas y estaba encaminada a convertirme en una abogada importante, pero nada de eso importaba si yo no tenía los valores adecuados. La realidad era que no me amaba a mí misma y no respetaba a mi familia, y sin importar lo mucho que tratara de esconderme detrás de mis supuestos logros, yo sabía que eran sólo una tapadera.

Mis padres no eran los únicos que sabían de mi conducta arriesgada. Mi familia y otras personas de la comunidad nunca me dijeron nada en la cara, pero se lo decían a mi madre.

—Rosie, la gente me dice que eres una causa perdida —comentaba ella—. Me dicen que eres incontrolable y que nunca llegarás a nada. Dicen que probablemente terminarás como una madre soltera, deshecha y adicta a las drogas. Eso es lo que me dicen, Rosie. Eso es lo que dicen.

Ella me decía esto no porque quisiera hacerme daño, sino porque estaba tratando por todos los medios de hacerme reaccionar. Lo intentaba de un modo agradable, lo intentaba gritando, intentaba el no-puedes-hacer-esto-en-mi-casa. Intentó llevarme a terapia, me invitaba a la iglesia cada domingo, a cualquier cosa y a todo lo que pudiera ayudarme. Y nunca se rindió.

—Hija, tú sabes que Dios te ama —me decía.

—Pues ni modo —murmuraba yo—. No le importo.

—No, hija, tú no entiendes. Dios te ama tal como eres.

—Es imposible que pueda amarme —respondía yo—. No después de tener un aborto.

—Pero hija, Él te perdonará.

—Mamá, no me arrepiento de eso.

Obviamente, esta era una mentira flagrante, pero en ese momento yo decía casi cualquier cosa para que me dejara en paz. Sin embargo, mi madre nunca se rendía. Eso jamás. Me invitaba a ir con ella a la iglesia todos los fines de semana a pesar de que yo renegaba y me quejaba.

—Todos son una bola de hipócritas. Mire lo que hacen los líderes de la iglesia y otras personas. Estoy mejor en los antros.

—Te equivocas si crees que puedes sobrevivir a esta vida difícil por tu cuenta, Rosie. Hay una guerra en curso entre el bien y el mal, y...

—Mire, mamá —la interrumpía yo—. Usted no entiende quién soy yo. La iglesia me rechazará apenas llegue borracha o cruda. ¿Qué pasa si me fumo un cigarro afuera?

—Hija —contestaba ella—, no has entendido una palabra de lo que te he estado diciendo. No me importa cómo vayas a la iglesia o lo que piense la gente. No es la iglesia la que te recibe, sino el Señor. Las puertas están abiertas para todos, desde la prostituta en las calles hasta el borracho del pueblo.

—¡Ni madres! —le contesté, y la dejé divagar.

Pero luego dijo algo que no he olvidado nunca:

—Jesús tiene los brazos abiertos, así como Él los tenía en la Cruz.

amor tóxico

Justamente cuando pensaba que no había absolutamente ninguna esperanza para mí en el mundo, apareció un joven guapo. Lo llamaré Chief.

Yo tenía veinte años, estaba en mi primer año en la universidad y lo conocí en El Rodeo, un club nocturno en Pico Rivera, el mismo lugar donde Chay habló por primera vez con Ferny, el amor de su vida. Yo estaba viendo a Chay actuar en el escenario como si hubiera nacido en él, cuando oí a alguien decir mi nombre.

Me di vuelta y me encontré con un tipo guapo de veintitantos años haciéndome señales para que bailáramos. No me gustaba bailar cuando mi hermana estaba en el escenario, así que hice una señal con mi índice y pulgar para decirle "en un momento", mientras le cerraba el ojo y le sonreía. Vi que era alto —por lo menos más que Luis, y eso ya era ganancia—, moreno y guapo. Me gustó lo que vi.

En cuanto la diva terminó su show me acerqué a él y le pregunté por qué sabía mi nombre.

—Aquí todo el mundo sabe que eres Rosie, la hermana menor de Lupillo y de Jenni —dijo con una sonrisa en la cara.

Me sorprendí porque en ese momento ni siquiera me había dado cuenta que la gente sabía que yo existía. No me gustó saber que la gente me observaba o sabía algo de mi vida a través de los medios de comunicación, ya que el 80 por ciento del tiempo están mintiendo y el otro 20 están "volteando" la verdad a su conveniencia. No me gustó que era fanático de mi familia pero era guapo y que me estuviera echando el ojo ya era ganancia, así que hice el pensamiento a un lado... No bailé con él esa noche, pero platicamos un poco e intercambiamos nuestros números telefónicos.

Chief y yo salimos unas pocas veces y rápidamente hicimos clic. Fue algo instantáneo. Después de las primeras semanas de noviazgo nos dijimos el uno al otro que estábamos enamorados. (Él lo dijo primero en realidad; yo le tenía demasiado miedo al rechazo para hacerlo antes que él). Era tan atento, romántico, viril e inteligente que estaba convencida de que había encontrado el amor de mi vida. Y para rematar, le encantaba el béisbol, ¡al igual que los hombres de mi familia! No había nada que no me gustara de él. Nadie me había hecho sentir así antes, y supe a ciencia cierta que estábamos destinados a estar juntos. Yo quería que nuestra relación durara, y un día le dije lo que sentía en mi corazón.

—No estoy aquí para jugar —le dije—. Quiero una relación seria.

—Yo también —contestó él—. Te amo.

Yo había estado dando tumbos de una relación decepcionante a otra por varios años, y oír finalmente que alguien me dijera que me amaba era como un bálsamo para mi alma.

Chief me hizo sentir querida y poco a poco empecé a calmarme. Prácticamente dejé de beber y de usar drogas porque él pensaba que no era propio de una dama... y como yo quería ser su dama, comencé a cambiar. Fue un giro muy positivo para mí en ese momento, pero aun así, mi familia no apreciaba del todo a Chief. Le gustaba los cambios que estaban viendo en mí, pero Lupe y mi mamá, por ejemplo, tenían un mal presentimiento. Pensaban que Chief terminaría por hacerme daño y me advertían que tuviera cuidado. Lupe, cuya opinión sobre los hombres yo tendía a valorar por encima de cualquier persona, me dijo que debería dejarlo. Normalmente eso habría sido suficiente para terminar la relación en un santiamén, pero yo estaba tan enamorada que no le hice caso. Al ver lo importante que era Chief para mí, Lupe finalmente nos dio su bendición y prometió apoyarme siempre y cuando él respetara su casa.

A medida que nuestra relación evolucionaba, empezamos a hablar del futuro. Sabíamos que queríamos estar juntos el resto de nuestras vidas, pero no teníamos ninguna prisa. Los dos nos tomábamos muy en serio nuestras carreras —yo iba a terminar la universidad y después solicitaría el ingreso a la escuela de leyes— y él estaba ascendiendo en la escala administrativa de una tienda por departamentos. Me sentí afortunada de estar con un hombre que respetaba y apoyaba mis aspiraciones, y yo me iba a asegurar de respetar las suyas.

Tener relaciones sexuales antes del matrimonio era la norma para los dos, pero no usamos protección; decidimos que el método de "sacarlo" funcionaría igual de bien. Por primera vez desde Luis, yo estaba teniendo sexo con alguien a quien realmente amaba, y me sentía bien con todos los aspectos de nuestra relación. Me sentía feliz. Después de tantos años de trauma, finalmente me estaba sintiendo bien conmigo misma: tenía un buen hombre a mi lado que me hacía sentir como la mujer más especial del mundo.

Las cosas estaban funcionando bien hasta casi nueve meses

después de comenzar nuestra relación, cuando tuvimos nuestro primer pleito. Yo quería ir a un concierto con un par de mis amigas, y cuando le conté mis planes, él simplemente dijo: "No".

Obviamente, en la comunidad mexicano-estadounidense un concierto significa una presentación musical en una gran discoteca o auditorio donde se bebe y se baila, pero toda mi vida había ido a conciertos (¡mi familia estaba en el negocio de la música!), y yo no iba a dejar de ir sólo porque mi novio me decía que no. Si había pasado tantos años desobedeciendo todas las reglas que mis padres me impusieron, ¿por qué habría de obedecer las suyas?

Estalló una pelea muy fuerte, terminé con él y me fui al concierto. Un par de semanas después me pidió que volviera con él, pero me hice la dura para desquitarme, aunque en el fondo los dos sabíamos que volvería con él.

Durante algunas semanas, él me llamaba y me texteaba todo el tiempo. "Hey, *baby*. Te extraño. ¿Por qué no vienes y estás conmigo otra vez?"

Al principio no le respondí, pero pronto sus mensajes dulces me ablandaron y terminamos viéndonos de nuevo. No tuvimos una relación comprometida, pero nos encontrábamos de vez en cuando para tener sexo.

En mi familia hay tres fiestas importantes que nunca me perdería por nada del mundo: el día de Acción de Gracias, Navidad y el 4 de julio. Celebramos el 4 de julio no sólo porque es el Día de la Independencia, sino porque Chay y yo cumplimos años por esa fecha y siempre celebramos juntas nuestros cumpleaños. Yo nací el 2 de julio, y Chay vino al mundo el 3 de julio, de modo que siempre hacemos una gran fiesta el 4. Esta vez, la estábamos haciendo en la casa de nuestro hermano Lupe.

Como siempre, fue una fiesta maravillosa. No hay nada que me guste más que pasar tiempo con mi familia, y ese 4 de julio no fue la excepción. Yo estaba cumpliendo veintiún años y Chay cumplía treinta y tres, así que le dimos con todo. Toda mi familia estaba presente y también algunos de sus amigos de los medios, pero nadie se comportaba como un rico o famoso, éramos apenas una bola de mexicanos normales divirtiéndonos, comiendo carne asada y bebiendo Coronas o tequila. Lupe tiene una hermosa casa de tres pisos en Playa del Rey, y esa noche pudimos ver los románticos fuegos artificiales en Marina del Rey.

A último minuto decidí invitar a Chief porque él conocía a mi familia y supongo que era lo más parecido que yo tenía a un novio. Estábamos bebiendo, bailando y pasándola bien. Chief y yo salimos de la casa para refrescarnos un poco cuando vi que tenía un mensaje de voz en mi teléfono. Era de un tipo que había conocido casualmente; probablemente llamaba sólo para desearme un feliz cumpleaños o algo así. Acerqué el teléfono a mi oído para escuchar el mensaje, pero antes de que pudiera hacerlo, Chief me lo arrebató.

¿En serio? ¿Quién se creía que era?

—¡Ya no eres mi novio, y no tienes derecho a hacer esto! —grité mientras le arrebataba el teléfono.

Él me dio una cachetada en la cara sin pensarlo dos veces.

Yo no podía creer lo que acababa de hacer. Dios sabe que yo había estado en algunas situaciones bastante malas en mi vida, pero nadie nunca me había golpeado. Como decía mi *daddy*: "nadie toca a Rosie". Estaba furiosa, pero en aras de la cortesía y por respeto a la casa de mi hermano, logré dar un paso atrás.

—Eres muy afortunado —le dije—. No me gusta hacerle dramas a mi familia y no voy a llamar a la policía y arruinar esta fiesta, pero tienes que irte ahorita mismo.

Yo sabía que si mis hermanos se enteraban de que él me había pegado, se lo fregarían en ese mismo instante. Así que prácticamente empujándolo, le dije:

—No quiero volver a verte nunca. Simplemente desaparece de mi cara y de mi vida, y no se te ocurra volver.

Cuando se fue, entré de nuevo a la casa y me uní al resto de la fiesta tomando *shots*, y comportándome como si no pasara nada malo. Yo estaba agitada y molesta, pero nadie notó nada extraño porque yo ya sabía perfectamente bien cómo ocultar mis sentimientos.

Lo que *no* sabía era que Chief no se había ido realmente. Nada más estaba esperando un momento afuera antes de volver a entrar. Entonces, desde el otro lado de la gran habitación en el segundo piso, oí que me decía:

—Hey *baby*, ven acá. Hablemos. Quiero...

Yo no quería oír nada de lo que tuviera para decirme.

—¡Vete de aquí! —le señalaba—. Vete de esta casa.

Él se negó. Permaneció ahí, mirándome desde lejos, esperando tal vez a que yo estuviera muy borracha. Y, por supuesto, así fue. Me volvía más débil y más vulnerable con cada trago que tomaba. No soportaba que se quedara mirándome, así que después de un tiempo me acerqué a él para saber qué quería.

—Sólo quiero hablar contigo —me dijo dulcemente.

Me agarró de la mano, me llevó a un baño en el último piso y cerró la puerta detrás de nosotros. Debo haberme desmayado porque lo siguiente que recuerdo es despertar medio desnuda y confundida en el piso de ese baño. Era obvio que habíamos tenido sexo. Vi al Jefe subirse los pantalones y le dije:

—Espera, necesito limpiarme. ¿Dónde terminaste?

—Adentro —respondió.

Me sentí confundida. Esto nunca nos había sucedido antes.

—¿Qué? ¡Eso está mal! —le dije—. ¡Es mi cuerpo y no tienes derecho a tratarme así!

Lo último que necesitaba era salir embarazada de nuevo. Estaba decidida a terminar la universidad, ir a la escuela de leyes y seguir adelante con mi misión para enviar a Trino a la carcel. Nada de esto sería posible si quedaba embarazada, sobre todo porque me había prometido a mí misma que nunca tendría un aborto de nuevo.

Una sonrisa extraña se apoderó de su rostro y me dijo:

—Bueno, ahora sabes que eres mía. Si sales embarazada, no serás capaz de dejarme nunca más porque el bebé será de los dos.

Fue así como supe que él había planeado esto con antelación.

Efectivamente, unas semanas después comencé a sentirme enferma y agotada todo el tiempo. Al principio traté de restarle importancia, pero cuando mi mamá comentó que yo estaba durmiendo hasta muy tarde y que comía muy poco, yo ya sabía más o menos lo que estaba pasando. Me sentí aterrorizada, así que llamé a Chief y le dije:

—Oye, es Rosie. Tenemos que ir a Planned Parenthood.

—¿Para qué? —preguntó.

—Creo que estoy embarazada y necesito saberlo con seguridad.

—Oh, bueno, ese es tu problema —contestó.

—¿Qué quieres decir? ¿Estás diciendo que cambiaste de opinión? —le pregunté con incredulidad. ¿Era ese el mismo hombre con el que había hablado por última vez?

Cuando le recordé lo que me había dicho en el baño de la casa de Lupe, y que él había planeado esto para que siempre estuviéramos juntos, se limitó a contestar con ligereza:

—Sí, bueno... cambié de opinión.

—¡No, bueno! —protesté—. No me importa si cambiaste de opinión. Necesito que vayas a la clínica conmigo para saber a ciencia cierta si vas a ser padre.

Alegamos un poco y él accedió finalmente.

—Está bien, iré, pero simplemente estás siendo dramática; realmente no estás embarazada.

Esperaba que él tuviera razón.

Fuimos a la clínica, pero no le permitieron entrar a la sala de examen conmigo, pues no estábamos casados. Tuve que hacerlo sola.

Me miró expectante cuando salí al lobby.

—Tenía razón —le dije—. Estoy embarazada.

No hubo ninguna sonrisa, ningún abrazo ni lágrimas de alegría.

—Bueno, estoy seguro de que vas a convocar una conferencia de prensa y le dirás a todo mundo —dijo—. Eso es lo que tú y tu familia hacen siempre.

—Pues te equivocas. No es así como voy a manejarlo —le dije, cuando en realidad no sabía cómo iba a manejar nada. Estaba perdida y asustada, y sólo quería ir y decírselo a mi hermano Lupe. Él sabría cómo cuidarme.

—Iré a ver a Lupe —dije después de una breve pausa—. ¿Quieres venir conmigo —le pregunté.

—*No way* —respondió él, dándome la sensación de que allí era donde trazaba la línea—. Pero tengo un mensaje para Lupe y tu familia. Diles que no me voy a casar contigo.

—No hay problema —contesté, haciendo todo lo posible para mantener la calma.

—Y diles que no quiero estar más contigo: no me iré a vivir contigo.

—Tampoco tengo problema con eso —respondí. Estaba demasiado confundida para discutir.

Chief se marchó, y me quedé sentada allí, tratando de encontrarle sentido a lo que acababa de suceder. Ni siquiera sabía por dónde empezar. Fui en mi carro directamente a la casa de Lupe en medio de lágrimas. No quería que mi mamá o mi hermana me vieran así; yo sólo sabía que un hombre me había rechazado, y que necesitaba un hombre que me hiciera sentir amada. Necesitaba agarrar el dedo de Lupe.

Mi celular sonó mientras iba en el auto. Era el Chief. Mi corazón dio un brinco, pensando que tal vez había cambiado de opinión. A lo mejor aún había esperanzas. Rosie la mensa.

—Tengo una cosa más para que le digas a Lupe —dijo.

—*Okay*, ¿significa que quieres venir conmigo? —le pregunté emocionada.

—No. Simplemente dile que no te quiero.

Se me cayó el alma a los pies. Chief acababa de confirmar todo lo que yo había pensado prácticamente durante mi vida entera: que no era digna de ser amada y que nadie iba a querer casarse nunca con alguien como yo.

Lupe abrió la puerta y me abrazó con fuerza en cuanto vio la expresión de mi cara.

—Rosa, ¿qué pasa? —me preguntó.

—Estoy embarazada —le dije, mientras las lágrimas resbalaban por mis mejillas.

Su voz permaneció inmutable y no mostró absolutamente ninguna señal de *shock* o de sorpresa. Simplemente me abrazó con más fuerza y me dijo:

—¡*Cool!* ¡Mi *baby* va a tener un *baby*!

Es imposible no amar a mi hermano.

Obviamente, Lupe sabía que la situación no era la mejor, pero él me iba a dar todo el apoyo que yo necesitaba. Su abrazo me hizo sentir amada y protegida.

Luego preguntó:

—¿Qué onda con Chief?

—No quiere estar conmigo. Dice que no me ama —contesté llorando.

—Está bien —dijo Lupe—. No te preocupes, puedo ser el padre de tu bebé y voy a tratarlo como si fuera mi propio hijo.

—Pero, ¿qué voy a hacer? —le pregunté—. ¿Cómo voy a decirle a mamá y a papá? Después de todo por lo que los he hecho pasar... ¿y ahora esto?

Me sentí muy avergonzada.

—Te diré una cosa, Rosie —dijo Lupe—. En realidad, esta noche voy a hacer una reunión familiar, así que es el momento perfecto.

Me dijo que él y su esposa habían decidido divorciarse. Toda la familia sabía que tenían problemas —al igual que todo Estados Unidos y México—, pero Lupe quería asegurarse de que todos manejáramos los medios de comunicación de la misma forma.

—Les contaremos todo a la vez —dijo Lupe—. Todo va a estar bien.

Su confianza me tranquilizó.

Esa noche todos se reunieron en casa de Lupe. Juan y Chay estaban allí, y también Pedro y Gustavo. Una vez que Lupe acabó de dornos las noticias, se volteó y me dijo:

—Rosa también tiene algo que decirles.

Miré a mi padre con todo el valor que pude reunir y los ojos llenos de lágrimas, y le dije:

—Papi, estoy embarazada.

Cerré los ojos y me preparé para lo peor, pero lo único que oí fue el llanto de mi madre.

—Ya me había dado cuenta —dijo casi de inmediato—. Has estado durmiendo mucho estos días y apenas comes. Yo sabía que estabas embarazada.

Las madres siempre lo saben.

Papá dijo con dulzura:

—¿Y cuál es el problema, mi *baby*? Un bebé es una bendición maravillosa, hija. Felicitaciones. Sólo dime cómo te puede ayudar tu papi.

Cuando expliqué que el padre del bebé no quería estar conmigo y que no sabía cómo iba a salir de esto por mi cuenta, Chay habló.

—Mírame, hermana. Todos estos años he criado sola a mis hijos y te puedo decir que sí: tú puedes hacerlo —dijo y sonrió—. De hecho, lo haremos juntas. Puedes ser una madre soltera, pero no estás sola, hermana. Juntas saldremos adelante.

Me abrazó con fuerza, y en ese instante supe que mi bebé y yo estaríamos bien. Mi hermana mayor me estaba apoyando de nuevo.

Todos se congregaron a mi alrededor en cuestión de segundos y se unieron a nuestro abrazo diciendo:

—No llores, Rosie. Todo va a estar bien.

Mientras estaba rodeada de todas esas caras hermosas que me abrazaban y cuidaban, me sentí abrumada por todo ese amor concentrado en un solo lugar. Mi familia había permanecido a mi lado en los momentos más difíciles y durante mis años conflictivos —cuando los alejé de manera sistemática— pero no dejaron de quererme ni una sola vez. Y ese abrazo grande y hermoso me recordó eso.

· · ·

Aunque me sentía devastada por el rechazo de Chief, lo estaba aún más porque eso confirmaba todo lo que había sentido siempre con Trino: yo ya no era virgen, así que nadie me iba a amar. Nadie se casaría conmigo, ni siquiera el padre de mi hijo. El daño en mi interior era tan profundo que pensé que no sería una buena madre con mi bebé, y que probablemente sería mejor si yo muriera y él quedara huérfano. Al menos de esa manera mi madre u otra persona lo criarían, y él tendría una mejor oportunidad de llegar a ser una buena persona.

Lo único que me permitió seguir adelante fue la escuela. Es extraño; mientras me sentía completamente perdida ante la perspectiva de ser madre, podía permanecer concentrada cuando se trataba de la escuela. Aunque estaba deshecha por dentro, decidí no convertirme en una estadística más de deserción universitaria. Y me esforcé muchísimo.

Durante mis dos últimos semestres en UCI, hice mi pasantía en un bufete de abogados y trabajé a tiempo parcial en una tienda por departamentos, todo eso mientras tomaba veinte unidades en la escuela, una de las cuales era una importante clase de tesis. Era muy difícil. Aumenté sesenta libras durante el embarazo: se me hincharon los tobillos y las manos, y me sentía como una extraña en mi propia piel. Estaba tan deprimida que dejé de tratar de encontrarle sentido a lo que me sucedía. Simplemente hacía las cosas de manera automática, tratando de superar mi dolor, como de costumbre, esperando que pronto terminara.

Nunca olvidaré que sólo había silencio a mi alrededor. Mi familia estaba ahí, a mi lado, pero habían renunciado a platicar conmigo. No dejaba que se me acercaran. Estaba pasando por muchas cosas y todos me tenían compasión —podía verla en sus ojos—, pero realmente no hablamos de ello. Recuerdo que un día Lupe y mi madre estaban platicando en la sala mientras yo estaba en la computadora haciendo un trabajo para la escuela. Empecé a llorar de repente. Me sentía cansada y sola; pensaba en que mi hija aún no había nacido pero yo ya le había fallado porque no había podido darle una buena familia. Papá siempre decía que la familia era lo único que teníamos, y para mí eso significaba que independientemente de lo que yo le diera a mi hija, ella no sería completamente feliz si su padre no vivía con ella. Las lágrimas simplemente comenzaron a correr por mi rostro. Lloré y lloré, mirando la pantalla de la computadora, sin siquiera tratar de contenerme. De pronto, Lupe fue a mi habitación. Se hincó de rodillas y me abrazó.

—Sé que es difícil —dijo—. Sé que es muy, muy difícil.

Su abrazo me dio fuerza para seguir adelante.

Durante mi embarazo se presentó otra situación que empeoró aún más las cosas. Mis padres, nuestros pilares, la piedra angular de nuestra familia, se estaban divorciando. Nuestra madre se había enterado de que nuestro padre estaba teniendo una aventura. Después nos enteramos de que la había engañado durante todo el matrimonio y aunque mi madre lo sabía, esta vez era diferente porque había embarazado a su amante. Mi madre, que hasta entonces había sido la esposa trabajadora, fiel y sumisa de don Pedro Rivera, decidió que ya era suficiente. Le pidió que se fuera de la casa, pero él se negó; no iba a dejar a su familia. Ella no iba a aventarlo a la banqueta, por lo que se resignó a sacarlo de su recámara y en los meses siguientes vivieron bajo el mismo techo sin dirigirse la palabra.

La tensión se podía cortar con un cuchillo. Mis hermanos y yo estábamos devastados. Al principio tratamos de que conversaran, pero mi padre se negó a decir una sola palabra. Él no es muy dado a expresar sus sentimientos, y guardó un silencio absoluto. Le preguntábamos "Papá, ¿es cierto?", pero nunca respondió. Simplemente permanecía callado.

—Apá, diga algo por favor —le rogaba Juan—. Papá, por favor, no deje que se desmorone esta familia. Es todo lo que tenemos, papá. Sálvela por favor.

Sin embargo, papá no decía una sola palabra. Debía sentirse devastado por dentro, pero decidió no demostrarlo.

No esperábamos que no se encargara de su hijo: sabíamos perfectamente que mi padre nunca hubiera hecho eso, pues no habría estado bien. Sin embargo, lo único que queríamos era que reconociera lo que había hecho y que dejara a esa mujer. Lo único que tenía que hacer era pedir perdón y mamá lo habría recibido de nuevo. Pero su orgullo pudo más que él y se negó. Todo nuestro mundo se estaba desmoronando.

Yo era la única que vivía con ellos en ese momento, así que cuando todos se iban de casa me dejaban viviendo en la Guerra Fría. Yo estaba luchando por mantenerme a flote en medio de los desafíos de mi propia vida: el embarazo, la ruptura con Chief, terminar la universidad, y esto simplemente se sumó a mi desesperación. Era como si la tierra se estuviera abriendo debajo de mí, porque mi padre nos había dicho toda la vida que no importa lo que pasara ni lo que estuviera pasando, siempre tenías a tu familia. "La familia es lo más importante", era una máxima que había grabado en nuestros corazones, pero en aquel momento en particular, *él* no estaba poniendo primero a nuestra familia. Estaba dejando que se hiciera pedazos, y yo no podía entender por qué hacía eso. Porque lo cierto del caso era que papá no había escogido a la otra mujer en vez de mi mamá, sino de nosotros. Siempre, admiraré y respetaré a mi padre, pero eso me rompió el corazón y afectó nuestra relación… Lastimó a mi madre, y para mí las mujeres amamos, admiramos y respetamos a nuestros padres según la manera como traten a nuestras madres. Se presentó una ruptura entre las mujeres de la familia y mi papá.

Mis hermanos, mi hermana y yo nos esforzamos mucho para no tomar partido, pero finalmente los problemas entre nuestros padres comenzaron a dividir a la familia en dos. Algunos de los hombres estaban más del lado de mi padre, mientras que Chay y yo permanecimos firmes al lado de mamá. Sabíamos que no estaba siendo dramática, y que estaba actuando de esta manera porque había soportado toda una vida de tristeza y de humillación. Había perdonado muchas veces todas las traiciones de mi padre, pero trazó la línea cuando él embarazó a esa mujer.

En aquellos meses, mientras mi vientre crecía y yo comenzaba a sentir una nueva vida pateando dentro de mí, no pude dejar de preguntarme: *Si la familia lo es todo y se está desmoronando, ¿qué me queda entonces?*

Los problemas con mis padres habían sacudido mi mundo y mi concepto de familia, y también me seguía sintiendo como una fracasada por no poder darle un padre a mi hija. Yo sabía que Chief estaba lejos de ser mi príncipe soñado, pero no pude evitar querer darle un padre real a mi bebé. Le enviaba mensajes todos los días, esperando que pudiera hacerlo cambiar de opinión, suplicándole que volviera conmigo.

Pero su respuesta era siempre la misma: "Déjame en paz".

Mi familia me dio tanto amor y apoyo que yo sabía que podría estar perfectamente sin él, pero aún seguía esperando poder tener esa familia feliz que habíamos soñado cuando nos conocimos.

Durante los nueve meses de mi embarazo, sin importar cuántas veces le rogué, Chief nunca me acompañó a una sola cita médica, y ni siquiera se molestó en llamarme para ver cómo estaba. Lo que más me enfureció fue que empezó a salir con otra mujer. ¿Cómo podría el padre de mi hija andar con otra? ¿Cómo era posible que no se preocupara por su hija? Realmente no podía entender eso.

Y entonces, mi hermosa Kassey vino al mundo.

Era un viernes por la noche después de mi último día de clases en UCI y comencé a sentir mucha fiebre y dolor de espalda. No sabía qué podría ser, pero tan pronto llamé al doctor, me dijo que fuera al hospital de inmediato; temía que pudiera tratarse de algo serio, así que fui conduciendo en mi propio carro mientras mi madre oraba en el asiento del pasajero.

Al llegar al hospital me enteré de que el dolor se debía a una infección renal. No sabíamos la causa, pero los doctores me admitieron de inmediato para practicarme una inducción de emergencia debido a que la infección era peligrosa para el bebé. Yo estaba muy preocupada y no quería estar sola mientras mi pobre madre se sentía intranquila por esta terrible experiencia, así que inmediatamente le envié un mensaje a Gladyz, mi mejor amiga, pidiéndole que viniera a acompañarme, y también para que le dejara saber a Chief y al resto de la familia lo que estaba sucediendo.

Toda mi familia llegó poco después. Estuve treinta y cinco horas en labores de parto, en el transcurso de las cuales fui acompañada al comienzo por Chiquis (quien se desmayó) y por mi mamá (quien tuvo que retirarse a una equina de la habitación porque no podía soportar la vista de la sangre). Así que al final sólo estábamos yo y mi bebé pujando, una señal de lo que estaba por venir en los ocho años siguientes.

Finalmente, a las 5:20 p.m. del 17 de marzo de 2003, el doctor me entregó a la niña más hermosa que hubiera visto en mi vida: Kassandra Alexa Rivera o Kassey, como le decimos. Alguien me dijo que, en la mitología griega, Kassandra era el nombre de una profetisa y contesté: "Bueno, ciertamente es la profetisa de mi vida. Todo girará en torno a ella: Kassandra me guiará de aquí en adelante".

Mis hermanos, sus esposas y mis sobrinas y sobrinos mayores estuvieron presentes, y aquel 17 de marzo se convirtió rápidamente en una celebración para la familia Rivera. Lupe repartió paletas que decían "¡Es una niña!"; Chay intentaba acomodar a los quince visitantes en la habitación; Gustavo le decía a todo el mundo que el bebé se parecía a él (dice eso de casi todos los bebés de la familia, pero ninguno se parece a él), Juan entretenía a quienes estaban en el lobby y Pedro oraba y me decía que estaba orgulloso de mí.

En un momento estuve a solas con mi bebé pero me sentía demasiado exhausta para llorar hasta que oí nuestra canción, esa que yo le había cantado a mi bebé un centenar de veces cuando íbamos a UCI y ella estaba en mi barriga: "Can't Take My Eyes Off of You", en la versión de Lauryn Hill. Decidí en ese mismo instante que nunca renunciaría a mi niña, independientemente de si teníamos o no a un hombre en nuestra casa.

Cuando llevé a Kassey a la casa de mis padres, toda la familia bullía de emoción. Un nuevo bebé es siempre una bendición, pero esta, mi hermosa Kassey, era nada menos que un milagro porque después de varios meses de no hablar entre sí, mis padres intercambiaron sus primeras palabras. Mientras los dos abuelos orgullosos adulaban su linda carita y sus manitas diminutas, mi padre le dijo a mi madre:

—Ay, mira qué bonita está la niña, ¿verdad, vieja? ¿No es hermosa?

—Sí —respondió ella.

Y esto fue el detonante para que hablaran de nuevo. Nunca volvieron a dormir en la misma cama, nunca volvieron a tener una relación, pero al menos ya no eran enemigos. Y eso fue una enorme ganancia para todos nosotros.

Unas dos horas después del nacimiento de Kassey, Chief apareció para conocer a su hija: era su vivo retrato. Llegó después de las horas de visita, pues quería asegurarse de no encontrarse con mis hermanos. En el instante en que sostuvo a Kassey en sus manos, se desmoronó y comenzó a llorar. Al igual que yo, se enamoró perdidamente de ella.

En medio del cansancio y la confusión de aquellos primeros días con Kassey, comencé a pensar en el fondo de mi mente: *¿Qué pasa si esta preciosa bebé lo hace cambiar? Es obvio que él la adora, ¿tal vez empezará a amarme a mí también?*

Pero, obviamente, yo estaba equivocada. Había subido 60 libras durante el embarazo y pesaba 260 después del nacimiento de Kassey. Chief no quería tener nada conmigo, pero venía cada fin de semana para ver a su hijita preciosa.

Mi hermana me había enseñado que a menos que se trate de una situación extrema (como en el caso de Trino), nunca debes mantener a tus hijos alejados de su padre porque esto les duele más a ellos que a él. Y entonces decidí aprovechar esta situación. Después del nacimiento de Kassey, empecé a hacer una dieta loca tras otra, pensando que si me las arreglaba para perder suficiente peso, Chief no tendría otra opción que volver a enamorarse de mí. Hice todo lo posible para parecerle atractiva. Hacía mucho ejercicio todos los días y me metí en una dieta extrema, pero sólo perdí veinte libras; no era lo suficiente para traerlo de vuelta. Fui a un cirujano plástico y me hice otra liposucción para eliminar los depósitos de grasa en mi estómago y caderas. Dejé de comer varios días, y tomé píldoras dietéticas que me hacían sentir enferma, pero no me importó. Yo sólo quería ser delgada. Creía que ser delgada era sinónimo de ser hermosa, y estaba dispuesta a hacer lo que fuera necesario para ser amada.

Me las arreglé para perder un poco de peso, pero nunca me pareció que fuera suficiente y todo el tiempo me lamentaba con mi hermana.

Hasta que un día, Chay me dijo:

—Tienes que dejar de regodearte en la autocompasión, Samalia —uno de los miles de apodos que ella me tenía—. ¿De verdad quieres hacer algo acerca de tu peso?

—¡Claro, hermana, claro!

—Bueno, entonces —dijo ella—, necesitas imaginar cómo quieres verte y cómo llegar ahí. ¿Qué crees que pudiera ayudarte?

Yo había leído sobre el bypass gástrico luego de mi búsqueda frenética por la solución mágica a mis males, y empecé a contarle a Chay al respecto. Pero ella me dijo de inmediato.

—He oído que han muerto personas a causa de eso.

—De todos modos me voy a morir —le contesté—, y sería mejor si me muriera delgada.

Chay convenció a mis padres de pagar el procedimiento y perdí unas setenta libras. Aun así, no me sentía contenta conmigo.

Sin embargo, me emocioné mucho al recibir una carta. Yo había solicitado el ingreso a la Escuela de Derecho Whittier en Costa Mesa, California, y salté de alegría cuando me admitieron.

—¡Lo logré! —grité.

Yo era la primera mujer en nuestra familia en ir a una escuela de leyes.

En medio de todo ese caos, me las arreglé para graduarme de la UCI con honores y con un promedio de 4.0. Y había pasado a la facultad de leyes. Esa Navidad, Chay me dio el mejor regalo de mi vida. Ella era la *mejor* para dar regalos. Siempre encontraba el tiempo para elegir el regalo perfecto para todos sus seres queridos. El de aquella Navidad fue particularmente especial, pues me dio una hermosa placa envuelta en una linda bolsa con una cinta grande, y decía:

RESPETADA PARA SIEMPRE POR TU

FORTALEZA Y DETERMINACIÓN.

Rompí a llorar cuando la vi. El hecho de que la mujer más fuerte que conozco me respetara era algo que significaba muchísimo para mí. Nunca me había querido a mí misma, pero cuando Chay me dio esa placa, sentí como si hubiera hecho algo digno de respeto y admiración. Recuerdo que pensé: *Ya puedo quererme. Me lo he ganado.* No por el diploma, sino porque había vencido todo lo que me derrotaba supuestamente, todo lo que supuestamente me convertía en una mera estadística; yo no había abandonado la escuela secundaria, no había abandonado la universidad era una madre soltera, pero aun así, eso no me había detenido. Así que en ese momento, a mis veintiún años, por fin empecé a quererme.

O por lo menos lo intenté.

una salida en falso

En 2006, y como salido de la nada, Pedro, uno de mis amigos de infancia entró de nuevo en mi vida. Había sido cercano a nuestra familia por varios años y sabía todo sobre mí: lo bueno, lo malo y lo feo.

La primera vez que conocí a Pedro fue cuando teníamos unos once años. Durante muchos años sólo éramos conocidos y nos encontrábamos en fiestas y reuniones familiares. No lo veía desde hacía mucho tiempo, salvo cuando salí embarazada de Kassey y él reapareció de repente en mi vida. Me llamó para felicitarme tan pronto supo que estaba esperando un bebé. Le di las gracias y le dije que me sentía feliz, aunque las circunstancias no eran precisamente las mejores: yo no estaba con el papá de la niña, y por lo que yo podía decir en ese momento, iba a ser una madre soltera. Pedro no parecía pensar que eso fuera un inconveniente. Estaba muy feliz por mí y al instante se ofreció a ayudar con cualquier cosa que yo necesitara. Durante todo el embarazo me llamó y se mantuvo en contacto conmigo, y poco a poco nos hicimos buenos amigos.

Hablábamos mucho y sin importar qué tan duras fueran las cosas para mí, siempre trataba de hacerme sonreír y reír. Era un hombre muy divertido y trabajador, y en ese sentido me recordó a los hombres de mi familia. En esa época él estaba trabajando duro para formar una carrera como vendedor de autos, y yo lo admiraba realmente por eso. Nos hicimos muy cercanos con el paso del tiempo y empecé a recurrir a él porque era un apoyo para mí: era un amigo con el que siempre podía hablar, pero aún no lo veía como algo más que un amigo.

Nunca me decepcionó. Siguió visitándome y llenándome de atenciones. Me llamaba todos los días sólo para ver cómo estaba yo. Era mi paño de lágrimas, la persona con la que yo compartía cualquier cosa buena que sucediera en mi vida, y no importaba lo que yo le dijera, ya fuera que abandonara la escuela de derecho o que saliera con otro hombre, él siempre me apoyó.

—No te preocupes, Rose, esto será para bien. Vas a estar bien.

Después del nacimiento de Kassey, Pedro me dijo que estaba enamorado de mí. ¡Pensé que estaba loco! No sólo lo veía como mi mejor amigo, sino que yo aún tenía sobrepeso, era una madre soltera y el papá de mi bebé no quería estar conmigo. ¿Cómo podía estar enamorado de mí?

Pero Pedro veía las cosas de un modo diferente. Me admiraba por ser una madre soltera —de hecho, su madre también lo era— y quería cuidarme. "Rosie", me decía: "Voy a hacerte mi reina y nunca tendrás que trabajar un solo día a menos que realmente quieras". Obviamente, eso no era lo que yo quería, pero el hecho de que me lo dijera me hizo sentir como la persona más especial del mundo. Sin embargo, yo no podía verlo como algo más que un amigo. Se lo dije y le pedí que dejara de expresarme su amor; así lo hizo, y simplemente continuamos como los mejores amigos. Fue maravilloso saber que podía contar con su apoyo, y el hecho de que se preocupara tanto por mí y por mi hija hizo que empezara a preocuparme más por mí misma. Ya fuera que quisiera almorzar con alguien, ir al gimnasio o al cine, Pedro siempre estaba ahí.

Sin embargo, aún estaba atrapada en la idea de volver con Chief. Quería tanto que mi niña tuviera a su padre, que lo llamé y le envié mensajes de texto por meses y años, tratando de convencerlo para que volviera conmigo. Obviamente, él no me quería, pero yo sentía que al menos podría decirle un día a mi Kassey lo mucho que realmente lo había intentado. Yo le debía al menos eso. Mi amor por ella superaba mi orgullo, y aunque ya no amaba a Chief —le había perdido todo el respeto cuando comenzó a salir con otra mujer mientras yo estaba embarazada y había sacrificado todo lo que tenía con nuestra hija— aún me encantaba la posibilidad de que él y yo estuviéramos juntos como los padres de Kassey.

No sé si habría dejado de tratar de volver con él si no hubiera sido por su madre, quien a lo largo de toda nuestra terrible experiencia se convirtió en una amiga entrañable. Un día, mientras platicábamos por teléfono, me dijo algo que nunca olvidaré:

—Rosie, eres una mujer buena y me encantaría que fueras mi yerna, pero no quiero que lo esperes más. Tienes que seguir adelante con tu vida.

El hecho de que fuera ella la que me dijo esto, hizo un clic en mí. Mi corazón estaba roto en mil pedazos, pero ella estaba en lo cierto: el Jefe no me amaba y ningún grado de persuasión lo haría cambiar de opinión. Y entonces me di por vencida.

¿Y a quién recurrí?

A Pedro. Obviamente.

Era un hombre que no me juzgaba por mi pasado, que prometía hacerme feliz y quería cuidar de mí y de mi niña. Él adoraba a Kassey, y eso para mí era sumamente importante, casi más que el hecho de que él me amara. No me sentía atraída físicamente a él, pero sabía que era un buen hombre y que mi hija necesitaba uno en casa, y no sólo los fines de semana, que es cuando Chief la veía. Así que me dije, ¿por qué no? Pero desde el primer día que empezamos a salir, fui completamente honesta con él. Le dije que estaba dispuesta a darle una oportunidad, pero que no lo amaba.

—Está bien —dijo—. Aprenderás a amarme. Simplemente dame una oportunidad.

Pedro y yo estábamos en su carro, tomando vino barato y besándonos a finales de una tarde. Llevábamos casi un mes saliendo y, a pesar de que todavía no estaba enamorada de él, las cosas marchaban bien y yo me sentía feliz.

De repente, entre los besos y la respiración, Pedro me dijo:

—¿No sería genial si te casaras conmigo?

—Sí, *baby*, sí —contesté. Realmente no dimensioné lo que estaba diciendo en el calor del momento.

—Lo digo en serio —añadió entre besos—. ¿Te casarías conmigo?

Entonces me detuve y lo miré a los ojos.

—Espera, ¿qué? ¿Hablas en serio? —le pregunté.

—Sí, Rose, te haré mi reina.

Yo sabía que él trataba a su mamá y a su hermana como reinas, y por lo que podía ver, también lo hacía conmigo. También sabía que no lo amaba realmente, pero ¿importaba eso en realidad? Yo me había esforzado tanto para encontrar el amor, y ¿qué si necesitaba dejar que el amor me encontrara? En última instancia, lo que más me importaba en ese momento era que había alguien en el mundo dispuesto a casarse conmigo, y no quería dejar pasar la oportunidad. Pedro era un buen hombre, sus sentimientos eran reales, y con eso me bastaba.

—*Okay*—contesté—. Pero tenemos que hacerlo ahora mismo.

—¡*Okay*! —dijo él, emocionado.

Inmediatamente le envié un mensaje a mi amiga Danna y le pedí que buscara una capilla donde pudiéramos casarnos de inmediato: yo quería asegurarme de sellar el acuerdo antes de que Pedro se arrepintiera. Obviamente, mi amiga pensó que yo estaba loca, pero sabía que no había nada que me hiciera cambiar de opinión cuando decidía algo.

"Estoy en ello", contestó mi amiga, y en menos de diez minutos me llamó para darme la información: podíamos casarnos en la Guadalupe Wedding Chapel, en el centro de L.A. Y en ese momento había alguien que podía oficiar la ceremonia y encargarse de todo el papeleo.

Dos minutos después íbamos en camino.

Apenas nos detuvimos en el parqueadero, unos treinta minutos después, me entró miedo. ¿Qué estaba haciendo yo? ¿Era esta realmente la manera como ocurriría supuestamente? Era el día de mi boda, por el amor de Dios. ¿Por qué no estaba feliz? Me moría de ganas de creer que esto sería mi "vivirán felices para siempre", pero algo en el fondo de mi corazón me decía que no era así. Podía sentirlo en mis entrañas. Le pedí a Pedro que me diera un momento y me quedé pensando unos diez minutos en el carro... ¡y recuerdo que esos diez minutos se me hicieron una eternidad! Obviamente, diez minutos son nada cuando se trata de tomar una decisión tan importante en la vida, pero yo estaba desesperada, y cuando estás desesperada tomas decisiones equivocados y precipitadas que te afectarán por el resto de tu vida.

Le conté a Pedro lo que estaba sintiendo; me abrazó de inmediato para tranquilizarme y me dijo:

—No te preocupes, Rosie, será el comienzo de nuestra fantástica vida juntos.

Miré sus grandes ojos castaños. Parecía tan feliz y sincero que en ese momento decidí creerle. Necesitaba creerle.

Así que entramos a la capilla y allí, ante un juez de paz y ni un solo amigo o miembro de mi familia, intercambiamos nuestros votos, nos juramos amor y nos convertimos en marido y mujer.

Después de la ceremonia, Pedro y yo regresamos a la casa de mi mamá para recoger a Kassey, pero no le dije a nadie lo que acababa de hacer. Sólo le susurré a Kassey al oído: "Vas a tener un padrastro y mamá no estará sola nunca más". Por supuesto, ella estaba demasiado pequeña para saber lo que yo le decía, pero yo quería que supiera que íbamos a estar bien. Era nuestro pequeño secreto. Pedro la amaría como un padre, y Kassey podría tener por fin la infancia feliz y perfecta que yo siempre había soñado para ella.

Sin embargo, aunque estaba feliz por haber encontrado un papá para Kassey, comencé a asustarme por mi familia. No les iba a gustar para nada que me hubiera casado en secreto. *Esta no es la manera como hacemos las cosas,* pensé. *Se van a sentir heridos de que ni siquiera los hubiera incluido.* Le expliqué esto a Pedro, y comprendió mi preocupación y estuvo dispuesto a hacer todo lo posible para que yo fuera feliz. Así que se me ocurrió un plan.

—Esto es lo que haremos —le dije—. Lo haremos al revés. En primer lugar, me vas a proponer matrimonio de la forma en que quieras hacerlo, y te reunirás con mi padre y pedirás mi mano en matrimonio.

Pensé que después de que papá dijera que sí, podríamos planear una boda apropiada y una gran recepción, y nadie se enteraría de que ya nos habíamos casado. ¡Era el plan perfecto!

Pero al igual que con casi todos los planes perfectos, no salió como lo esperábamos. Pedro quería proponerme matrimonio delante de toda mi familia, así que le pedimos a nuestro amigo Héctor que grabara el gran evento, pero tuve que pedirle que apagara la cámara en cuanto Pedro abrió la boca. Mi madre estaba muy molesta y comenzó a decirnos que no estábamos listos, que no creía que debiéramos estar saliendo, y mucho menos pensar en casarnos. Lupe tenía lágrimas en los ojos y le dijo a Pedro: "La he visto sufrir mucho; sólo quiero que sea feliz. Lo único que te pido es que no le hagas daño". Nadie más dijo realmente nada, pero estaba claro que no aprobaban el compromiso. Chay, en particular, estaba muy tranquila. Sabía que yo estaba cometiendo un error, pero que estaría a mi lado y me apoyaría. Yo no sabía qué pensar, porque si ellos no estaban de acuerdo con el compromiso, se sentirían traicionados de saber que ya estábamos casados.

Al final, mi padre nos dio su bendición y anunciamos nuestros planes para casarnos. Esos fueron los mejores días, y Pedro realmente me trató como una reina. Me abría las puertas, pagaba por cada una de mis necesidades, me llenaba de regalos y elogios y fue al extremo de presentarme como su reina. Mis dudas iniciales respecto a este matrimonio comenzaron a desvanecer y me sentí completamente afortunada de haber encontrado un hombre tan bueno.

Tres días después, sin embargo, el trono que pensaba estar ocupando comenzó a desmoronarse. Estábamos en un restaurante, y yo llevaba una de mis habituales faldas cortas que le gustaban y con las que me había visto en tantas ocasiones.

Un par de hombres que estaban cerca de la barra empezaron a hacer comentarios. No les presté mucha atención, pero Pedro interpretó sus comentarios como coqueteos, y pude ver la ira asomar en sus ojos.

—Tendrás que conseguir ropa nueva —me dijo con severidad—. No quiero que vuelvas a usar esas faldas cortas.

Creo que descarté su comentario en un comienzo, pensando que se trataba del coraje del momento, pero él se volvió más y más obsesivo a medida que pasaban los días. Me pidió que dejara de beber y de fumar, arrojó mis camisas a la basura, me pidió que no usara maquillaje. Muy pronto, ¡ni siquiera me permitió estar con mi hermana! Yo no entendía qué pasaba. Este hombre amoroso que había estimulado mi ego y levantado mi ánimo estaba cambiando de repente conmigo. Todo lo que había amado y celebrado de mí se convirtió súbitamente en una amenaza para él y empecé a sentir como si estuviera bajo una vigilancia constante. Él quería controlar cada aspecto de mi vida. Era como si le molestara el hecho de que hubiera trabajado tan duro para conquistarme, y una vez que lo consiguió, hubiera decidido mantenerme atrapada.

No podía creer lo que él me pedía, pero estaba tan agotada y cansada de todo el drama que básicamente seguí adelante. Mi problema era que a pesar de que Pedro era sólo mi prometido para el mundo exterior, ya era mi marido y no importaba lo irracionales que me parecieran las cosas, había una que yo sabía a ciencia cierta y era que no quería fracasar en mi matrimonio.

Su posesividad siguió aumentando y llegó a un punto en que sólo me permitía estar en la escuela, en la casa o con él. Todo lo demás estaba estrictamente prohibido. Por si fuera poco, la situación empeoró y se volvió aún más ridicula. Un día me dijo: "No quiero que te vuelvas a cepillar el pelo", y cuando me atreví a preguntarle por qué, me contestó que no le hiciera preguntas necias. Creo que quería que yo me viera descuidada y fea, y que no fuera atractiva para ningún hombre.

Es fácil pensar que un hombre es posesivo y celoso porque te quiere mucho, cuando en realidad es lo opuesto: solamente te está viendo como una posesión, y no como una persona independiente con su propia vida. La verdad es que el miedo es lo contrario al amor, y aunque Pedro creía que me amaba, simplemente tenía miedo de estar solo.

Hice todo lo que estuvo a mi alcance para demostrarle que podía confiar en mí, pero nada de lo que yo decía o hacía lo hizo sentirse seguro. Lo más desconcertante era que cada día empezaba con "Eres la mujer más increíble que he conocido", pero al caer la noche me había convertido en la mujer más despreciable del planeta, peor que una prostituta. Es decir, a menos que quisiera tener sexo conmigo, en ese caso se deshacía en encantos.

Yo estaba completamente perdida. Sí, él me declaró su amor y le creí, pero también lo hice cuando me llamó prostituta en un ataque de celos. Si mi sentido de la autoestima ya era inestable, la rutina del Dr. Jekyll y Mr. Hyde de Pedro estaba logrando destruir la poca que me quedaba. En muchos aspectos, su conducta me confirmó todo lo que siempre había sospechado de los hombres, y sin embargo, no tuve la fuerza de voluntad para dejarlo.

Recuerdo un incidente que ocurrió unas pocas semanas después de nuestro matrimonio secreto. Estábamos pasando la noche en un hotel y Pedro había estado bebiendo. Yo me esforzaba para permanecer alejada de él enfrascada en mis libros, pero pronto comenzó a tocarme y a besarme, pues quería tener sexo conmigo. Estaba hecho un completo desastre y su aliento apestaba a alcohol. Yo no quería dormir con alguien que me hiciera sentir como una basura.

Lo aparté tan suavemente como pude, y le dije: "No, Pedro. Esta noche no".

Obviamente, él no quería oír eso, por lo que rápidamente me agarró del brazo, me tiró en la cama y me obligó a tener relaciones sexuales a pesar de que yo estaba llorando y rogándole que dejara de hacerme daño. Tan pronto como terminó, abrió la puerta y literalmente me echó de la habitación.

Me encontré en el pasillo, con casi nada de ropa. Me sentí muy avergonzada. ¿Cómo era posible que estuviera casada con alguien que podía hacerme algo así? Me sentí absolutamente inútil. Ahí estaba yo, reviviendo mi pasado, pero esta vez con un hombre que supuestamente me iba a querer.

Comencé a golpear la puerta de inmediato, suplicándole que me dejara entrar. Pero él se negó a abrir.

—Pedro, te lo ruego, ¡por favor! ¡Abre la puerta! —grité—. Me van a ver casi desnuda, ¡por favor, déjame entrar!

Golpeé la puerta por un tiempo pero como él no contestaba, tuve la brillante idea de bajar a la recepción para pedir ayuda.

—Mi marido está en la habitación 232 —le dije al recepcionista—. Perdí mi llave accidentalmente y no puedo entrar. ¿Te importaría abrirme la puerta?

El hombre se quedó mirándome fijamente casi un minuto y luego dijo:

—Las personas como usted no pueden estar acá.

—¿Mande? —le contesté, pensando que tenía que haber un malentendido.

—Las prostitutas no están permitidas aquí —añadió—. Por favor váyase, o tendré que llamar a la policía.

¿Es esto a lo que ha llegado? ¿Estoy siendo confundida con una prostituta?, pensé, sintiendo una humillación indescriptible.

Regresé corriendo a la habitación tan rápido como pude y comencé a golpear la puerta.

—Por favor, ¡déjame entrar! —grité—. Por favor, Pedro, ¡déjame entrar!

Finalmente, Pedro tuvo la amabilidad de levantar su trasero y abrirme la puerta. Todavía furioso por lo que había sucedido, me tiró las llaves del carro y me gritó:

—¡Fuera de aquí, sucia! Vete. No quiero tener nada que ver contigo.

Me tiró mi ropa y me dijo que me fuera a casa.

A la mañana siguiente sonó el teléfono. Era Pedro; no podía recordar nada de la noche anterior. Cuando traté de refrescarle la memoria, empezó a suplicarme y a pedirme perdón, prometiéndome el cielo y la tierra.

—Por favor, *baby*, no me dejes por favor —me suplicó—. Te amo tanto, Rose, te prometo que nunca te haré daño de nuevo.

Conduje hasta el hotel y lo recogí como una mensa. Me enorgullecía de ser una mujer inteligente que había pasado a la escuela de leyes, pero estaba cayendo en un ciclo de "terminar para compensar" sin siquiera darme cuenta. Cada vez que él me maltrataba, al día siguiente me suplicaba y prometía que nunca lo volvería a hacer, pero lo hacía. La próxima vez que estábamos juntos, la desagradable escena se repetía inevitablemente y él era cada vez más violento conmigo.

Comencé a perder mucho peso después de que esta montaña rusa emocional se prolongara por tres meses. Ya no me maquillaba, y mi madre, siempre en sintonía con su sexto sentido, me dijo:

—Rosie, esta no eres tú. Se supone que una mujer que está comprometida se siente completamente feliz y con ganas de verse lo mejor posible. Estás planeando tu boda pero te ves como si quisieras morirte.

—No se preocupe amá, realmente soy feliz —le dije—. Estoy cansada de todo el trabajo en la escuela.

Pero mi madre me conocía bien y no me creyó. Me miró a los ojos y me dijo:

—Hija, escúchame cuando te digo esto: Pedro no es el hombre apropiado para ti. Pero no hay problema. Estoy orando para que termines con él.

Sus palabras me recordaron otras épocas pasadas porque yo ya sabía que mi madre tenía poderes de clarividente. Cada vez que un novio terminaba conmigo, yo corría a su lado y me quejaba: "Má, estaba orando para que termináramos, ¿verdad?". Y ella siempre admitió que sí.

Pero esta vez le dije:

—Lo siento, mamá, él sí es el hombre apropiado, sin importar lo mucho que ore.

—Hija, algo está mal aquí, y no puedo poner mi dedo en la llaga. Pero te estoy diciendo; es mejor que acabes con todo esto.

Aunque intenté apartar de mi mente las palabras mi madre, tuve que admitir que ella tenía razón. Yo no era la misma persona. Asistía a clases, pero estaba lejos de ser la guerrera que había sido cuando estaba en mi último año de la universidad. Estaba trabajando para obtener un título universitario porque supuestamente quería ser abogada, pero mi corazón no estaba en ello. Estaba tan alejada de mí que ni siquiera estaba siendo una buena madre con mi hija. Gracias a Dios, mi madre se hizo cargo de ella la mayor parte del tiempo porque yo apenas podía mantenerme a flote. Era una sombra de lo que era antes, pero por alguna extraña razón no me atrevía a hacer un corte limpio.

No pasó mucho tiempo antes de que fuera a la oficina del decano y le dijera: "No puedo continuar con mis estudios". Utilicé la excusa: "Soy una madre soltera y mi hija llora porque paso mucho tiempo fuera". Era verdad, Kassey se sentía abatida sin mí. Pero lo que no le dije al decano en ese momento era que yo había estado entrevistando a abogados y jueces para una de mis clases y había visto que la mayoría estaban divorciados, separados o tenían una cama en la parte posterior de sus oficinas porque algunas noches estaban demasiado ocupados y no podían dormir en sus casas. Mi hija sólo veía a su padre los fines de semana, y si yo llegaba a ser una abogada, estaría fuera de casa por lo menos ochenta horas a la semana. Me sentía confundida por muchas cosas, pero estaba segura de que no podía hacerle eso a ella.

Estoy segura de que no era la primera vez que el decano oía esas palabras, porque pareció entender realmente. "Entiendo plenamente por lo que estás pasando", respondió con amabilidad.

Y así, todos mis sueños y mis esperanzas para el futuro se desmoronaron. Abandoné mis estudios.

No mucho tiempo después de reunirme con el decano, la madre de Pedro me comentó: "Amo a mi hijo, pero no creo que te trate bien, Rosie. Sé que es mi consentido, y puedo ver que es posesivo y celoso. Él te hace daño y está matando tu espíritu y tu alma". Y luego añadió: "Te conozco desde que eras una niña y te quiero como a una hija, y no puedo dejar que mi hijo te destruya. Sé que me odiará si alguna vez se entera de lo que te estoy diciendo, pero no puedo seguir callada por más tiempo. Por tu propio bien, Rosie, por favor aléjate de él. Si no lo haces, realmente temo por lo que pueda pasar".

¡*Whoa*! Yo no podía creer lo que me estaba diciendo. Aunque podía ver que la conducta de Pedro no era nada normal, supongo que una parte de mí pensó que se comportaba de esa manera por mi culpa. Pensé que tenía que haber algo intrínsecamente malo en mí porque siempre terminaba con hombres de ese tipo. Pero al oír a su propia madre hablar de él de esa manera, me di cuenta de que tal vez el problema no era yo.

Sin embargo, yo era incapaz de dejarlo. A mis veinticinco años, ya había tenido un aborto, era una madre soltera, y había abandonado la escuela de leyes. Yo no quería añadir un "divorcio" a mi larga lista de errores.

Recuerdo que pensé: *¿cuál es mi problema? ¿Es que no puedo hacer nada bien?*

La vida era demasiado desalentadora y yo sólo quería dejar de sentir dolor.

levanto mis manos

Acostada con la cabeza en aquella banqueta, medio desnuda, borracha y cansada de caminar y pedir a Dios que me matara, pensé que nunca más volvería a despertarme en este planeta. Sin embargo, escuché una voz que venía de muy adentro de mí. No era una voz que pudiera oír realmente, sino como una presencia profunda dentro de mí, y no puedo explicarlo como no sea diciendo que mi alma la oyó.

—Basta ya —dijo la voz—. Vuelve a casa.

Inmediatamente, abrí los ojos y miré a mi alrededor. No sabía cuánto tiempo había pasado, pero estaba acostada en la calle exactamente en el mismo lugar. Y me encontraba sola.

Oí la voz de nuevo mientras me sentaba. Su tono era firme pero no enojado. Al contrario, sentí amor:

—Basta ya —dijo la voz—. Vuelve a casa.

Mi mente retornó a aquella mañana, muchos años atrás, cuando el profeta invitado a nuestra iglesia me llamó y me contó que Dios le dijo que había ocurrido un atentado contra mi vida.

Por lo que yo podía recordar, esa fue la última vez que yo había oído hablar del cielo. Me dije a mí misma: *Rosie, desde el abuso hace dieciocho años, lo has intentado todo en este mundo para encontrar amor y paz. Nada de eso ha funcionado. ¿Te sientes mejor ahora que en aquel entonces?*

El sol ni siquiera había salido y yo estaba semidesnuda, sentada en medio de la calle y completamente sola. La respuesta era bastante obvia.

Entonces, pensé de repente: *¿Será que mamá tiene razón? Nunca ha dejado de decirme que Dios me ama, y nunca me he esforzado para escuchar realmente lo que ella me dice. ¿Y si Él pudiera llenar este vacío enorme que tengo en mi interior?*

Mi vida había caído a su punto más bajo mientras estaba sentada en el pavimento. Me quería morir, y sin embargo había oído claramente las palabras: "Vuelve a casa". Así que miré el cielo oscuro.

—¿Dónde está mi casa? —pregunté. No quería ir a casa para estar con Pedro, quien me había violado y lastimado. No podía volver a case de mi mamá: no quería seguirla haciendo sufrir. ¿Adónde se suponía que tenía que ir?

En medio de la oscuridad, me acordé de lo que mi madre me había dicho todos esos años: "Jesús tiene los brazos abiertos, así como Él los tenía en la Cruz". Eso significaba que Dios me amaba y que me recibiría sin importar lo que yo hubiera hecho.

De repente, todo se hizo completamente claro para mí: mi hogar no era con Pedro o con mi madre. Era la iglesia: esa iglesia cuya puerta estaba siempre abierta. Yo había pasado muchos años buscando una manera de sanar, y la iglesia era el único lugar que yo no había visitado todavía.

Me levanté, respiré profundo y me dije: *¿Qué tengo que perder?* Así que en lugar de seguir caminando hacia South Central

L.A., me di vuelta y lo hice en otra dirección. Hablé con Dios y le dije: "Estoy cansada. Me duelen los pies. ¿Puedes ayudarme por favor con un aventón? Te prometo que regresaré a casa y que mañana iré a Tu casa".

El sol comenzaba a despuntar, y menos de veinte segundos después de pronunciar estas palabras, un carro tocó el claxon, se detuvo en la banqueta, y un joven me preguntó a través de la ventana del asiento del pasajero:

—Hey, ¿necesitas un aventón?

Dos muchachos afroamericanos iban en el auto. Aunque parecían agradables, era algo que iba en contra de todo lo que mi madre me había dicho: No hagas autostop, hija, y nunca te subas a un carro con extraños. Ese día, sin embargo, tuve la sensación de que de alguna manera todo iba a estar bien.

—Sí —contesté.

—¿A dónde quieres ir? —me preguntó cortésmente.

Me imaginé que sería mejor volver a casa de mi hermano Lupe, pues era la más cercana de donde yo estaba, así que le dije:

—¿Sería posible que me dejaras en la esquina de Lincoln y Manchester?

Yo no quería darles la dirección exacta de mi hermano en caso de que no resultaran ser buenas personas.

—¡No hay problema! —dijo el conductor, y subí al asiento trasero.

—Parece que tienes frío —dijo uno de ellos y prendió la calefacción del carro. Permanecieron callados por el resto del viaje.

Estaba asombrada mientras iba en el carro. Las lágrimas brotaron de mis ojos mientras pensaba: *¿No acababa de pedirle algo a Dios y Él ya me había contestado? Él debía de haber estado prestando atención todo el tiempo.*

Los dos jóvenes me dejaron en la esquina de Lincoln y Manchester, y no pude dejar de preguntarme mientras caminaba hacia la casa de mi hermano: *¿Realmente sucedió esto?*

Hasta el día de hoy, estoy convencida de que los dos hombres que me recogieron esa noche eran ángeles.

Momentos después, otro carro se detuvo a mi lado y empecé a caminar tan rápido como pude. Los chicos que me habían llevado habían resultado ser ángeles, pero dudaba que pudiera tener suerte dos veces seguidas.

—¡Rosie! ¡Rosie! —Oí una voz gritar detrás de mí—. ¡Te hemos estado buscando como locos!

El hecho de que supieran mi nombre me tranquilizó.

—¿Quiénes son ustedes? —pregunté mientras me daba la vuelta para tener contacto visual.

—Somos amigos de tu hermano Juan. Llevamos varias horas buscando por aquí.

Juan había intentado llamarme después de cantar esa noche, pero al ver que no respondí, comenzó a llamar a todas mis amigas. Nadie sabía dónde estaba yo, excepto una muchacha que recordaba que yo había ido a la casa de Lupe.

Pocas horas después, mi hermano empezó a preocuparse más y más, pues no había tenido noticias de mí. Les pidió a varios amigos que recorrieran el vecindario con él y, obviamente, encontraron algunas de las prendas que yo había arrojado al suelo. Incluso encontraron mi teléfono celular en una calle cercana de un cerro.

Juan, que es un tipo grande y musculoso de casi seis pies y tres pulgadas y 280 libras, bajó la colina y buscó entre las piedras, temiendo lo que pudiera encontrar. Sus amigos lo llamaron a darle la noticia de que me habían encontrado, y Juan se reunió con nosotros lo más rápido que pudo. Se le llenaron los ojos de lágrimas cuando me vio afuera de su casa.

—¡Pensé que te había perdido! —me dijo.

Ver a mi hermano llorar fue toda una sorpresa. ¿Podría ser que en realidad estuviera llorando por *mí*?

—No vuelvas a hacerme esto, Bubba. Eres mi hermanita y te amo. No sé qué te haya estado haciendo o diciendo ese tipo, pero olvídate de eso y de él. No te quiere. ¡Pero yo sí!

Yo sabía que el que estaba hablando era mi hermano, pero pensé: *¿Dios está oyendo esto? Alguien me ama, y envió incluso a un equipo de búsqueda para rescatarme.*

Yo estaba tan aturdida que Juan me tuvo que tocar la mejilla para llamar mi atención.

—Escucha, Bubba —dijo—, vas a estar bien. Te conseguiremos un poco de ayuda. Sólo dime lo que necesitas; sé que nos llamaste y estábamos muy ocupados, pero te prometo que no volverá a suceder. ¿Qué necesitas? ¿Qué quieres hacer? Dime, lo que sea.

Lo que dije debió haber sido una gran sorpresa para él; de hecho, yo misma casi no podía creer lo que decía:

—Hay una cosa que me gustaría hacer —contesté—. Me gustaría ir hoy a la iglesia.

Mi hermano mayor estaba llorando. Él había dejado de ir a la iglesia después del escándalo con la persona de nuestra congregación, pero me conocía lo suficientemente bien como para conmoverse con mi petición.

—¡Por supuesto, hermana! Te llevaré allá sin importar lo que sea.

Dormí un par de horas en la casa de Lupe, y cuando desperté, agarré el teléfono y llamé a mi madre.

—Mami, es Rosie. ¿A qué horas comienza el servicio en la iglesia?

Yo podía casi oír su sorpresa al otro lado de la línea.

—¿Por qué? —preguntó.

—Porque quiero ir con usted. De hecho, iré a recogerla.

Hubo una larga pausa, y yo sólo podía imaginar lo que pasaba por su mente. Por varios años, yo había sido muy reticente siempre que ella me sugería que fuera a la iglesia. Y ahora yo no sólo estaba yendo, sino que también quería recogerla.

—No juegues conmigo —me dijo—. Si me vas a llevar, es mejor que aparezcas porque no puedo faltar a la iglesia. Así que si cambias de opinión en el último momento, de todos modos tendrás que llevarme.

—Estaré allá, mamá —contesté.

Ella asistía a la Iglesia Primer Amor en Whittier, donde mi hermano Pedro sigue siendo pastor.

Era el primer domingo de noviembre de 2005, y tengo que decir que mi aspecto no era el mejor, sobre todo después de sobrevivir a una de las peores noches de mi vida. Mi ropa era un desastre, mi cabello necesitaba un cepillado y mi cabeza estaba palpitando con una cruda descomunal.

Mamá estaba casi esperando que yo hubiera cambiado de opinión cuando llegué.

—¡Realmente viniste! —exclamó con una gran sonrisa en su rostro.

—Sí, mami —dije en voz baja. Yo estaba muy nerviosa de tener que enfrentar a Dios después de haber huido tanto tiempo de él. No estaba segura de que a Él le importara, pero por primera vez en mi vida, estaba dispuesta a correr el velo y dejar que Él viera todo lo que había dentro de mí. Quería que Él viera exactamente quién era yo.

Crucé las puertas de la iglesia hecha un manojo de nervios, pensando: *Estas personas van a mirarme y pensarán que soy una vagabunda y una buena para nada.* Eso era claramente lo que yo pensaba de mí, y asumí que era lo que los demás debían ver. Sin embargo, una inesperada sensación se apoderó de mí en el instante en que entré a la iglesia. De repente sentí: *Aquí es donde debería haber estado toda mi vida. Por fin estoy en casa.*

Para mi deleite, nunca me había sentido tan bien recibida y amada. Todos mis temores y preocupaciones parecieron desvanecerse y me estaba invadiendo una sensación de paz. Mi mamá y yo nos sentamos en la segunda fila mientras comenzaba el servicio. En la plataforma había un grupo de cantantes que se llamaban a sí mismos como "el grupo de alabanza". Era dirigido por mi sobrino Petey, el hijo de Pedro, que tenía diecinueve años en ese momento.

Yo lo había visto crecer desde lejos y siempre había pensado que era un niño tímido. Pero no lo fue en esa plataforma. Condujo a los cantantes y a la congregación en "Levanto Mis Manos" con una sinceridad y autoridad conmovedoras.

En el instante en que comenzaron a cantar, tuve la sensación de que una fuente de agua se había abierto en mi interior, como si una piedra hubiera sido retirada de un pozo profundo y el agua no dejara de fluir. Fue una liberación que nunca antes había sentido. No podía controlar mis lágrimas mientras escuchaba las poderosas palabras de esa canción:

Cuando todos mis amigos se habían ido,
Levanto mis manos, aunque no tenga fuerza,
Levanto mis manos, aunque tenga mil problemas
Cuando levanto mis manos comienzo a sentir...

Yo no había oído esa canción, pero sabía desde el fondo de mi corazón que esas palabras eran ciertas. Había vivido toda mi vida temiendo que Dios no me amaría si Él veía mi verdadero yo. Pero todo cambió en ese momento. Finalmente entendí lo que mi madre me había estado diciendo todo el tiempo: que Dios ya lo sabía todo de mí y que Él me amaba de todos modos. Todavía lo sigue haciendo.

Mamá podía ver que yo estaba llena de emoción, pero tuvo la dignidad de darme mi espacio, lo cual me permitió tener un momento con Dios. Sin embargo, pude ver por el rabillo del ojo que ella también estaba llorando.

No les puedo decir cuál texto predicó mi hermano ese día. Al principio me dije a mí misma: *Tal vez esto es para otros que no han hecho las cosas horribles que he hecho yo,* pero rápidamente me di cuenta de que también era para mí.

Una vez que el mensaje concluyó y Pastor Pedro invitó a todos los miembros de la congregación a ir adelante para orar, supe que era mi oportunidad. Sin embargo, estaba aterrorizada. Mientras caminaba por el pasillo, supe perfectamente bien que esto era lo que tenía que hacer, pero me sentí como si estuviera muerta por dentro. Yo estaba caminando, pero sentí como si me estuviera arrastrando luego de recibir una paliza en alguna batalla. Cada paso me parecía una eternidad.

A medida que me acercaba más y más al altar, el grupo de alabanza comenzó a cantar "Levanto mis manos", y una y otra vez sentí esa hermosa sensación de una avalancha de paz sobre mí. ¿Podría ser digna de adorar al Señor?

De repente, mis dos manos estaban arriba en el aire. Una parte de mí seguía sintiéndose indigna, así que le pregunté a Dios: "¿Realmente conoces todos los rincones de mi vida? ¿Sabes que maté a mi bebé? Por favor, perdóname, Señor", y mientras la hermosa música me envolvía en un cálido abrazo, comencé a contar mis pecados pasados, pidiendo perdón.

Mientras desahogaba mi corazón, un hombre al que nunca había visto se puso de rodillas junto a mí y me dijo:

—El Señor dice: "Te amo" —Oró por mí y luego añadió—: ¿Puedo darte un abrazo?

—Sí —respondí en medio de lágrimas.

Era como si el Señor estuviera allí en persona. El hombre seguía repitiendo las palabras: "Te amo. Te amo, te amo". Entendí que era Dios hablándome a través de este hombre, y bebí cada palabra. Finalmente, después de tantos años de vivir en el frío, yo estaba bajando la guardia y permitiendo que Dios me amara.

Nadie podrá cambiar mi opinión acerca de lo que sentí en ese momento. Después de tantos años de ir a la iglesia pero de no estar realmente en ella, yo estaba empezando a comprender finalmente de qué se trataba. Mi Hacedor conocía todas mis imperfecciones, y todo el tiempo había estado equivocada. No tenía que ser perfecta para ser digna de Dios. Sólo tenía que ser yo.

Entonces oí una voz dentro de mi que ciertamente venía del cielo:

—¿Aún quieres quitarte la vida? —dijo.

Inmediatamente respondí:

—Sí. Es difícil vivir con tanto dolor y tristeza.

A continuación, la voz dijo:

—¿Qué pasa si hiciéramos una promesa, un pacto?

—Está bien —contesté.

Y continuó:

—¿Qué pasa si renuncias a tus sentimientos y a tus emociones? ¿Qué pasa si renuncias a tu odio por Trino? ¿Qué pasa si renuncias a tu venganza y tu rencor? ¿Qué pasa si renuncias a todo lo que Rosie ha querido siempre y empiezas a vivir para Mí?

Reflexioné un momento sobre esas preguntas, pues no quería hacer promesas vacías. Entonces, comencé a recordar todas las historias que me habían contado cuando era niña. Vi a Jesús muriendo en la cruz, y ahora sabía que era por mí. El Rey de Reyes tenía un millar de ángeles bajo Su mando, y podría haberme enviado a uno de ellos. En cambio, Él dejó Su trono, vino a la Tierra y dio Su vida por Rosie. Entendí lo que Dios me estaba pidiendo. Entonces oré:

—Si has hecho esto por mí, con mucho gusto digo "sí" a renunciar a mi pasado y a mis sentimientos actuales; digo "sí" a renunciar a mis propios planes y sueños. Te prometo que nunca más te diré "no".

Mientras yo hablaba con Dios, otra persona se acercó a mí, una mujer encantadora de unos sesenta años, con el pelo gris. Parecía muy sabia y entendida.

—¿Puedo orar contigo? —me preguntó.

Obviamente, le dije que sí, y ella comenzó a orar. La mujer repitió exactamente lo que me había dicho el primer hombre:

—Dios dice "Te amo". —Y siguió diciendo—: Te amo. Te amo, Te amo —una y otra vez.

Mi corazón de piedra comenzaba a sentir.

De repente, una tercera persona estaba a mi lado; era una mujer de unos cuarenta años. Apenas podía creer cuando me susurró:

—Dios está diciendo: "Te amo".

Yo estaba asombrada. *¿Podría ser esto una coincidencia? ¿Alguien lo había planeado?* Pero entonces me acordé de que nadie sabía que yo iba a estar allí, ni siquiera yo.

Ese día comprendí el poder ilimitado de Dios. Su amor sin límites. Sabiendo que todo lo relacionado con mi vida no estaba funcionando, le dije a Dios:

—Estoy dispuesta a morir para mí y vivir para Ti, pero necesito Tu ayuda. —Y le supliqué—: No sé si debo volver con mi marido. Estoy aterrorizada de él. Por favor, ayúdame.

Esos momentos en que desahogué mi corazón en la parte delantera del santuario, hicieron más por mí que cualquier cosa que había encontrado en todos los años que huí. Ese día salí de la iglesia soltando un profundo suspiro de alivio, como si una tonelada de peso hubiera sido levantada de mis hombros. Me sentí amada y con el espíritu liviano, al igual que la princesa que mi papá había dicho siempre que era yo.

Mientras iba a casa, recuerdo que pensé: *¿Qué se ha apoderado de mí?* Ya no me sentía culpable por mi pasado. El dolor que había agobiado mi espíritu durante tanto tiempo se estaba levantando. Entonces oí la voz interior que me decía: "Esta es la paz que yo te doy".

Mamá estaba muy tranquila en el carro, pero en algún momento sentí la necesidad de decir algo acerca de lo que acababa de experimentar.

—Me gustó mucho el servicio —le dije—. Sentí algo muy hermoso.

Ella se acercó y me dio unas palmaditas en la mejilla, sonriendo.

—Lo sé, hija, lo sé.

En cuanto estuve un minuto a solas, llamé a mi hermana Chay para decirle lo que había sucedido.

—Rosie, siento mucho no haber podido hablar contigo anoche —dijo ella tan pronto tomó la llamada—. ¿Cómo estás?

—Estoy muy feliz, hermana —le dije.

—¿Por qué? —me preguntó un tanto sorprendida. Realmente no era muy propio de mí decir que estaba feliz.

—Bueno, hoy fui a la iglesia y no puedo expresar con palabras lo que sucedió, pero ¿sabías que Dios me ama?

Ella se rió un poco:

—Sí, Él te ama, hermana.

—No, hermana, quiero decir que Él realmente, realmente me ama —le dije. Mi voz se quebró un poco, pues me estaba poniendo emotiva.

Yo podía ver la sonrisa en su rostro mientras ella decía:

—Rosie, claro que Dios te ama. Eres muy, muy encantadora y todos te adoramos.

—¿En serio? —le pregunté con incredulidad.

—Sí, hermana —continuó—, eres una persona muy fácil de amar.

Hice una pausa por un momento y luego le dije:

—Hermana, te diré algo. Voy a dejar de beber.

—Oh, muy bien —dijo ella con un rastro de sorpresa en su voz.

—Y también voy a dejar de fumar —añadí.

—¡Qué bueno! —dijo ella.

—De ahora en adelante voy a llevar una vida diferente.

Me di cuenta de que ella estaba sorprendida, pero también emocionada.

—Estoy muy orgullosa de ti —dijo.

Y fue entonces cuando solté la bomba:

—¿Y sabes qué, hermana? No voy a tener más relaciones sexuales.

Hubo una larga pausa, después de la cual exclamó:

—¿¿¿*Whaaat*???

—Voy a practicar la abstinencia sexual hasta que me case.

En ese momento, nadie sabía que Pedro y yo nos habíamos casado en secreto, pues no había tenido el valor para decir la verdad. Pero lo que realmente me estaba diciendo a mí misma era que las cosas habían cambiado, y que desde ese día en adelante, iba a practicar la abstinencia.

La mera idea de que yo me abstuviera del sexo era tan inconcebible que Chay no pudo evitar estallar en carcajadas.

—Oh, hermana, te conozco —dijo ella riendo todavía—. ¿Cómo vas a ser capaz de hacer eso?

—No estoy segura, no tengo un plan. —le contesté—. Pero sé que Dios me puede ayudar.

Chay, que creía en un poder superior a pesar de que no asistía con frecuencia a la iglesia, dijo:

—Estoy muy orgullosa de ti, hermana. Sé que esto va a ser importante para ti. Cualquier cosa que necesites, ya sabes que aquí estaré para ti.

Esa tarde le dije a mi madre:

—Esta mañana tomé algunas decisiones reales. Usted verá un gran cambio en mí.

Mi madre estaba encantada de oírme decir eso, pero, obviamente, ella tenía sus dudas. ¿Todo esto era sólo un capricho pasajero? O, ¿sería yo capaz de mantenerlo? ¿Estaba hablando en serio o me olvidaría pronto de ello? Pero a medida que los días se convertían en semanas y las semanas en meses, mi madre y el resto de mi familia comenzaron a notar un cambio drástico en mi actitud. En vez de estar de mal humor, triste y enojada a todas horas, sonreía todos los días. Si se presentaba un problema, yo decía: "No te preocupes por eso", sin darle importancia ni hacer un escándalo.

Desde el instante en que salí esa fatídica mañana de la iglesia, no hubo más alcohol en mi vida. Hasta el día de hoy. De vez en cuando iba a fiestas con Chay y con mis amigas, pero nunca más tomé ni usé drogas. Al principio, esto fue una sorpresa para la gente que me conocía, pero pronto se dieron cuenta de que yo estaba comprometida con hacer un cambio y me respetaron por esto.

Dios rompe las cadenas de la adicción y aquellos que han sido sanados tienen que hacer un esfuerzo para logran que los cambios sean permanentes.

Aunque fue drástico para mí dejar de tomar y fumar, y de tener relaciones sexuales, lo que se convirtió en el mayor cambio en mi vida fue que yo quería estar en la iglesia cada vez que abría sus puertas. Era mi hogar, el lugar donde Dios había dicho: "Te amo", y yo quería pasar tanto tiempo allí como fuera posible.

Dios me devolvió mi vida, pero mi mayor reto durante este tiempo fue decidir qué hacer con mi marido Pedro. Estábamos casados legalmente, pero aún no vivíamos juntos, y todavía estábamos planeando nuestra falsa boda.

Como yo había prometido abstenerme de tener relaciones sexuales hasta que nos casáramos debidamente, utilicé todas las excusas posibles para no estar con él. Sobra decir que él se molestó mucho, no sólo porque me negué a tener intimidad con él, sino también porque estaba totalmente desconcertado por el gran cambio en mi comportamiento. Yo ya no estaba tan desanimada y deprimida todo el tiempo, y cada vez le tenía menos miedo. Traté de hacer que fuera conmigo a la iglesia en muchas ocasiones, pero siempre se negó. Su única explicación para el cambio en mi comportamiento era que yo estaba teniendo una aventura con alguien de la iglesia. No estaba muy lejos de la verdad, pues me había enamorado de Jesucristo.

En los dos meses siguientes, Pedro me esperaba afuera de la iglesia, acusándome de acostarme con alguien de la congregación. Simplemente no podía entender por qué iba allá tan a menudo.

En el transcurso de esos dos meses, se hizo muy claro para mí que no estábamos hechos el uno para el otro. Por fin supe en mi cerebro lo que mi corazón había estado tratando de decirme: nuestro matrimonio no iba a funcionar. Pedro y yo habíamos sido dos individuos enfermizos en términos emocionales, desesperados por amor, que simplemente nos habíamos encontrado en un momento vulnerable de nuestras vidas. Compartíamos una poderosa atracción sexual y aunque nos seducía la idea de estar enamorados, lo cierto era que no lo estábamos.

Día tras día, le pedía a Dios que me ayudara a enfrentar mi situación. A pesar de que yo estaba segura de que no íbamos a poder estar juntos, seguía lidiando con el asunto del divorcio. Aún estaba obsesionada con el hecho de que no quería añadir otro elemento a mi lista de fracasos, así que le pedí a Dios: "Por favor, muéstrame qué camino debo tomar".

Mis hábitos de lectura también cambiaron radicalmente. En lugar de perder el tiempo leyendo novelas de pacotilla y revistas porno, ahora leía la Biblia siempre que tenía un tiempo libre. Un día mis ojos se centraron en estas palabras de un profeta del Antiguo Testamento: "Le daré... una puerta de esperanza; allí cantará... Y será, en aquel día", dice el Señor, "que me llamarás 'Esposo mío'" (Oseas 2: 15-16).

Yo había entrado a la puerta de mi nuevo hogar, había recibido una nueva canción y estaba unida con Dios. Al leer ese versículo, supe que el matrimonio terrenal al que yo me había dirigido a toda prisa no era parte del plan del Señor para mí. Yo iba a entregar mi vida a Dios.

Al día siguiente, había una paz total en mi corazón cuando le pedí el divorcio a Pedro. Su reacción fue decir "¡De ninguna manera!", creyendo que mi cambio hacia los asuntos espirituales no era más que una moda pasajera. Pero estaba equivocado.

Pedro siguió persiguiéndome durante varios meses, y siempre me llamaba y me esperaba afuera de la iglesia, rogándome para

LEFT: Nine months old. I was my parents' unexpected surprise; love was all I knew. / IZQUIERDA: A los nueve meses de edad. Fui una sorpresa inesperada para mis papás. Amor, eso es lo único que conocía.

BELOW: First birthday and baptism. I was Lupe's spoiled baby sister from the moment I was born. / ABAJO: Mi primer cumpleaños y mi bautismo. Fui la bebé consentida de Lupe desde el momento en que nací.

All photos this page by Pedro C. Rivera

In the vulnerable days when I still gave my heart to animals.
My puppy Huevo was one of our many pets. / En mis primeros y frágiles años
cuando entregaba todo mi corazón a los animales. Mi perrito Huevo
era una de nuestras muchas mascotas.

Pedro C. Rivera

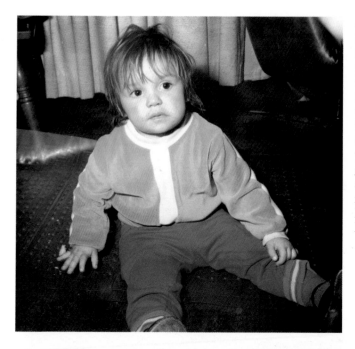

As a child I was so fair and blond, people would ask my dad if he was my babysitter! People are still surprised when they find out I speak Spanish. / Como era de piel muy clara y cabello rubio, ¡la gente le preguntaba a mi papá si él era mi niñero! Aún hoy en día le gente sorprende que hable español.

Juanelo and I always had a blast together. The coolest guy on the block happened to be my older brother and protector. To date, he is my closest male friend and still the coolest guy I know. / Juanelo y yo siempre la pasábamos muy bien. El niño más genial de la cuadra era nada más y nada menos que mi hermano y protector. Hasta la fecha, es mi amigo más cercano y el hombre más sensacional que conozco.

All photos this page by Pedro C. Rivera

ABOVE: Juanito, Trino's nephew, and me at a Quinceañera or wedding. Our families thought we'd be friends forever; sadly we didn't even exchange a hello many years later at the trial. / ARRIBA: Juanito, el sobrino de Trino, y yo en una fiesta de Quinceañera o en una boda. Nuestras familias pensaban que seríamos amigo para siempre. Tristemente, años después ni siquiera nos saludaríamos durante el juicio.

RIGHT: Playing hard with the boys resulted in a dirty but happy child. I allow my kids to have fun and get down and dirty like I did. / DERECHA: Jugaba mucho con los niños y por lo tanto fui siempre una niña siempre sucia, pero feliz. Yo permito que mis hijos se diviertan y se ensucien.

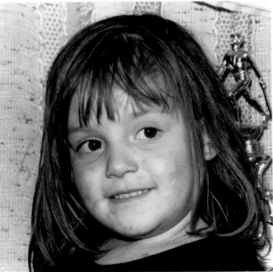

All photos this page by Pedro C. Rivera

Four years old. Mami and I in Monterrey, Mexico. The strongest woman on Earth. Warrior on her knees. / A los cuatro años de edad. Mi mamá y yo en Monterrey, México. La mujer más fuerte del mundo. Una guerrera de oración arrodillada.

Poverty was overshadowed by love and joy. / La pobreza no era nada comparada con el amor y la alegría.

All photos this page by Pedro C. Rivera

Daddy was an aspiring photographer and took hundreds of pictures of us. Rosie the car model. / A mi papi le habría gustado ser fotógrafo profesional y tomó cientos de fotos de nosotros. Rosie, la modelo de autos.

My family gave me a wonderful childhood. I pray to give the same smiles, laughs and life lessons to my children. / Mi familia me dio una infancia maravillosa. Deseo dar a mis hijas las mismas sonrisas, risas y lecciones de vida.

All photos this page by Pedro C. Rivera

Seven years old. My mother dressed me like a traditional
Mexican girl as long as she could. I thought I was a Mexican
princess. / A los siete años de edad. Mi mamá me vistió con ropa
tradicional de niña mexicana por tanto tiempo como pudo.
Yo pensaba que era una princesa mexicana.

Pedro C. Rivera

Eight years old. Through the years, my pictures reveal the change in my demeanor and personality. My smile was not as wide, and I became shy and introverted after the abuse began. / A los ocho años de edad. Con el paso del tiempo, las fotos muestran el cambio en mi apariencia y personalidad. Mi sonrisa ya no era tan amplia y me volví tímida e introvertida después de que comenzó el abuso.

Melody and me at Garfield Elementary. One of my very few friends; sometimes it's still difficult for me to socialize. / Melody y yo en la escuela primaria Garfield. Una de mis pocas amigas. Aún me resulta difícil socializar.

All photos this page by Pedro C. Rivera

Nine years old. I began to dress more like a boy to avoid attention
from men. / A los nueve años de edad. Comencé a vestirme como niño para
evitar llamar la atención de los hombres.

Pedro C. Rivera

Chay and me. At thirteen years old, I was very overweight, but when people told me I looked like Chay, it was, and still is, the greatest compliment ever. She was the most beautiful woman I knew. / Chay y yo. A los trece yo sufría de un sobrepeso considerable, pero cuando la gente me decía que me parecía a Chay era —y aún es— el mayor cumplido que me podrían haber hecho. Ella era la mujer más hermosa que he conocido.

Pedro C. Rivera

Daddy and me. If I could only be his little girl forever. / Mi papi y yo. Desaría ser su niña chiquita por siempre.

Gustavo L. Rivera

Lupe and me. Wherever my brothers and sister performed, I was
in the front row singing every song. A happy fan and proud sister. /
Lupe y yo. No importaba dónde se presentaba mis hermanos,
yo estaba en la primera fila cantando cada una de las melodías.
Una fanática feliz y hermana orgullosa.

Eighteen years old. No matter what state my heart was in, I smiled for
Daddy's camera. I yearned to make him proud. / A los dieciocho años
de edad. Sin importar cómo estuviera mi corazón, siempre tenía una
sonrisa para la cámara de mi papi. Deseaba hacerlo feliz.

All photos this page by Pedro C. Rivera

Twenty-one years old. Mami, Nana Lola, Kassey and me after my college graduation. I graduated early, with honors and a three-month-old baby but still felt like a failure. / A los veintiún años de edad. Mi mami, mi nana Lola, Kassey y yo después de mi graduación de la universidad. Me gradué antes de tiempo, con honores y con un bebé de tres meses, pero aun así me sentía un fracaso.

Twenty-eight years old. Chay and me at our birthday party on a yacht. After I ruined her twelfth birthday party, neither of us ever celebrated alone again. / A los veintiocho años de edad. Chay y yo en nuestra fiesta de cumpleaños en un yate. Después de que arruiné su fiesta de cumpleaños número doce, ninguna de las dos volvimos a celebrarlo solas.

All photos this page by Pedro C. Rivera

Jacob Yebale, Mom, Chay and me getting ready for Chay's wedding ceremony.
I had never seen a smile as beautiful as hers that day. / Jacob Yebale, mi mamá,
Chay y yo preparándonos para su boda. Nunca había visto una sonrisa tan
hermosa como la que ella nos regaló ese día.

Mom, Chay and me. Chay always blessed me with incredible moments,
such as dressing her for her big day. Those moments are the prized possessions
of my heart. / Mi mamá, Chay y yo. Chay siempre me bendijo con momentos
maravillosos, como cuando la vestí para su gran día. Esos momentos son
lo más preciado de mi corazón.

ABOVE: Mom, Chay and me praying before she walked down the aisle. What an honor and a joy to be able to pray for my sister. / ARRIBA: Mi mamá, Chay y yo rezando antes de que Chay comenzara a caminar hacia el altar. Qué honor y felicidad poder rezar por mi hermana.

RIGHT: When Chay asked me to be her maid of honor, I was shocked because she has so many famous friends. She replied, "Who else could it be, Sister?!" / DERECHA: Cuando Chay me pidió que fuera su dama de honor me quedé sin palabras, porque ella tenía muchos amigos que eran famosos. Me respondió "¡¿Quién más podria serlo, hermana?!".

All photos this page courtesy of Jenni Rivera Estate–Hazelnut Photography

Once again on the dance floor, fifteen years after we had danced at my Quinceañera. We laughed, hugged and cried for joy. / De nuevo en la pista de baile, quince años después de que bailáramos en mi Quinceañera. Nos reímos, abrazamos y lloramos de felicidad.

Courtesy of Jenni Rivera Estate–Hazelnut Photography

July 4, 2011. Chay, Pastor Pete, Abel and me. She stood by my side as I searched like a madwoman for love, and celebrated with me with tears in her eyes as my matron of honor. / 4 de julio de 2011. Chay, el pastor Pete, Abel y yo. Ella permaneció a mi lado mientras yo buscaba enloquecidamente el amor, y celebró conmigo, con lágrimas en los ojos, cuando fue mi madrina de bodas.

Courtesy of the Flores-Rivera Family Trust–Tippol Photography

ABOVE: The day I was redeemed and loved beyond my wildest imagination . . . and the last day my whole family would all be together. / ARRIBA: El día en que fui redimida y amada como nunca podría haber imaginado . . . y el último día en que mi familia entera estaría reunida.

LEFT: Abel, Kassey and me. Where your heart is, there is your treasure. This is the treasure I searched for my whole life . . . and found, thanks to Christ. / IZQUIERDA: Abel, Kassey y yo. En donde esté tu corazón, encontrarás un tesoro. Este es el tesoro que busqué toda mi vida . . . y lo encontré gracias a Cristo.

All photos this page courtesy of the Flores-Rivera Family Trust–Tippol Photography que regresáramos juntos. Pero permanecí firme. Con el tiempo empezó a venir cada vez menos, casi siempre sólo para ver a Kassey, con quien siempre fue muy bueno.

Pasó un año, y Pedro me llamó un día, diciéndome que había conocido a alguien y que ya no podía verme. Me sentí feliz por él pero también triste, porque me di cuenta de que durante toda esta dura experiencia había perdido a mi amigo.

Yo quería que nos divorciáramos de inmediato, pero Pedro se oponía. La persona que me salvó, una vez más, fue Lupe. En ese momento yo estaba trabajando como agente de bienes raíces y mi hermano quería comprar un hermoso rancho en el norte y ponerlo a mi nombre con el fin de obtener el préstamo bancario. Sólo había un problema: ¡yo estaba casada! No podía dejar que Lupe pusiera el rancho a mi nombre porque eso significaría que también le pertenecería a Pedro. Le expliqué la situación a Lupe (quien obviamente se sorprendió) y decidimos pedirle a Pedro que firmara por favor los papeles de divorcio, si no por mí, al menos por Lupe.

Pedro finalmente aceptó. Apreciaba y respetaba a Lupe y quería hacer las cosas bien. Un par de semanas después fuimos a la corte y firmamos los papeles del divorcio. Fue un momento muy poco dramático, y me di cuenta que le había dado más importancia a esa unión legal de la que tenía realmente. Inmediatamente le dije a mi familia que se olvidara de mis planes de boda; Pedro ya no era una parte de mi vida.

Poco después, permanecí frente a la congregación y compartí mi historia. Les conté todo. Por primera vez en mi vida, conté todos mis secretos y expliqué que mi nombre en griego significa "secreto", pero que la verdad me liberaría. Con mi madre en la primera fila, revelé hasta el último detalle de mi vida, incluyendo mi promiscuidad y el hecho de que me había casado en secreto con el primer hombre que me lo había pedido. Mi familia, que estaba entre el público, se sorprendió por la noticia de mi matrimonio, pero sentí que era el momento de ser totalmente honesta con Dios y con ellos. Ellos estaban impactados y sorprendidos, pero suspiraron aliviados de que este episodio de mi vida hubiera llegado a su fin.

diez

liberación

El cambio se produjo de inmediato. Mi transformación fue dramática y de adentro hacia afuera. Era como si una densa niebla se hubiera evaporado de mi mente y por fin pudiera ver el propósito superior de la vida. Yo no era simplemente una madre soltera abusada sexualmente, una desertora universitaria y una gorda o una mujer divorciada. Era mucho más que eso. Esas etiquetas que por tanto tiempo habían agobiado mi alma ya no me importaban. Ya no me preocupaban. La gente podría pensar que yo era una inútil, pero ya no me veía a mí misma de esa manera.

Me sentía feliz, alegre, y estaba incluso cantando en el coro. Sin embargo, había otras cuestiones cuyas raíces estaban profundamente arraigadas en mi alma —incluyendo mi ira hacia Trino y las secuelas psicológicas de los años de abuso— y eso implicaba un proceso más largo y complicado. Era como si después de esa gran revelación —el descubrimiento de que Dios me amaba realmente — yo tuviera la oportunidad de deshacerme de todas mis ataduras exteriores, pero lo que ocurría en mi mente era un problema totalmente diferente.

Busqué ayuda psicológica. Las sesiones terapéuticas no resolvieron todos mis problemas, pero me dieron las herramientas para abordar mi vida con honestidad y hacer algunos cambios. Fue un proceso largo que involucró una gran cantidad de ensayo y error, el cual me brindó las herramientas que me ayudarían a romper con ciertos pensamientos y conductas, mientras confrontaba el dolor de mis experiencias pasadas. Ya había ido a terapia en muchas ocasiones, pero ahora, y por primera vez, mi corazón estaba realmente abierto al cambio.

Encontré un consejero cristiano excepcional, que abordó mi caso como trastorno de estrés postraumático (TEPT), que suele afectar a las personas que han combatido en guerras o han sufrido un evento profundamente traumático. La verdad era que, desde la tierna edad de ocho años, yo había estado librando una guerra emocional contra mí misma. Ahora que había encontrado el amor de Dios, por fin pude dar un paso atrás y mirar mi vida como era; tuve la oportunidad de analizar mis sentimientos, entender mis comportamientos y, finalmente, deshacerme de todo el odio y la tristeza que me habían agobiado por tantos años.

Fue una época de mucha autorreflexión. Pasaba horas leyendo, escribiendo y pensando en mi vida, en mi familia, en mis amores, en mi hija. En *todo*. No siempre fue fácil —el cambio nunca lo es— pero me sentía fuerte y amada, y por primera vez en todo el tiempo que podía recordar, estaba empezando a sentir que podía hacer lo que yo quisiera en la vida. Muy dentro de mí, una pequeña voz me estaba recordando lo que mi padre me había dicho todos esos años antes, cuando yo era una niña: "Puedes ser lo que quieras, hija. Cualquier cosa en absoluto".

Sabiendo que yo estaba dando pasos de bebé por mi nuevo

camino, un día le pregunté a mi hermano, el pastor Pedro cómo podía prepararme para lo que me pudiera deparar el futuro. Después de haber pasado por tantos acontecimientos devastadores, aún tenía miedo del futuro, y yo sabía que necesitaba afianzarme a mí misma con el fin de seguir adelante.

El pastor Pedro me animó a inscribirme en el Angelus Bible Institute, una universidad cristiana multilingüe situada en el campus del famoso Angelus Temple en Los Ángeles. Debido a mi facilidad para hablar y predicar, el pastor vio de inmediato que yo tenía el potencial para ser evangelista. Me sorprendí la primera vez que me lo mencionó, porque siempre me he considerado una persona tímida, temerosa de mirar a los ojos a otras personas. Pero ahora que había encontrado al Señor, me sentía repentinamente invadida por un deseo de hablar a todo el mundo acerca de Su amor.

Las clases que tomé eran muy diferentes de todas las que había recibido anteriormente. Sí, yo tenía un título universitario de cuatro años y un año en la escuela de leyes, pero nunca había encontrado una verdad como esta. Siendo tan *nerd* como soy, siempre había disfrutado ir a la escuela y aprender cosas nuevas, pero en el Instituto Bíblico Angelus experimenté la educación como nunca antes. Todo lo que aprendí allí no sólo alimentó mi mente, sino también mi alma. Fueron muchos los días en los que me sentí llena de emoción en una conferencia, muy agradecida por lo que escuchaba. El hecho de que todo lo que discutíamos en clase tuviera una repercusión tan clara y potente en el mundo real y en mi vida hizo que me conectara con mi tema de estudio como nunca antes. Había disfrutado mis clases en la escuela de leyes, pero la verdad era que en el fondo yo había hecho todo eso porque quería vengarme de Trino. Las clases en el Angelus, sin embargo, eran para *mí* y sólo para *mí*. Cada día que iba allá, llenaba mi corazón con el amor de Dios y era una sensación maravillosa.

. . .

Una mañana, un profesor leyó un versículo de la Biblia, Hechos 1:8, que decía: "Pero recibiréis poder cuando haya venido sobre vosotros el Espíritu Santo, y me seréis testigos en Jerusalén, en toda Judea, Samaria, y hasta lo último de la tierra".

Inmediatamente pensé: "¡Esa soy yo!".

Consulté la palabra "testigo" y encontré que a finales del siglo XIV los cristianos usaron esta palabra como una traducción literal de las palabras griegas *martys* o "mártir". No podía creer lo que estaba leyendo. ¿No había hecho yo un pacto con Dios, diciendo que estaba dispuesta a morir a mí misma y vivir para Él?

No estaba segura de lo que significaba Jerusalén en todo esto. ¿Se suponía que yo debía viajar a Israel para compartir mi historia? Obviamente, el versículo no significaba eso en absoluto, pero no entendía qué significaba para mí.

Así que le pedí a Dios que me explicara lo que quería decir con "Jerusalén", y entonces comprendí que iba a olvidarme y a morir al odio de mi pasado, y que en mi caso, "Jerusalén" significaba *casa*. Yo iba a ser un testigo aquí en casa, comenzando con mi propia familia y con las personas que amo. Ya llegaría el momento de viajar a Israel, al Medio Oriente y al resto del mundo, pero eso sería después. Yo tenía que empezar aquí.

Una vez que entendí eso, aún estaba confundida por "Samaria". Si el versículo decía que yo tendría que pasar primero por Samaria, ¿qué significaba eso?

Hice algunas investigaciones sobre Samaria y descubrí que en los tiempos bíblicos, los habitantes de Samaria eran tan enemigos de los judíos que los israelitas literalmente recorrían el camino más largo alrededor del territorio de Samaria con el fin de llegar a su destino. Entendí lo que me estaba diciendo Dios: que yo tenía que ser un testigo no sólo para las personas que amaba, sino también para mis enemigos.

Mi pensamiento se dirigió de inmediato a Trino. Él había sido mi enemigo desde que yo tenía ocho años, y después de tratar de evitarlo por varios años, también necesitaba prepararme para enfrentarme a él.

Durante esta época, mi atención se centró en otra historia del Nuevo Testamento. El libro de los Hechos registra la historia del primer mártir de la Iglesia.

Su nombre era Esteban. Este hombre simplemente estaba dando testimonio —o *atestiguando*— al Señor cuando fue brutalmente atacado por un grupo de hombres "que no pudieron hacer frente a la sabiduría y al Espíritu con los que hablaba él".

Lo que me sorprendió al leer esta historia fue que Esteban ni siquiera trató de defenderse. No dijo ni una sola vez "¡Alto! ¡Yo soy el bueno aquí! No les hagan caso. ¡Soy totalmente inocente!".

Y en lugar de esto, y lleno del Espíritu Santo, Esteban miró hacia el cielo y vio la gloria de Dios. "Miren", dijo. "Veo los cielos abiertos y al Hijo del Hombre a la diestra de Dios".

Lo acusaron de blasfemia, lo arrastraron fuera de la ciudad y comenzaron a apedrearlo. Sin perturbarse por la violencia, Esteban oró: "Señor Jesús, recibe mi espíritu", y luego gritó: "Señor, no les tomes en cuenta este pecado". En otras palabras, le estaba pidiendo a Dios que los perdonara. Y luego entregó su vida.

Cuando leí esto, traté de ponerme en el lugar de Esteban. ¿Podría responder yo de esa manera? Mientras más pensaba en ello, más entendía: Esteban era tan inocente como yo. Él fue atacado sin una razón válida, pero permaneció centrado e hizo lo que Dios le dijo que hiciera.

Mis problemas comenzaron en mi infancia. Yo había tenido mucho tiempo para pensar en ellos y racionalizarlos, pero no podía perdonar el dolor y el sufrimiento que me habían infligido. Sin embargo, al pensar en Esteban, vi que él le estaba pidiendo a Dios que perdonara a sus atacantes en ese mismo instante. Me pregunté "¿Dónde aprendió a tener tanta compasión?". Entonces recordé que Esteban sabía lo que había sucedido tan sólo unos meses antes, cuando Jesús exclamó en la cruz: "Padre, perdónalos, porque no saben lo que hacen".

Al igual que el Hijo de Dios, Esteban estaba sintiendo el dolor que recibía su cuerpo: las acusaciones lanzadas contra él, y el aguijón del odio amargo. Pero este testigo tomó la decisión de seguir el ejemplo de Cristo. La historia de este mártir me impactó tanto que quise tener la misericordia de Jesús. Quería ser como Esteban y para hacer esto, yo sabía que tenía que hacer una cosa: perdonar a Trino.

Aunque mi mente ya entendía lo que tenía que hacer, mi corazón simplemente no podía hacer lo mismo. ¿Cómo iba a perdonar lo imperdonable? ¿Cómo iba a perdonar a un hombre que me había despojado de mi infancia? Él no sólo me había arrebatado mi virginidad; también me había robado mi juventud y mis sueños. Había destruido a la niña inocente que, sentada en el regazo de su padre, creía que algún día sería una astronauta, una maestra o una escritora.

¿Y ahora se esperaba que yo lo *perdonara*?

Todo este tiempo había estado pensando en el efecto que las acciones de Trino habían tenido en mí, pero nunca me había detenido realmente a pensar en lo que estaba pasando por la mente de Trino. ¿Estaba enfermo? ¿Era deliberadamente malvado? ¿Era consciente de las consecuencias que sus acciones tendrían sobre el resto de mi vida? ¿Podría haber imaginado el dolor permanente que me provocaría: las drogas, los problemas sexuales, mis relaciones poco saludables con los hombres?

Entonces, un pensamiento destelló en mi cerebro. "Bueno, Rosie, ¡no sabías la profundidad de tu mal cuando tuviste un aborto!". Eso realmente dio en el blanco.

Prácticamente toda mi vida había pensado que Trino tenía que haber sido abusado cuando era niño, tenía que haberle ocurrido *algo* para que se comportara de esa manera. Intenté por todos los medios encontrar cada excusa posible para lo que él había hecho. Yo estaba tratando de encontrar una *razón*. Pero cuando pensé en mi aborto, me di cuenta de que mi proceso de pensamiento era completamente diferente. Tuve la oportunidad de ser mucho más dura conmigo: yo sabía que tenía un montón de excusas, pero no tenía ninguna razón. *Nada* justificaba mis acciones, así como *nada* justificaba las suyas. Tuve que aceptar su conducta tal como era. Yo tenía que dejar de tratar de explicarlo.

Lo que Dios me estaba diciendo era: "No reduzcas sus acciones, Rosie. No trates de explicarlas. Toma el pecado por lo que es y perdónalo. Quiero que perdones todo lo que él te hizo, ya sea que lo supiera o no".

—Pero ¿cómo puedo hacer eso? —le pregunté a Dios.

—El perdón no es una emoción —me dijo Él—. Es una decisión. —Luego agregó—: Puedes tomar esa decisión ahora. Y si lo haces, habrá grandes beneficios para ti.

Esta fue una gran revelación para mí. Yo siempre había pensado que si perdonaba a Trino, sería él quien recibiría los mayores beneficios. Para él sería borrón y cuenta nueva y nunca tendría que sufrir las consecuencias. Sus actos quedarían impunes y no habría justicia.

También había pensado siempre que tenía que *llegar* a una instancia en la que pudiera perdonarlo, y nunca pensé que simplemente podía decidirme a perdonar. Sin embargo, pronto se hizo evidente que si yo perdonaba a Trino, tal como lo había hecho Esteban, el poder del Espíritu de Dios me llenaría y yo podría ser testigo y ver la gloria del cielo, algo que yo deseaba más que nada en este mundo.

Entonces oí una voz que me decía: "¿Te diste cuenta de que Jesús le dio una ovación de pie a Esteban?". Abrí la Biblia y leí la historia de nuevo y, por supuesto, al llegar al cielo, Esteban vio a Jesús "de pie" a la diestra de Dios. Era como si el Señor me estuviera diciendo: "Cuando tus hermanos y hermana cantan en un concierto, por lo general cantan otra canción a petición del público. La gente aplaude y grita: '¡Bravo! Otra. Estamos muy orgullosos de ti'. ¿No sería maravilloso si oyeras eso de mí?".

Fue entonces cuando comprendí que no había ninguna diferencia entre ser un mártir de los primeros días y ser un mártir en la época actual. Quería sentir lo que sentía Esteben, quería hacer sonreir a Dios. Y desde aquel momento, ese día en la iglesia, cuando decidí morir a mí misma y perdonar lo que yo pensaba que era imperdonable, Dios prometió hacer el resto.

Le prometí al Señor que estaba dispuesta a amar y perdonar a tal punto que cuando llegue el momento de ser llevada a casa, seré capaz de hincarme enfrente de Él y, al igual que María, lavar Sus pies con mis lágrimas y secarlas con mi cabello.

Lo que Dios me pidió a continuación fue algo que nunca habría considerado por mi cuenta. Yo iba a tomar un lápiz y papel y escribir cada cargo que tuviera contra Trino, como si yo fuera una fiscal en un juicio. Luego dijo:

—Quiero que me entregues la lista y me dejes ser el Juez.

Al hacer este ejercicio, un gran peso fue levantado de mis hombros. Ya no tenía que pensar en Trino, ya no tenía que decidir si lo que había hecho estaba bien o mal, ni siquiera necesitaba pensar en ello. Dios se encargaría de eso.

Y entonces comencé a escribir: 1... 2... 3... 5... 10... 20... 30... 40 cargos, y el número seguía aumentando. Cuando llegué a 101 cargos, le entregué la lista a Dios y le dije:

—Está en Tus manos.

—Mira la lista de nuevo —me dijo—. Muchos de estos cargos son culpa de Trino, pero hay un montón de pecados aquí que son el resultado de tus propias decisiones.

Y obviamente, Él tenía razón. Trino me había hecho daño en muchos sentidos, pero después de cierto punto, mis decisiones habían sido mías y yo no podía culparlo por todo lo malo que me había sucedido en la vida. Necesitaba aceptar mi culpa. Y esto hizo que me preguntara: ¿Cómo iba a pedirle a Dios que perdonara mis pecados si yo no era capaz de perdonar a Trino por los suyos?

No fue una comprensión fácil, pero sí muy poderosa. Yo necesitaba perdonar a Trino para poder perdonarme a mí misma. Una vez que entendí esto, supe exactamente lo que tenía que hacer, pero no podía aceptarlo por completo. ¿Cómo iba a cambiar yo un sentimiento que había estado tan profundamente arraigado en mi corazón por tantos años? Odiar a Trino se había convertido en una parte de mi identidad, y no estaba segura de recordar siquiera lo que significaba ser Rosie: simplemente Rosie.

Entendí lo que tenía que ocurrir, pero no sabía qué hacer en un sentido más literal. Sentí que si oraba: "Señor, perdona a Trino por favor", yo estaría mintiendo porque realmente no lo sentía en mi corazón. Luché mucho con esto. No era capaz de decidir qué hacer. Hasta que un día, desde muy dentro de mí, comprendí que si no tenía otras palabras, simplemente podía decir: "Dios bendiga a Trino".

Aprendí que decir: "Dios te bendiga" significa simplemente "Que Dios haga Su voluntad en ti". Pedirle a Dios que perdonara a Trino parecía un gran salto para mí, pero pedirle que hiciera su voluntad en él tenía mucho sentido. Todo lo que yo necesitaba era pedirle a Dios que bendijera a Trino, y Dios se encargaría del resto. Yo podía vivir con *eso*. Así que se convirtió en mi oración diaria: "Dios bendiga a Trino".

Esas fueron tres de las palabras más difíciles que recuerdo haber proferido, especialmente porque no me produjeron un alivio instantáneo. Evidentemente, la ira que había acumulado a lo largo de los años era como una enorme roca que tenía que ser horadada golpe a golpe. Yo gritaba esas palabras en todos los servicios de la iglesia. Pensé que el Señor se cansaría de escucharlas, pero obviamente nunca lo hizo. Las repetí y repetí hasta que poco a poco, sus ángulos afilados comenzaron a suavizarse y pude pronunciarlas sin lágrimas, odio ni dolor. Se convirtieron en palabras.

Con el paso del tiempo, mi oración cambió y se hizo más semejante a la de Cristo: "Dios, perdona a Trino, pues no sabía lo que hacía".

Mi espíritu comenzó a sentir una liberación después de hacer esto por varias semanas. Podía respirar mejor, y aunque nunca podría borrar lo que me había hecho Trino, mis pensamientos comenzaron a centrarse poco a poco en la reflexión y en la introspección en lugar del odio y el rencor. La tormenta que había arreciado en mi alma se transformó en un lago calmado y apacible.

Cuando pensaba en Trino, soñaba ahora con que llegaría un

día en que él estaría totalmente reconciliado con Dios. Yo había leído la historia de Saúl, quien una vez les hizo daño a los cristianos, incluyendo a Esteban. Con el tiempo, se convirtió en el apóstol Pablo, que difundió el evangelio a las naciones. Visualicé ese cambio en Trino. Me imaginaba que, después de ser un abusador, alguien que era capaz de causar tanto dolor a otros seres humanos se convertiría en un hombre nuevo y en un testimonio poderoso: en un hombre de Dios. Su reconciliación les mostraría a millones de personas en todo el mundo que Dios ama a todos y a cada uno de ellos, sin importar lo que hayan hecho y su misericordia para todos.

Es un sueño al que me aferro hasta el día de hoy.

Yo estaba muy agradecida de haber recibido la fuerza de Dios durante este tiempo de transformación pues necesitaba todos los recursos posibles para afrontar lo que sucedería a continuación.

cara a cara

Un día de enero de 2006, sólo unos meses después de entregarle mi vida a Dios, estaba almorzando con mi amiga Gladyz en el NORMS de Lakewood Boulevard, en la ciudad de Bellflower. Yo no había visto a Gladyz desde hacía un tiempo y nos estábamos poniendo al día. Aún estaba lidiando con las secuelas de mi relación con Pedro, y Gladyz, que siempre ha estado conmigo en las buenas y en las malas, me estaba ayudando a ordenar mis sentimientos.

De pronto sonó el teléfono. Era Pedro. Contesté la llamada y muy pronto nos enfrascamos en una discusión. Mientras hablaba con él, levanté la vista de nuestra mesa y me congelé de inmediato. Sentí que toda la sangre se me escurría de la cara y apenas podía respirar. Gladyz notó que algo estaba pasando y me preguntó rápidamente:

—¿Qué pasa, Rosie? algo ¿Qué pasa?

Yo no podía hablar.

Acababa de ver Trino a sólo unas pocas mesas de distancia.

Se veía diferente, pero no tardé más de una fracción de segundo en saber que era él. No podía moverme ni decir nada. Lo único que pude hacer fue mirarlo fijamente. No podía creer lo que estaba viendo. Su nariz era diferente, tenía el pelo más corto y parecía más grueso. Pero era él; de eso estaba segura.

Pedro estaba gritando a todo pulmón por el teléfono, pero yo no podía oírlo. Permanecí congelada allí por lo que parecieron horas, pero debieron ser unos pocos segundos. Trino debió sentir mi mirada porque de repente alzó la vista y me miró a los ojos. Me reconoció al instante, porque se levantó inmediatamente, sacó dinero de su bolsillo y lo dejó sobre la mesa. Lo acompañaba una mujer, pero él ni siquiera se detuvo para decirle una palabra; simplemente se puso de pie y se marchó, pasando a un lado de mí. Creo que todo el tiempo contuve la respiración de tan sorprendida que estaba.

—¿Estás bien? —insistió Gladyz.

No fue sino hasta que Trino se perdió de vista que me las arreglé para decirle algo:

—Corre a apuntar su placa, Gladyz.

—¿Por qué?

—Es Trino. Tenemos que atraparlo.

Gladyz corrió tras él pero fue demasiado tarde; ya se había ido del estacionamiento.

Yo tenía mucho coraje. Estaba convencida de que había hecho muchos progresos. Pensé que había mejorado bastante, pero la verdad era que aún no estaba lista. Yo era todavía esa niña que se había congelado, tal como lo hice cuando era niña en aquel tráiler *home*.

Me puse a llorar. Al igual que en tantos momentos difíciles de mi vida, la única persona con la que quise hablar era con Lupe. Lo llamé de inmediato.

—Rosa, ¿qué pasa? —me preguntó tan pronto me oyó chillar en el teléfono.

—Soy tan tonta, Lupe. *I'm so sorry*. Lo siento mucho. —No podía dejar de llorar.

—Está bien, Rosa. Sólo dime. ¿Qué pasó?

—Vi... a Trino. Pero me quedé congelada... Me quedé congelada y... no pude hacer nada para atraparlo —lloré—. Por favor, no te enojes conmigo.

Lupe trató de calmarme.

—Está bien, hermana, está bien, *baby*. No te preocupes —dijo. Después de una pausa me preguntó—: ¿Sabes si el restaurante tiene cámaras de seguridad? La buena noticia es que ahora sabemos que está en la zona y que ya conoces su aspecto.

Lupe. Siempre tan inteligente. Por supuesto que se le ocurriría preguntar si había cámaras de seguridad.

Mientras Gladyz iba a averiguar, llamé por teléfono a Chay. Aunque me sentía avergonzada por haber perdido la oportunidad de atrapar a Trino, tenía que contarle.

—Lo siento mucho, hermana —dije tan pronto como ella contestó—. Por favor, ¡perdóname!

—¡Hermana! Hermana, cálmate —dijo—. ¿Por qué necesito que te perdone? ¿Qué pasó?"

Le expliqué.

—No llores —me dijo cuando le conté toda la historia—. Todo ocurre por una razón. ¿Recuerdas su cara?

—Sí, claro —le dije—. Se ve más joven. Creo que se hizo un *lift*. Tiene el pelo más corto y completamente negro. Y está más grueso.

—¡Genial! —exclamó Chay—. Lo atraparemos y podrás identificarlo.

En ese momento yo ya no lo odiaba. Sin embargo, durante años había planeado las palabras exactas que le diría en caso de verlo. Quería que él supiera que yo era una mujer fuerte. Él no me había quebrado por completo. Era un discurso que había ensayado infinidad de veces en mi mente, pero ese plan se quedó a mitad de camino.

Unos cinco meses después de aquel día profético en que me encontré en la iglesia y me volví a conectar con Dios nuestro Salvador, recibí una llamada de Chay. Yo estaba ensayando con el coro cuando sonó el teléfono, y supe que debía tratarse de algo importante, pues Chay y yo solíamos enviarnos textos a menudo. Platicamos un poco y luego me preguntó:

—Hermana, ¿crees que es hora de decirle a la gente lo que realmente te pasó?

—Sí —respondí sin dudarlo.

—¿Crees que estás lista para hacerlo?

Desde el momento en que le conté la verdad a mi familia a los dieciséis años, había hablado muy poco de ello, pero no en detalle. Durante mucho tiempo, la idea de platicar de mi abuso frente a las personas que más me amaban, para no hablar de otras que ni siquiera me conocían, era absolutamente insoportable. Chay y yo habíamos platicado de la importancia de hablar de este tema y cómo afecta a tantas mujeres, pero yo no estaba en una situación en la que pudiera incluso procesar lo que había significado para mí. El daño era tan profundo que aún era demasiado difícil hablar de esto.

Pero después de todos los cambios que habían tenido lugar en los últimos cinco meses, después de todo el examen de conciencia y de aprender a perdonarme y amarme por lo que soy, yo sabía que estaba lista. Hablar sobre lo que me había pasado era más importante que mi propio orgullo o el temor a la humillación. El abuso sexual no debería existir, y mientras más platicara de ello y les mostrara a las niñas y niños en todo el mundo que es perfectamente válido hablar de esto y de que no están solos, mejor será nuestra sociedad. De pequeña, yo había pasado horas y horas viendo la televisión, esperando que alguien hablara de ello. Ahora tenía la oportunidad de tomar cartas en el asunto y hacer precisamente eso.

Chay aún no era una superestrella, pero su música se había vuelto muy popular; vendía cientos de miles de discos y sus canciones estaban constantemente en las listas de la radio en español. Aparecer en la televisión en español para hablar de un tema tan tabú como lo era el abuso sexual, sobre todo en la comunidad mexicano-estadounidense, sería poner su carrera en peligro. Muchas personas trataron de disuadirla, y le dijeron que la gente se alejaría de ella por lavar su ropa sucia en público, pero Chay estaba decidida. Ella quería hablar de lo que había ocurrido, y mostrarle al mundo que el abuso sexual no es algo que uno tiene que soportar a solas.

—Una razón por la que deseo hacer esto es llegar a una niña asustada a quien le podría estar sucediendo esto ahora mismo. Cuando esa niña oiga tu terrible experiencia, quiero que se anime lo suficiente para saber que si pudiste superar eso, ella también puede hacerlo.

Pero Chay también tenía una segunda razón: esperaba que aparecer en la televisión pudiera ayudarnos a obtener información sobre el paradero de Trino, no sólo para llevarlo ante la justicia, sino también para que sus hijos pudieran ver de nuevo a su padre. Mi sobrina Jacqie tenía ocho años cuando su padre desapareció. Ella no entendía realmente todas las circunstancias de su desaparición y había orado para verlo desde ese día. Ahora era una joven de dieciséis años. Chay la tranquilizaba: "Te prometo que vamos a encontrar a tu papá, y cuando esté en la cárcel, te llevaré a visitarlo. Te lo prometo".

Chay habló con Jacqie y Chiquis; ellos también se sintieron listos para hablar de su abuso en público, y Chay reservó una entrevista en *Escándalo TV* con Charytín, la única e inimitable.

La entrevista tuvo lugar en la casa de Chay en Corona, y cuando pienso en ello parece que fue hace siglos: nosotras cuatro apretujadas en el gran sofá de su sala, respondiendo a una pregunta tras otra. Era la primera vez que Chiquis, Jacqie y yo hacíamos una entrevista de televisión y todas estábamos muy nerviosas. Chay también lo estaba, pero como siempre, mantuvo la calma por nosotras. Y a pesar de la dificultad del tema, Charytín se las arregló para que nos sintiéramos cómodas, y pudimos hablar con toda honestidad sobre lo que había sucedido.

Cuando la entrevista terminó, me sentí muy orgullosa de lo lejos que habíamos llegado. La experiencia había sido aterradora, pero yo sabía que estábamos haciendo una diferencia en la vida de otras personas, y eso significaba muchísimo para mí. Después de tantos años de regodearme en mi propia autocompasión, pensando que nadie en el mundo la había tenido más difícil que yo, se sentía maravilloso poder hacer algo significativo e importante que ayudaría a otras niñas que estaban pasando por lo mismo que había pasado yo, o incluso por algo peor. En un momento de la entrevista, Chay explicó que lo que más la había motivado a hacer este programa era que Chiquis le había dicho un día que cuatro de sus cinco amigas habían sido víctimas de abusos sexuales, y algunas mamás no les habían creído. Yo sabía que mi experiencia había sido muy difícil, pero me sentía bendecida por tener una hermana que me creyó en el instante en que se lo dije. Saber que algunas muchachas ni siquiera tenían esto, me hizo darme cuenta aún más de la importancia de lo que estábamos haciendo.

La entrevista se emitió en la primera semana de abril de 2006, pero no estábamos muy preparadas para la tormenta de fuego que siguió. Los medios de comunicación se volvieron locos con la noticia. Algunas personas celebraron nuestra valentía, mientras que otras acusaron a Chay de usar el abuso sólo como un truco publicitario para vender más discos. Para bien o para mal, habíamos logrado que la gente hablara de ello y eso, por lo menos, fue un triunfo para nosotros.

Un par de semanas después hubo tanto alboroto sobre el tema que K-Love, una de las estaciones de radio más populares de Los Ángeles, nos solicitó una entrevista a Chay y a mí.

El anfitrión de las 8 a.m. nos pidió hacer una actualización sobre la historia de abuso sexual. Le hicimos saber al público que nuestro hermano Lupe había creado un fondo para ofrecer una recompensa de 50.000 dólares por información que condujera al arresto de Trino.

Segundos después, los teléfonos comenzaron a sonar.

Mucha gente llamó diciendo que tenía nueva información. Al principio nos emocionamos, pero rápidamente nos dimos cuenta de que la mayoría de las pistas eran irrelevantes o que se trataba de asuntos que habían sucedido varios años atrás. Sin embargo, no perdimos la esperanza. Tomamos una llamada tras otra con la esperanza de encontrar aunque fuera una pequeña pista que pudiera ayudarnos a encontrar a Trino.

Al final, recibimos dos llamadas muy importantes ese día. La primera era de un agente del FBI. Se había sentido conmovido luego de oír nuestra historia. Vivía en la Florida, pero estaba en el sur de California trabajando en otro caso. Había escuchado la entrevista en la radio de su carro y de inmediato sintió la necesidad de comunicarse con nosotros.

—Soy cristiano —dijo— y sentí en mi corazón que tenía que llamarlas. Quiero ofrecerles mi ayuda.

No podía involucrarse en un caso estatal porque era un agente federal, y podría perder su puesto de trabajo si nos ayudaba; sin embargo, quería ayudarnos de cualquier manera que pudiera. Él no podía, por supuesto, decirnos su nombre, pero nos pidió que lo llamáramos "Ángel": él fue nuestro ángel enviado por Dios. Y a partir de ese momento, Ángel permaneció a nuestro lado.

La segunda llamada fue de una mujer que, tan pronto como salió al aire, dijo:

—Jenni, realmente te amo y quiero hablar contigo fuera del aire. —Nos sorprendimos, pero no había nada que perder, así que mi hermana estuvo de acuerdo y anotó su número telefónico. La llamó esa misma mañana. Efectivamente, ella tenía algo interesante que decir.

—Jenni, soy vecina de Trino —explicó por teléfono—. Lo he visto borracho, presumiendo de tus hijos y de ser tu esposo. Una noche, estaba jactándose incluso de esas cosas terribles de las que lo has acusado.

Chay se quedó anonadada y le pidió que continuara.

—Les puedo decir dónde está, pero realmente no quiero involucrarme. Mi marido me dijo que no me metiera en eso; que no es asunto mío —hizo una pausa—. Por favor, sólo quiero ayudar, pero no daré mi nombre real.

—Entiendo. Tienes mi palabra, y aprecio lo que estás haciendo —respondió Chay.

Entonces la mujer le dio la dirección de Trino. Chay la anotó y agradeció profusamente a la mujer.

—Pero ¿qué pasa con la recompensa? —Chay preguntó.

La mujer vaciló.

—No quiero todo el dinero, pero necesitamos 10.000 dólares porque mi madre está enferma y queremos llevarla a México.

Chay le dio las gracias de nuevo por su ayuda. Si no hubiera sido por ella, tal vez todavía estaríamos buscando a Trino. Su valentía y su desinterés fueron factores determinantes en lo que se avecinaba.

Un par de días después, Chay me pidió encontrarme con esta mujer en un McDonald's en el norte de Corona, y unas pocas millas al sur de la casa de Chay. Nos quedamos en *shock*. Durante todo ese tiempo, Trino había estado muy cerca de mi hermana y ella ni siquiera lo había sabido.

Sin embargo, esto tenía mucho sentido: Trino había permanecido muy cerca de Chay porque sabía que era el único lugar en el que nunca esperaríamos que estuviera. La confirmación de que Trino estaba tan cerca, lejos de asustarme, me trajo paz. Sentí como si Dios lo hubiera puesto en mis manos tan pronto como fui capaz de entregarle todo mi odio, ira y deseo de venganza. Me sentí tranquila y serena, con la mente clara y centrada: ya no estábamos jugando al gato y al ratón, sino al ajedrez. La ira te hace perder el control y yo sabía que necesitaba amor, fortaleza y templanza para terminar el juego.

Todos coincidimos en que sería bueno que fuera yo quien me encontrara con la mujer. Yo no era sólo la última persona que había visto a Trino, sino que había llegado a un punto en mi vida donde estaba en paz con mi pasado. Sentí una tremenda fuerza dentro de mí y cada paso que nos llevaba más cerca de Trino también me llevaba más cerca de la justicia. Ya no quería encontrar a Trino porque estuviera enojada; quería encontrar justicia, especialmente para las niñas y los niños que nunca la han recibido.

Así que en otro hermoso día soleado en el sur de California, comencé a recorrer el largo trayecto de Lakewood a Corona. Una parte de mí estaba nerviosa de que todo el asunto pudiera ser un engaño, pero me emocionó que estuviéramos muy cerca de encontrar justicia. Desde el momento que me senté a hablar con la señora, supe que era sincera. Estaba muy asustada de verse involucrada, y por la descripción detallada que me dio de Trino, supe que realmente era él. Ella lo describió como un hombre con el pelo oscuro, contextura mediana y con dos hijos. Dijo que era amable y carismático, y que nunca había tenido problemas con él como vecino. De hecho, su hijo era amigo del hijastro de Trino, cuyo nombre mencionó. Yo sabía que tenía que tratarse de Trino porque nadie sabría nunca ese nombre. Fue entonces cuando lo supe a ciencia cierta. Así que, de buena fe, le di un sobre con 10.000 dólares en billetes de 100.

Apenas subí al carro después de conocerla, llamé a Ángel y le dije: "Ya sé dónde vive Trino. En Corona". La voz me temblaba mientras le decía esto porque tenía una sensación en mi interior de que esta vez realmente íbamos a encontrarlo. No sólo teníamos por fin la información correcta, sino también la ayuda que necesitábamos, y esta vez *yo* estaba lista.

Ángel se emocionó con la noticia. Creía que se trataba de un avance extremadamente importante.

—¿Cuál es la dirección? —me preguntó de inmediato—. Vigilaré la casa con una cámara en mi tiempo libre. Entrevistaré a los vecinos tan discretamente como sea posible y te dejaré saber lo que descubra.

Efectivamente, eso fue lo que hizo. Durante un par de semanas, Ángel estuvo tanteando el terreno en el barrio de Trino. Se reunió con sus vecinos, observó sus movimientos —así como los de su familia— y a partir de toda la información que reunió, se hizo evidente que realmente se trataba de Trino. Ángel me llamaba de vez en cuando para informarme sobre la situación y todo el tiempo permanecí ansiosa, esperando saber cuál sería nuestro próximo movimiento.

—Lo grabé sacando la basura —me dijo un día—. Encontrémonos en algún lugar y te mostraré el video para que me digas si realmente se trata de él.

Subí a mi carro de inmediato. Mientras manejaba para encontrarme con Ángel en un Starbucks en el centro de Long Beach, mi mente regresó a ese día, unos meses atrás, cuando yo estaba en el NORMS de Bellflower, hablando por teléfono con mi hermana y llorando porque no había atrapado a Trino. "Todo sucede por una razón", me había dicho ella. Y estaba en lo cierto. Si no hubiera sido por el hecho de que yo lo había visto tan sólo unos meses antes, tal vez no hubiera podido identificarlo. Yo no era una mensa por no atraparlo; todo era parte del plan de Dios.

No tardé más de cinco segundos en saber que era Trino. Allí estaba él, llevando una vida normal, sacando unas bolsas de basura. Me parecía tan surrealista que esta persona en la que yo había estado pensando durante todos estos años, este hombre que había lastimado tan profundamente a mi hermana, a mis sobrinas y a mí siguiera viviendo como un hombre libre. Lo interesante, sin embargo, fue que mientras sacaba la basura, parecía estar mirando a su alrededor; una persona con la guardia en alto, un hombre con una conciencia culpable.

Miré a Ángel y le dije:

—Estoy ciento por ciento segura de que es él.

—Bien —dijo—. Tomaré las medidas necesarias para que este caso se vuelva a abrir.

Ángel llamó al Departamento de Policía de Los Ángeles y les dio toda la información que había reunido. Fue entonces cuando se enteró de que el detective de Long Beach que había investigado el caso nueve años atrás (¡nueve años!) había fallecido. No pudieron encontrar los registros, lo que significaba que todo el caso se había desvanecido en el olvido tras la muerte del detective. Con razón no nos devolvieran nuestras llamadas. No es de extrañar que nadie estuviera haciendo un seguimiento del caso. Fue un hallazgo frustrante, pero ahora, con un nuevo equipo observando la evidencia reciente, por fin comenzaba a haber progresos significativos.

El sábado 22 de abril de 2006, mi teléfono sonó. Era Ángel.

—¿Estás lista? —me preguntó.

—¿Para qué?

—Hoy es el día en que arrestaremos a Trino. ¿Quieres estar presente?

¡Claro que sí! Yo estaba nerviosa, pero muy contenta. Finalmente, después de tantos años de oración, después de tantos años de sufrimiento, Trino sería llevado ante la justicia. Mi corazón había aceptado a Dios y ya no anhelaba la venganza; todo lo que necesitaba en ese momento era cerrar el incidente. Necesitaba saber que Trino iba a enfrentarnos por lo que había hecho. Yo también quería que, en lo posible, se les hiciera justicia a otras víctimas y compartir nuestra victoria como si fuera suya. Quería traer esperanza a los desesperados.

No podía esperar para contarle a mi hermana. Ella estaba fuera de la ciudad haciendo un *show*, pero yo sabía que iba a brincar de alegría en cuanto se enterara.

—¡Este es un día que he estado esperando! Se hará justicia —dijo. No podía ir conmigo para presenciar el arresto, pero mi madre se ofreció valientemente a hacerlo. Aunque Chay estaba lejos, pude sentir su fuerza y su apoyo. Ella había prometido permanecer a mi lado sin importar lo que fuera y eso fue exactamente lo que hizo.

Unas horas después, Ángel nos recogió. Fuimos de Long Beach a Corona en una van sin letreros, con vidrios polarizados y oscuros. Podríamos ver a Trino, pero él no podría vernos a nosotros. Me gustó eso, porque tenía miedo de lo que podría pasar si él sabía que yo estaba allí.

Nos dirigimos a la dirección que nos había dado la mujer en la radio, y la policía saltó de varias patrullas que se detuvieron chirriando los frenos. Trino estaba afuera de su casa regando tranquilamente el sacate. Los policías corrieron hacia él y cuando le mostraron la orden de arresto, se limitó a inclinar la cabeza y a obedecer a los oficiales, mientras le ordenaban que pusiera las manos en la espalda y lo esposaban. Era como si todo el tiempo hubiera estado esperando eso.

Unos segundos después, la esposa de Trino—que estaba con él desde su separación de Chay— salió de la casa gritando y clamando: "¡Eso no es cierto! ¡No! ¡Él es inocente! No se lo lleven, por favor, ¡no se lo lleven!". Sollozaba incontrolablemente y la policía tuvo que mantenerla a distancia.

Mientras los policías conducían a Trino a la patrulla, su hija, que tenía unos ocho años en ese momento, salió corriendo de la casa.

—¡Por favor, no se lleven a mi papá! ¡Por favor, no se lo lleven! —suplicó llorando.

Verlas sufrir de esa manera me rompió el corazón. Detestaba estar contribuyendo a separar a una familia y, con toda honestidad, si yo hubiera estado en su lugar, probablemente me habría sentido tan angustiada como ellas. Además, yo sabía que Trino podía ser muy dulce, que era un padre atento, y que era difícil creer que pudiera hacer algo semejante. Me sentí muy mal por su hija. Al igual que Chiquis, Jacqie y Michael, ella estaba perdiendo a su padre, y me destrozó ver que esto sucediera.

Por otro lado, yo tenía que preguntarme con sinceridad: *¿Trino le habría hecho a ella lo que nos hizo a Chiquis, a Jacqie y a mí?*

No podía dejar de pensar que su hija tenía aproximadamente la misma edad que yo cuando comenzó el abuso, y que había una posibilidad muy real de que él lo estuviera haciendo, o a punto de hacerlo. Simplemente no podíamos permitir que esto volviera a suceder, y ese pensamiento me persiguió en los próximos meses, especialmente en los momentos en que me sentí sin muchas fuerzas.

Los agentes de policía subieron a Trino en una camioneta *pickup* que estaba a unos diez pies de nuestra *van*. Tuve la oportunidad de mirarlo por un tiempo considerable y lo que vi no era el Trino del que había estado aterrorizada todos esos años. Vi a un hombre pequeño y débil que parecía avergonzado, con la cabeza gacha. Un hombre profundamente defectuoso.

En ese instante, me di cuenta que ya no sentía odio por Trino, sino compasión de Dios. Después de tantos años de sufrimiento y de los muchos meses de redescubrir el poder del amor, la compasión y el perdón de Dios, yo ya no tenía odio por Trino en mi corazón. Durante muchos años, yo había vivido en una prisión levantada por él: una cárcel de dolor, depresión y coraje. Pero ahora yo era libre.

Vi cómo se lo llevaron sin decir palabra. Mi mamá y yo habíamos permanecido en silencio durante todo el arresto. Comencé a gritar de alegría unos cinco minutos después de dirigirnos a casa. La realidad de lo que acababa de suceder me golpeó con toda su fuerza:

—¡La justicia realmente existe! ¡Gloria a Dios! Eres tan bueno! —grité a todo pulmón.

Mamá estaba llorando de felicidad.

Ángel tampoco pudo contener su alegría. "Por eso me encanta mi trabajo. Por momentos como este".

el juicio

Trino estaba tras las rejas, pero nuestro calvario estaba lejos de haber terminado.

En los días que siguieron a su arresto, la fianza de Trino se fijó en un millón de dólares; dado su historial, las autoridades estaban preocupadas de que pudiera fugarse. Por otra parte, los niños de Chay estaban teniendo dificultades para hacer frente a lo que sucedía. Amaban a su padre y no querían que le pasara nada. Chiquis, en particular, estaba viviendo un momento muy difícil porque toda la familia de Trino había dicho por varios años que era una mentirosa, y ella estaba comprensiblemente afectada. Me sentí muy mal por lo que estaban pasando, y Chay también: como siempre, ella estaba ahí para apoyarlos en cada paso del camino. Ya estaba demasiado ocupada con lo que pasaba en casa, y me pidió que manejara en la medida de lo posible las peticiones que llegaban de la corte, los abogados y los detectives relativas a la investigación.

—Estudiaste leyes y conoces el *lingo* —me dijo—. Encárgate de esto.

Quería concentrarse en su familia y asegurarse de que los niños estuvieran bien.

Empezamos a hablar con las autoridades a finales de mayo de 2006, y se programó una audiencia preliminar para el próximo mes en la Corte Superior de Long Beach.

Trino consiguió un abogado de alto perfil, Richard Poland, que tenía un destacado historial en ganar casos de este tipo. El nuestro era un abogado designado por la corte, el fiscal de distrito adjunto Mark Burnley, que acababa de graduarse de la escuela de leyes y nunca antes había defendido un caso como este. Era David contra Goliat; sin embargo, no teníamos mucho qué decir sobre el tema, ya que era en última instancia un caso del estado de California: El pueblo contra José Trinidad Marín.

En una de las audiencias preliminares, los dos abogados argumentaron una y otra vez sobre si los medios de comunicación podrían asistir al juicio. Los abogados de Trino querían cámaras en la sala de la corte, a pesar de que, irónicamente, él había afirmado que las acusaciones en su contra no eran más que un truco publicitario orquestado por los Rivera. Por nuestra parte, pedimos con firmeza que los medios no estuvieran presentes. La popularidad de Chay no había dejado de aumentar en los últimos años y como era de esperarse, el escándalo ya había aparecido en todas las noticias.

Gracias a Dios, el juez coincidió con nosotros: no se permitirían cámaras en el interior, pero los periodistas, como cualquier otra persona interesada en el caso, podrían asistir.

El circo estaba a punto de comenzar.

El juicio duró más de un año. Durante doce meses, tuvimos que ir a la corte una vez al mes y en todo este tiempo, toda la familia Rivera —mis padres, mis hermanos, mi hermana y mis sobrinas y sobrinos— estuvieron allí para apoyarnos. Chay organizó su agenda para asegurarse de estar absolutamente disponible para cada cita en la corte, y lo mismo hicieron mis hermanos. Fue un año muy difícil para mí, pero saber que mi familia me estaba apoyando y ayudándome a superar las secuelas de un secreto que yo les había ocultado todos estos años me hizo comprender lo bendecida que soy.

Realmente lo soy.

Un año antes de que encontráramos a Trino, Chay estaba pasando por un momento particularmente difícil con Juan, su segundo marido. Había una joyería que tenía un eslogan que decía "Mujeres del Mundo, Levanten su Mano Derecha", con la intención de decirles que no tenían que esperar a que un hombre les comprara un anillo de diamantes. A Chay le encantaba la idea de prescindir de los hombres y adquirir lo que necesitaba por sus propios medios, así que fue y se compró un anillo de diamantes grande y hermoso que llevaba todo el tiempo. Terminamos llamándolo su "Anillo de la Victoria", ya que simbolizaba la manera como ella había alcanzado el éxito sin pisotear a nadie.

El día antes de que comenzara el juicio, Chay y yo estábamos pasando el rato y tratando de imaginar lo que iba a suceder, mientras nos dábamos valor y fortaleza para lo que estaba por venir.

De repente Chay deslizó el anillo de la victoria de su dedo y me dijo: "Esto representa una promesa que hice personalmente para mantenerme fuerte. Ahora debes tenerlo tú, hermana. Quiero que lo uses durante el juicio, sé que te ayudará a darte la fortaleza para salir adelante.

Y así lo hice. Lo llevé todos los días en esos doce meses y nunca me he sentido más fuerte.

. . .

Cada vez que íbamos a la corte, estaba llena a reventar. La familia de Trino se sentó en un lado, los Rivera en el otro, y los pocos asientos disponibles fueron ocupados por miembros ávidos de la prensa que informaron sobre todos los detalles del juicio. Antes de que Trino huyera casi una década atrás, había sido acusado de nueve delitos graves, incluyendo cargos de un acto lascivo con una niña menor de catorce años, asalto sexual agravado y abuso sexual continuado de una menor de edad. Fueron los mismos cargos que le imputaron en el juicio.

El abogado de Trino hizo varias mociones para desestimar el caso, pero todas fueron rechazadas. Transcurrieron los primeros meses y varios individuos dieron declaraciones. Pero cuando llegó el momento de que Chiquis y yo testificáramos, lo hicimos por separado. Las dos estábamos formulando cargos contra Trino y ninguna de la dos podía estar presente mientras la otra declaraba. Yo tenía veintiánco años, y Chiquis veintiuno. Habían pasado nueve años desde aquel día profético cuando le contamos todo a Chay.

Yo estaba aterrorizada. A pesar de que había esperado dieciocho años por este momento, sería la primera vez que hablaría con tanto detalle acerca del abuso que sufrí. Obviamente, yo había hablado largamente con terapeutas y consejeros, también habíamos hecho la entrevista de TV donde platicamos sobre las consecuencias psicológicas de lo que pasó, pero nunca antes había compartido realmente ninguno de los detalles. La idea de tener que hacerlo frente a mi familia, por no hablar de otras personas que ni siquiera conocía, se me hacía horrible. Incluso la idea de decirlo todo delante de Trino me puso nerviosa. Me parecía incómodo tener que compartir todos los detalles y eso me hizo sentirme avergonzada y culpable por lo que había sucedido. Era más fácil para mí perdonar a Trino que a mí misma.

Lupe, siempre el guardián de mis temores, sabía exactamente lo que pasaba por mi mente. Me dijo que mantuviera los ojos enfocados en los abogados y el juez —me sugirió que lo mirara a él—, pero nunca en Trino.

La noche anterior a mi declaración, cerré los ojos y oré.

—Por favor, Dios, habla a través de mí —le pedí.

Pude escuchar su respuesta:

—Quiero que sepas que no subirás al estrado sin Mí. Estarás en mi regazo: así como solías sentarte en el regazo de tu padre en la mesa de la cocina. Una época en la que sabías que eras amada.

Entonces abrí mi Biblia y vi el Salmo 27: *El Señor es mi luz y mi salvación; ¿A quién temeré? El Señor es la fortaleza de mi vida; ¿quién podrá amedrentarme?*

"El Señor me va a ayudar", me dije a mi misma. "El Espíritu Santo me dirá qué decir".

Cuando entré a la sala y me llamaron al estrado de los testigos, me negué a mirar a Trino porque sabía que sin importar cuál fuera su reacción, me afectaría. Así que hice lo que tenía que hacer para mantenerme en mis cinco: simplemente enfoqué mis ojos en Lupe, y recordé que no podía pasarme nada malo, pues estaba sentada en el regazo de Dios.

Conté los hechos tan claramente como pude y sentí que lo estaba haciendo bien. Pero cuando el abogado de Trino comenzó su interrogatorio, no supe qué iba a suceder. Tenía miedo de que me preguntara cosas que no pudiera recordar. E incluso si estás cien por ciento segura de lo que sucedió, te pones nerviosa cuando estás sentada frente a un juez, un jurado y un abogado que te están presionando con preguntas difíciles. Todo el tiempo me preguntaba: *¿Me creerán los miembros del jurado? ¿Estoy recordando suficientes cosas?* Y efectivamente, el abogado de Trino me presionó sobre los detalles de menor importancia que yo había olvidado, pero respondí todas las preguntas de la manera más honesta posible. Y si había algo que definitivamente no podía recordar, simplemente respondía: "No sé".

La parte más difícil fue relatar delante de mi padre todo lo que me había hecho Trino. Yo sabía que le estaba rompiendo el corazón con cada detalle que narraba.

Cuando llamaron a Chiquis al estrado, fui escoltada fuera de la sala, y oré por ella porque luego de saber todo lo que sentía yo, ella tenía que estar sintiéndose cien veces peor. Yo sabía lo mucho que amaba a su padre —probablemente tanto como yo amaba al mío— y no podía imaginar siquiera el dolor de tener que testificar en su contra.

Toda mi familia permaneció en la sala apoyando a Chiquis mientras yo esperaba afuera. El pasillo se sentía oscuro y solitario y el aire estaba quieto. Todo estaba tan silencioso que se podía oír la caída de un alfiler. Sin embargo, y a pesar de mis esfuerzos, no podía oír la voz de Chiquis. En realidad, no quería oír lo que ella decía; sabía que sería demasiado difícil de soportar, pero el silencio era enloquecedor. Y para no tener que imaginar las cosas que Trino podría haberle hecho a ella, enfoqué mi mente en todo lo que había a mi alrededor: en la dureza de la banca, en el frío piso de mármol, en el cuadro en la pared, mientras leía y releía el Salmo 27 para mantenerme en calma.

Cuando mi familia salió de la sala después de que Chiquis fuera interrogada, pude ver la tristeza y el dolor en sus rostros. Chiquis estaba llorando, y Chay la sostenía con fuerza. El pastor Pedro me susurró:

—Rosie, fue peor que lo que te hizo a ti. —Me abrazó y me dijo—: Todo va a estar bien, Dios nos va a restaurar a todos nosotros.

Salimos de la corte de justicia conmocionados y en silencio.

Al día siguiente, un doctor subió al estrado y habló de lo que vio luego de examinar a Jacqie cuando ella tenía ocho años. Declaró que las pruebas demostraban que había sido abusada sexualmente cuando era muy pequeña, muy probablemente entre los dos y los cuatro años.

Trino optó por no decir una sola palabra durante el juicio. En su mayor parte, mantuvo el rostro impasible y no denotó prácticamente ninguna emoción. Algunas veces sacudía la cabeza como si estuviera decepcionado, pero yo sabía que no era más que otro de sus trucos mentales, así que me esforcé para ignorarlo. Siempre que pudo, Richard Poland siguió insistiendo en que Trino era un hombre bueno, que siempre había sido un buen padre y que esto no era más que un truco publicitario de la familia Rivera, hambrienta de atención para salir en las noticias.

Pasaron los meses y un día de octubre de 2006 supimos que Trino había pagado la fianza. Nos quedamos en *shock*. ¿Cómo podía ser posible? ¿Cómo podía haber conseguido tanto dinero? Entonces supimos que tenía algunas propiedades, y que las había vendido o interpuesto un derecho de retención contra ellas.

Obviamente, al saber esto, nuestro mayor temor era que Trino desapareciera de nuevo. Si había estado nueve años prófugo, ¿qué le impedía hacerlo ahora? Pero nuestros temores se apaciguaron cuando Trino asistió a la próxima cita en la corte; se veía elegante con traje y corbata. Parecía seguro de que iba a ganar el juicio.

Su familia estaba convencida de su inocencia. Todos estaban allí para apoyarlo y se aseguraron de hacérnoslo saber en cada oportunidad que tuvieron. La familia de Trino nunca había querido a Chay. Él era el único varón entre varias hermanas que lo consideraban un Dios y, obviamente, Chay era indigna de tanta perfección. El hecho de que además de eso se hubiera convertido ahora en una artista famosa y que lo estuviera acusando de abusar sexualmente de menores hizo que la despreciaran aún más.

Las tensiones estaban exaltadas cuando la audiencia concluyó ese día. Trino actuaba con arrogancia, y esto no les gustó nada a mis hermanos. Mientras pasaba por nuestro lado de la sala, Trino miró a Lupe y le dijo algo. Michael —el hijo de Chay—, estaba sentado al lado de Lupe; escuchó lo que dijo Trino y sin pensarlo dos veces, se abalanzó y le dio un puñetazo en la cara.

—¡No le faltes al respesto a mi tío! —le dijo.

En lugar de devolverle el golpe a Michael, Trino le pegó a Lupe. Él y Michael persiguieron a Trino y pronto se desató el infierno. Alguien trató de separarlos, pero los esfuerzos pacificadores llegaron demasiado tarde y estalló la Tercera Guerra Mundial: los Marín y los Rivera lanzaban golpes a diestra y siniestra. Una hermana de Trino golpeó a Chay en la cara, quien fiel a su carácter le devolvió el golpe. Una tía de Trino comenzó a jalarle el pelo a Chiquis, diciéndole mentirosa. Mi madre y yo empezamos a gritar "¡Paren! ¡Paren! ¡Por favor paren!". Hasta el día de hoy, agradezco a Dios por el hecho de que mi hermano Juan se hubiera retrasado ese día y no llegara a tiempo para participar en la pelea; las cosas realmente se habrían salido de control.

Si yo no fuera una creyente, probablemente le estaría dando golpes a alguien en el suelo, pero sólo quería un poco de paz. Los familiares de Trino eran personas inocentes, y también fueron víctimas de sus mentiras. Sin embargo, también entendía que el dolor y la frustración de mi familia hiciera erupción luego de estar atrapada en un volcán durante los nueve años que lo habíamos buscado. No había nadie a quién culpar sino a Trino, y ahora sus víctimas eran más de tres. Todos los Rivera y los Marín tenían cargos de mentiras, dolor y vergüenza en su contra, aunque desafortunadamente eran cargos que no podían ser llevados ante un juez… y entonces trataron de hacer justicia por sus propias manos.

Veinte guardias de seguridad llegaron de improviso y cuando estaban a punto de arrestarnos a todos, mi hermano Pedro —el sabio pastor Pedro— entró y habló con la policía para que no arrestaran a nadie. Poco después, ambas familias admitieron su culpa y prometieron portarse bien en el futuro. Aun así, el juez nos hizo una advertencia y nos dijo que si algo como esto sucedía otra vez, todos terminaríamos en la cárcel.

A partir de ese momento, la seguridad fue reforzada no sólo en la sala de la corte, sino en todo el edificio. La familia Marín entraba por una puerta, y los Rivera por otra. Incluso nos mantuvieron separados en los pasillos.

Y entonces llegó el día de los alegatos finales. Richard Poland pidió al jurado conformado por seis hombres y seis mujeres que absolvieran a Trino de los cargos de asalto sexual agravado a Chiquis y a mí. Nunca olvidaré que el abogado permaneció de pie frente al jurado y les preguntó:

—¿Qué puede ser peor que un abusador de menores? Tal vez ser acusado falsamente de ser un abusador de menores.

Para él, nuestras denuncias no eran más que un truco publicitario. Yo no podía creer lo que oía. ¿Pensar que una madre hiciera pasar a su hija —para no hablar de su hermana— por un calvario como este sólo para vender más discos? ¿En serio? ¿Podría el jurado creer en semejante falacia?

Por nuestra parte, el fiscal del distrito se supeditó a los hechos. Les recordó a los miembros del jurado que, con base en las pruebas expuestas durante todo el juicio, era evidente que Trinidad Marín era culpable de lo que estaba siendo acusado. Él se había aprovechado de nosotras a una edad temprana, y había utilizado amenazas para salirse con la suya.

—Trinidad Marín es un depredador —dijo el fiscal—, y muy merecedor del más alto estigma del abuso sexual.

A continuación, la juez dio instrucciones al jurado. Vestido con un traje a rayas y con una expresión muy seria, Trino permaneció inmóvil en la sala de la corte. Luego de deliberar por unas pocas horas, el jurado regresó con un veredicto. Su decisión fue unánime: lo declararon culpable de ocho de los nueve cargos.

Trino fue esposado y conducido fuera de la sala mientras su familia lloraba con incredulidad. Me sentí muy mal por ellos, pero especialmente por los hijos de Trino. Nunca habían hecho nada para merecer esto. Yo había perdido mi infancia y mi inocencia. Pero ese día, los niños de mi hermana estaban perdiendo a su padre por segunda vez y mi corazón se rompió en mil pedazos.

Se hizo justicia, pero fue una experiencia agridulce.

La sentencia de Trino se fijó para el 20 de junio de 2007. A medida que la fecha se acercaba, yo sentía que el Señor me preguntaba: "Hija, ¿qué quieres para Trino?".

Pero yo no tenía una respuesta. Durante años había querido que Trino fuera castigado por lo que había hecho, pero ahora que me enfrentaba a esa realidad me quedé sin palabras. ¿Qué precio podía ponerse a mis dieciocho años de sufrimiento? ¿Cómo podía medirse? ¿Cuál era el valor de mi niñez? Yo simplemente no lo sabía. Sólo podía pensar en Chiquis, Jacqie y Michael, y en lo triste que era para ellos tener que crecer sin un padre; en lo triste que era que todo esto hubiera sucedido; en lo triste que era que la vida de Trino hubiera terminado así. También me sentí muy mal por sus otros dos hijos... pero tal vez, y sólo tal vez, yo había salvado a su hija del abuso sexual. Las estadísticas muestran que los abusadores sexuales empeoran con el tiempo: lo que Trino le hizo a Chiquis fue mucho peor de lo que me hizo a mí, así que no pude dejar de pensar que tal vez había lastimado —o lastimaría más— a la hija que tuvo con su segunda esposa.

Aunque durante muchos años me había convencido de lo contrario, yo sabía que ver a Trino encarcelado no le traería alegría a mi corazón o a mi alma. Sí, el hecho de haber sido confrontado con sus actos y de que fuera llevado ante la justicia me ayudó a sanar, y ya podía respirar mejor; estaba en paz. Pero yo sabía que su castigo, aunque necesario, no me daría sanidad; esa sólo Cristo me la dio.

Entonces escuché a Dios preguntarme: "¿Qué es la justicia para ti?".

Una vez más, yo no sabía, pero contesté: "Lo que quiero real y verdaderamente es que su corazón cambie hacia Ti; que se arrepienta de lo que hizo y reconozca la verdad". Me di cuenta que no necesitaba escuchar a Trino decirme "Lo siento", pero le dije al Señor: "Lo que sea necesario para que esté solo en una celda y tenga un encuentro y se reconcilie contigo; eso es lo que quiero". No me importaba si esto tardaba un día, seis meses o cuarenta años.

Mis palabras eran completamente sinceras. Yo esperaba con todo mi corazón que él también encontrara consuelo en Dios, y que tal vez algún día se convirtiera en su testigo. Oré por la diferencia que él podía hacer en la vida de las personas si sólo compartiera su propia verdad con los demás y les mostrara que a pesar de todo el dolor y el sufrimiento que había causado, y a pesar de todas sus malas acciones, Dios lo ama. Dios siempre lo amará.

. . .

El día de la sentencia final tuvimos la oportunidad de hablar ante el juez. Esta vez, Trino llevaba de nuevo el uniforme carcelario de color naranja.

Yo había escrito lo que iba a decir: "Perdí mi inocencia cuando tenía ocho años. A partir de ese momento en adelante, perdí mi confianza en los hombres, en mí misma y en el mundo. No puedo decir cuál sería la sentercia correcta en este caso. No sé cuánto vale la infancia de una persona. Ya no podía mirar a mi sobrina a los ojos por la terrible culpa que sentía. Si yo hubiera hablado sobre mi abuso cuando sucedió, tal vez esto nunca le habría pasado a Chiquis".

Ante esto, la juez me dijo:

—Toda la culpa es de Marín, no suya.

Michael, el hijo de Chay, nunca dijo una palabra durante el juicio, pero miró directamente a su padre después de la sentencia y le dijo:

—Papá, lo único que quiero decirte es "Adiós", porque nunca tuve la oportunidad de hacerlo.

Oír esas palabras fue desgarrador. Especialmente porque él tenía sólo cinco años cuando su padre lo abandonó, y Trino no lo llamó ni intentó ponerse en contacto con él ni una sola vez. Después supimos que Trino había buscado a Chiquis: fue incluso a su prepa para poder verla desde lejos, pero no buscó a su hijo ni una sola vez.

Chiquis fue la última en hablar. Miró a su padre y le dijo:

—Papá, no teníamos que llegar a este punto. Ninguno de nosotros quería esto. Sólo necesitábamos que reconocieras el hecho de que no somos mentirosos. Pero ahora que estamos aquí, quiero que sepas que te perdono y te quiero.

Entonces miré directamente a Trino, pensando que era su oportunidad de mostrar un poco de remordimiento; de mostrarle a Chiquis que la amaba. Pero en el instante en que Chiquis dijo "Te quiero", él puso los ojos en blanco y miró hacia otro lado.

Me dieron ganas de matarlo. ¿Cómo podía hacerle eso a su propia hija? Y aunque no se preocupara por ella, ¿cómo podía ser tan *estúpido* de hacer eso frente a la juez? Mi pobre Chiquis; nada podría haber sido más doloroso para ella, lo cual se vio reflejado en su rostro. Por mucho que lo intentara, ella no podía ganarse el amor de su padre. Se me cayó al alma a los pies y dije: "Señor, haz lo que tengas que hacer".

Joan Comparet-Cassani, la Juez Superior de la Corte, les dijo a todos los asistentes: "He oído todo lo que necesito saber". Afirmó que consideraba el abuso de menores como uno de los tres crímenes más horrendos —sólo por debajo del asesinato y la tortura— y añadió: "Abusar sexualmente a tu propio hijo es una traición de la peor especie".

Y luego sentenció a José Trinidad Marín a treintaiún años a cadena perpetua sin posibilidad de libertad condicional. Él tenía cuarenta y tres años en ese momento, lo que significa que no puede ser dejado en libertad hasta que tenga por lo menos setenta y cuatro años de edad.

Los lamentos de su familia llenaron la sala de la corte mientras Trino, derrotado y abatido, fue escoltado de vuelta a la cárcel.

Como su juicio había sido un caso de muy alto perfil que involucraba el abuso sexual de menores, Trino recibió protección adicional en la cárcel. Algunos presos nos enviaron mensajes para hacernos saber que si Chay les pagaba a sus familias una cierta cantidad de dinero, estarían dispuestos a echarse a Trino. Chay se horrorizó, y obviamente les dijo que no.

Pocos meses después de su encarcelamiento, la familia Marín contactó a Jacqie para hacerle saber que su padre deseaba verla; quería que fuera a visitarlo a la cárcel. Jacqie, cuyo corazón estaba roto desde el día en que su padre desapareció cuando ella tenía ocho años, se sintió emocionada ante la perspectiva de verlo. Es comprensible que extrañara a su padre, y realmente quería visitarlo.

Chay, fiel a su creencia de nunca mantener alejado a un padre de sus hijos, sintió que era el momento adecuado. Independientemente de lo que había ocurrido, ahora que Trino estaba tras las rejas, ella estaba dispuesta a que sus hijos tuvieran una relación con su padre, así que aceptó, pero sólo con una condición: él tenía que ver a sus tres hijos. La respuesta de Trino regresó a los pocos días: vería a todos menos a Chiquis.

Y con esto, le rompió el corazón una vez más a ella.

Chay no iba a permitir que él lastimara de nuevo a su *baby girl*. "Si él no los ve a ustedes tres, no verá a ninguno de ustedes".

Los niños estuvieron de acuerdo, y hasta la fecha no han visto a su padre.

La vida continuó. Con Trino condenado y en la cárcel, todos sentimos que podríamos cerrar finalmente este capítulo y seguir adelante. Aunque el efecto de las acciones de Trino siempre será una parte de lo que soy y de lo que he elegido ser, el hecho de que se hiciera justicia marcó una diferencia. Tuve la oportunidad de alejarme de mis demonios y he sido capaz de sanar, perdonar y de seguir adelante. Estoy adornada con la justicia y esas son las mejores joyas. Sin embargo, todo lo que he vivido hasta este momento de mi vida es una parte de lo que soy. Todo lo que he hecho, todo lo que he sentido, todo lo que he recibido y experimentado... *Todo* ello me ha convertido en la persona que soy actualmente.

Es por eso que no estoy molesta con Dios por mi abuso sexual. Estoy en un punto de mi vida donde lo acepto y agradezco ser quier soy que soy. Sé que Él no permitió que sucediera. Sé que estamos en un mundo caído, donde la gente comete errores y pecados. El abuso sexual fue el pecado de Trino. El mío fue tener un aborto. Tanto Trino como yo necesitamos perdón. Los dos necesitamos arrepentirnos. Sigo pensando que mi crimen fue más grave porque arrebaté una vida, y él no. Sin embargo, me he perdonado a mí misma y he perdonado Trino: sé que Dios nos ayudará a encontrar el propósito en lo que nos ha dado para vivir.

A medida que pasaba el tiempo y pensaba más y más en estas cosas, y en encontrarle un sentido a mis sentimientos más íntimos, sentí la necesidad de desahogar mi corazón con Trino. Él había oído mi testimonio en la corte, pero yo aún tenía cosas que quería decirle, así que a principios de 2012 decidí escribir mis pensamientos.

Trino:

¡Por favor no rompas esto! Por favor, toma el tiempo para leerlo. Te lo ruego, por tu bien y por el mío. No quiero hacerte daño; simplemente tengo que decirte las cosas que he mantenido en mi corazón por todos estos años. Te ruego que sigas leyendo. Hoy fui al swap meet *de Paramount, y mientras estaba en el estacionamiento, sentí una extraña sensación en la boca del estómago. Un sentimiento antiguo y familiar se apoderó de mí. Mi vieja amiga Tristeza se unió a mí.*

Mientras caminaba por las filas y filas de mercancía para la venta, retrocedí más y más en mi infancia. Traté de pensar en todos los hermosos recuerdos que tenía de jugar con mis hermanos: de Lupe y Juan, o de mi mamá y papá trabajando juntos y construyendo un imperio de la nada… pero, como de costumbre, todos mis recuerdos de infancia me llevan de nuevo a ti.

Durante dieciocho años, desde que tenía ocho hasta mis veintiséis, pensé en ti todos los días de mi vida. No creo que exista otra persona en este mundo que haya pensado tanto en ti como lo he hecho yo.

En los buenos momentos, cuando me siento fuerte, compasiva y bondadosa, pienso en ti. En los malos momentos, cuando me siento débil, fea y sin valor, mis pensamientos están contigo. Cada vez que escucho la palabra sexo, tu cara está en mi mente. Hoy, siento tu espíritu cerca de mí, y a veces creo verte en otros hombres.

Siempre me he preguntado si alguna vez has pensado en mí, en esa niña güera cuya vida marcaste para siempre en el verano de 1989. ¿Alguna vez has dedicado tres minutos a pensar en la manera como afectaste a una niña inocente y en cómo el peso de todo el mundo cayó sobre sus hombros?

Tengo un centenar de preguntas, pero por fin he llegado a aceptar el hecho de que tal vez nunca pueda obtener las respuestas que necesitaba con urgencia mientras crecía. Puedo vivir con preguntas sin respuesta, pero me niego a vivir en este silencio ensordecedor. En última instancia, tú sabrás lo que he soportado durante tanto tiempo. He recuperado la voz que me robaste, y ahora me dirijo de nuevo a ti.

Trino, creo firmemente que Dios te ha confinado a las

cuatro paredes de tu prisión para que no puedas huir más de mí. No puedes ignorar o esconderte de mis pensamientos, mis sentimientos y mi verdad. De nuestra verdad.

Te quise cuando yo era una niña de ocho años y estaba con Chay, mi querida hermana mayor. Te quise como su marido. Pensé en ti como en mi hermano mayor y admiré el amor apasionado y profundo que ella sentía por ti. Mi hermana era, y es, mi héroe. A mi modo de ver, no podía hacer nada malo. Chay fue una de las mujeres más inteligentes que he conocido, y si ella te eligió como marido, entonces tenías que ser un buen hombre, ¿verdad? Yo vivía para agradar a Chay y recibir su amor. Todo lo que hacía y decía era para hacerla sonreír y reír. Si ella te amaba, yo también. Si ella te defendía, yo te defendía. Cuando ella te perdonó por golpearla, yo también te perdoné. El corazón puro de una niña suponía que si ella me amaba y tú la amabas, entonces tú también me amabas, ¿verdad?

Todo lo que yo conocía era el amor. Ser la bebé de mi familia significaba que todo lo que recibía era amor y protección. Su deber era cuidarme y amarme; eran las órdenes de papá. Pensé que todo el mundo lo haría, sobre todo en mi familia. Tú eras el marido de mi hermana, y un hermano mayor que me protegería. ¡Falso! ¡Estaba totalmente equivocada!

El primer recuerdo que tengo de ti y de mi infancia fue en el cuarto vacío de Chiquis en el tráiler home de Carson, California. Visitar a Chay significaba dos cosas maravillosas: en primer lugar, poder pasar tiempo con mi hermana. Y en segundo lugar, no tener que ir a trabajar al swap meet sucio y caluroso. Siempre que podía, yo escogía ir a la casa Chay para no trabajar.

Una alfombra azul oscura y una desgastada cobija San Marcos era todo lo que había en el cuarto donde Chiquis, mi primera amiga, y yo, estábamos jugando Barbies. Los cálidos rayos de sol se filtraban a través de la ventana abierta. Yo podía oler el aroma de la salsa de carne de los famosos espaguetis con albóndigas de Chay. Era mi plato favorito y ella me lo preparaba siempre que yo se lo pedía. Los espaguetis se han convertido en el símbolo del día que destruyó mi vida.

Chiquis y yo nos asustamos luego de oír los gritos y las maldiciones procedentes de la sala. Entonces le recordé que tú y Chay peleaban todo el tiempo y que arreglarían las cosas en cualquier minuto. Todo estaría bien. Ella me creyó tanto como yo misma lo creía.

El silencio tras el portazo era inédito, por lo que Chiquis y yo decidimos salir de la habitación y echar un vistazo a la zona de batalla. Para mi sorpresa, ustedes habían estado en la cocina pero ahora Chay no se veía por ninguna parte. ¿Te acuerdas que te pregunté dónde estaba Chay y me dijiste con calma que había ido a la tienda a comprar algo para la cena? Nos aseguraste que todo iba a estar bien y nos dijiste que fuéramos a jugar. Chiquis y yo regresamos felices a nuestras muñecas y a nuestro mundo de fantasía.

Después de un tiempo, entraste a la habitación y le dijiste a Chiquis que se marchara. Ella empezó a protestar, pero la gritaste de inmediato. Yo estaba sobresaltada y confundida, pues no sabía por qué Chiquis tenía que marcharse, pero seguí jugando en silencio. Una vez que mi pequeña amiga se fue, me dijiste que me acostara en la cobija. Te miré a ti, tan grande y alto, y me pregunté por qué.

Me explicaste amablemente que jugaríamos un nuevo juego. Me gustaban los juegos y estaba emocionada de aprender algo nuevo y de contárselo todo a Chiquis. Me ordenaste cerrar los ojos, acostarme en la cobija y poner las Barbies a un lado.

Nunca más volvería a ver esas muñecas de la misma manera. Las dos Barbies rubias fueron los únicos testigos del horrendo crimen que estaba a punto de perseguirme por el resto de mi vida. Me quedé tan silenciosa y congelada como ellas. Me convertí en una Barbie humana de ocho años bajo tu poder y control.

Fui la primera muñeca viviente de mi hermana pero ella nunca quiso que jugaran así conmigo. Te obedecí, pues mi madre me había enseñado a obedecer siempre a los mayores. Mi mundo se volvió negro debajo de mis párpados y de tus toques. Acercaste tus labios a mi oído izquierdo mientras susurrabas "Jugaremos a amarnos el uno al otro". El amor era lo más hermoso del mundo, así que pensé que iba a disfrutar realmente de ese juego.

La confusión comenzó a reinar mientras tus labios besaban mi cuello y tus manos grandes se metían debajo de la cobija y en mi ropa interior. Mientras estabas acostado a mi lado, Chiquis entró y te hizo una pregunta que me perseguiría por el resto de mi juventud. "¿Vas a jugar con ella de la forma como juegas con mamá?".

Le gritaste a Chiquis que se fuera y ella cerró rápidamente la puerta al salir. Yo ya estaba segura de que algo no estaba bien. ¿Cómo podías jugar conmigo el mismo juego que jugabas con Chay? ¿Chay se enojaría conmigo por jugar su juego? ¿Por qué Chiquis no podía jugar también?

Yo estaba aterrorizada de lastimar a Chay y abrí la boca

para hablar, pero me dijiste que no me preocupara, que todo iba a estar bien.

A pesar de toda mi incertidumbre, yo confiaba en ti y me quedé acostada allí mientras me tocabas en lugares en los que nunca antes me habían tocado. Me pareció una eternidad, y entonces te levantaste de repente y te fuiste sin pronunciar palabra.

Amor. Eso era el amor. Eso que había sucedido significaba que me amabas y que yo te amaba. Estaba asustada y desconcertada, pero sabía que era amada. No podía esperar a que Chay volviera a casa.

No me acuerdo de comer los espaguetis o a qué hora regresó mi hermana mayor. No tengo otros recuerdos de ese día o de ningún otro contigo hasta la próxima vez que quisiste jugar el "juego del amor".

Después de todos estos años, aún puedo recordar vívidamente los detalles de la recámara, tu respiración y la cara inocente de Chiquis. Me acuerdo también de la confusión, la cual me siguió en los próximos años. Hasta el día de hoy, me pregunté si recordabas aquel primer encuentro. Supongo que lo has bloqueado para protegerte de una conciencia culpable.

Tal vez hayas engañado a tu familia, a tu abogado e incluso a ti mismo de que esto nunca sucedió, pero hoy, cuando leas mis palabras, ya no podrás esconderte de la verdad. Tocaste mis partes más privadas y me robaste mi inocencia.

Ahora, a medida que lees esto completamente solo en la celda de tu prisión, quiero que reflexiones sobre esa niña que nunca, nunca, será la misma. Recuerda sus grandes ojos cafés y su sonrisa resplandeciente, pues se desvanecieron

*después de ese primer encuentro con el "amor". Me los
arrebataste mientras salías de la habitación y me dejaste
sola y violada. Perdí el juego ese día, y en muchos de los
siguientes.*

*Te escribo mis recuerdos por si acaso has tratado de
borrar los tuyos. Ojalá pienses en mí todos los días como
yo he pensado en ti. Estamos conectados, tú y yo, para
siempre. Ya sea que me amaras o no, quiero que sepas que
yo te amé cuando era niña. Todo se vale en la guerra y en el
amor. Ya veremos quién gana.*

—Rosie

Yo quería que Trino entendiera que aunque lo perdonaba, yo
nunca olvidaría lo que me hizo. Le envié mi carta pero nunca recibí una respuesta. Aun así, el hecho de escribirla y enviarla me dio
una sensación de paz. Me permitió liberar las profundidades de mi
alma y seguir adelante con mi vida. Sí, yo había perdonado a Trino
y había dejado la justicia en manos de Dios, pero yo oraba para
que, de alguna manera, él confrontara el pasado cara a cara como
requisito previo para encontrar su propio perdón.

trece

amando a abel

Cuando mi hija Kassey tenía unos cinco años, comencé a orar para que Dios me enviara un hombre que entendiera el compromiso que yo había hecho con Él, y caminara por el mismo camino.

Había varios muchachos de la iglesia a quienes les gustaba, pero el pastor Pedro me aconsejó: "No apresures el asunto. Dale un par de años. Siento que vas a casarte con un hombre que tiene un corazón para el ministerio".

Decidí escuchar a mi hermano, pues sabía que era muy mala para escoger hombres. Después de todo, nuestros hermanos solían decirnos siempre a Chay y a mí: "Para ser dos mujeres inteligentes, no hay duda de que son muy mensas para escoger hombres". ¡Y dado nuestro historial hasta ese momento, ¡tuve que admitir que tenían razón!

Eso no me impidió, sin embargo, suplicarle a Dios todos los días por un esposo amoroso. Mi suerte *tenía* que cambiar; yo lo sabía. Oré: "Señor, no soy buena para escoger hombres, así que por favor escoge uno para mí, una persona que sea buena con mi hija y que no le haga daño". Y para probarle a Dios lo mucho que confiaba en Él y lo mucho que creía que me iba a enviar al hombre adecuado, comencé a ahorrar para mi boda. Cada mes guardaba 400 dólares como una forma de mostrarle a Dios, y a mí misma, lo mucho que yo creía ya en mi futuro.

Desde el momento en que entregué mi vida al Señor, empecé a salir con un nuevo grupo de amigos, y todos eran miembros del equipo de adoración en la iglesia. No es que me hubiera alejado de mis viejos amigos, era sólo que la estaba pasando tan bien explorando esta nueva parte de mi vida que quería pasar todo el tiempo posible hablando del Señor y pensando en Él. Además, se trataba de amigos que, al igual que yo, no bebían, fumaban o fornicaban, por lo que yo sentía que no tenía que explicarles nada. Y en ese momento, cuando aún tenía que hacer un esfuerzo para mantener a raya la tentación, me parecía que era lo correcto. Simplemente podía ser yo misma.

En el grupo había un joven que se llamaba Abel Flores. Yo lo había conocido desde que comencé a asistir a la iglesia de nuevo, y nos hicimos amigos. Me caía bien, pero después de la advertencia del pastor Pedro, permanecí alejada de la posibilidad de una relación.

Pero a veces las cosas suceden, ¡incluso cuando *no* quieres que sucedan! Una tarde, cuando mis amigos y yo habíamos planeado reunirnos en un restaurante, todos cancelaron en el último minuto por una razón u otra, excepto Abel y yo. Por mi parte, no tenía ninguna intención de cambiar mis planes, así que seguí adelante, llamé a Abel y le dije: "Parece que sólo seremos tú y yo".

Esa noche terminamos yendo en carro a Hollywood, caminando por Sunset Strip y pasándola muy bien, riéndonos y platicando. Abel y yo fuimos al Believe It or Not! de Ripley y lo disfrutamos, salvo cuando llegamos a la exposición sobre la muerte: no me sentí bien al leer sobre todo tipo de formas extrañas en que habían muerto aquellas personas. Abel notó enseguida que me sentía incómoda, por lo que me agarró de la mano y me llevó a otra sala llena de vida y de luz. Yo no sabía que más tarde, él le haría esto mismo a mi corazón. Fue una de esas noches donde todo era tan fluido y divertido que el tiempo pasa volando, y antes de que lo sepas es el momento de volver a casa. Cuando lo dejé en su casa esa noche, Abel comentó:

—Bueno, nuestra pequeña cita ha terminado. Ahora, de vuelta a la realidad.

Lo que él dijo realmente se me quedó grabado, porque ya fuera que estuviera dispuesta a admitirlo o no, yo pensaba eso mismo muy dentro de mí. Y realmente me agradaba la idea de que él pensara que se había tratado de una cita. En las semanas siguientes, sentía mariposas en el estómago cada vez que estaba a su alrededor, pero rápidamente me recordaba a mí misma: *Oh, no, Abel no: es sólo un amigo.*

Sin embargo, con el paso del tiempo me di cuenta de que sin importar lo mucho que lo intentara, no podía quitarme esas mariposas de encima; de hecho, no podía dejar de pensar en él así estuviéramos o no en un mismo lugar. Tenía ganas de verlo cada semana en la iglesia, y cada vez que planeábamos una de nuestras salidas en grupo me encontraba preocupándome por cómo me veía, lo que me iba a poner... y todo porque yo estaba pensando en Abel. Luché contra mis propios sentimientos durante mucho tiempo hasta que me di cuenta de que no estaba teniendo éxito y tuve que reconocer lo que pasaba. Estaba enamorada de Abel. Entonces, en lugar de continuar la batalla en contra de mi propio corazón, decidí ser honesta y hacerle saber lo que estaba sintiendo, me armé de valor y di el primer paso al textearle las palabras "Hey, creo que me gustas".

Le envié el mensaje porque estaba casi segura de que yo no le gustaba, y sabía que él era honesto y me diría la verdad. Me sentiría decepcionada apenas me dijera que yo no le gustaba, pero al menos podría seguir adelante y dejar de perder el tiempo pensando en él.

Así que me estaba preparando para un rechazo cuando casi de inmediato me respondió con otro mensaje que decía: "Tú también me gustas".

Exhalé un gran suspiro de alivio. ¡Yo también le gustaba! Pero también... *Oh, no, ¿y ahora qué?*

Abel y yo empezamos a salir poco después y desde el principio nos llevamos extraordinariamente bien. Es un hombre muy amable, cariñoso y maduro para su edad, y hay algo en él que siempre te hace sentir cómoda y segura. Y después de la montaña rusa de mi vida amorosa, estar con Abel me permitió sanar de una manera que nunca podría haber imaginado; era la primera vez que estaba en una relación en la que realmente me sentía bien conmigo misma. Y no sólo de vez en cuando: él me hacía sentir bien todo el tiempo. Era divertido y cariñoso, y siempre que estábamos juntos me sentía feliz y cuidada. Y no sólo eso, *realmente* me gustaba: ¡*Really!* ¿Cómo no iba a hacerlo? Era un romántico empedernido y me llevaba serenatas a mi ventana a las 4:00 a.m., pero también oraba por mí cuando más lo necesitaba. Me llevó más cerca de Dios, que era lo que más necesitaban mi espíritu y mi alma en ese momento. Fue misericordioso como Jesús y me dijo que mi pasado había desaparecido. Él no lo veía y ni siquiera quería saber de él. Para Abel, yo era una nueva creación... Él me aceptaba como yo era, y fue entonces cuando supe que quería casarme con él.

Soy diez años mayor que Abel, y aunque al principio esto fue un gran problema para mí, Abel nunca lo vio como un obstáculo. Él sabía que me amaba, y gracias a su perseverancia, su amor por el Señor y su madurez, me convenció en menos de un año. Sin embargo, nuestras familias pensaban distinto. No aceptaron nuestra relación en absoluto y esperaban que fuera algo pasajero; algo que no tardaríamos en dejar atrás. A nuestras madres no les gustaba para nada la situación e incluso mi hermana era escéptica.

—Este... hay un muchacho en la iglesia, hermana —le dije un día a Chay, cuando yo acababa de comenzar a salir con Abel—. Creo que me gusta.

Chay estaba grabando un video musical, y le conté esto en uno de sus descansos.

—¿¿En serio?? —me preguntó entusiasmada. Ella sabía lo mucho que yo quería conocer a un hombre—. ¿Lo conozco?

—Sí, hermana —contesté—. Es Abel.

Hizo una pausa por un momento, entrecerrando los ojos mientras trataba de identificarlo.

—¿Abel? ¿Te refieres al amigo de Pety? ¿El muchacho de iglesia?

—Sí, hermana. Abel Flores —respondí—. Está en el grupo de alabanza.

—Oh, hermana, no seas ridícula —dijo de inmediato, riendo a medias, de una manera curiosa e incluso comprensiva—. ¿De veras, hermana? ¿Me vas a decir esto a mí?

—De veras, hermana. Me gusta mucho.

—No te preocupes, hermana —dijo ella—. ¡Ya sé te pasará, ya sé te pasará!

—No, hermana! ¡No quiero que se me pase! —objeté—. ¡Lo digo en serio! ¡Me gusta!

—Hermana... realmente... ¡No te preocupes por eso! Lo superarás.

—¿Pero por qué, hermana, ¿no te cae bien? —le pregunté.

—No es que no me caiga bien, hermana, es que es demasiado joven.

—¿Qué quieres decir con que es demasiado joven?

—Eso mismo. Es diez años menor que tú —dijo ella.

—¿¿Y?? —exclamé en tono burlón—. ¿Qué pasa contigo y con Ferny?

—Oh, Ferny y yo, eso es diferente. Somos mayores.

No había ninguna diferencia, ¡y Chay lo sabía! Ferny era diez años más joven que ella, y Chay lo adoraba. Por mucho tiempo, en realidad no me creyó cuando le dije que me gustaba Abel y lo descartó como un encaprichamiento con el grupo de alabanza. Sin embargo, comenzó a preocuparse a medida que las cosas se hicieron más serias entre nosotros. Abel le caía bien y, obviamente, estaba feliz de que yo hubiera encontrado alguien a quién amar y que me amara, pero no podía pasar por alto nuestra diferencia de edad. Aunque Ferny era el amor de su vida, ella terminó por romper con él y concluyó que, en última instancia, la diferencia de edad había sido uno de sus muchos problemas. Ella me decía que todas las relaciones pasan por momentos difíciles, y que la diferencia de edad terminaba por hacer que esos momentos y situaciones fueran un reto aún mayor. Y aunque yo entendía que mi hermana se estaba preocupando por mí, también sabía que estaba equivocada en el caso de Abel y yo. Había algo poderoso entre nosotros que trascendía la edad y los problemas que pudiera causar.

Nuestro noviazgo duró tres años: todo un récord para mí, ya que nunca había estado realmente en una relación a largo plazo. Lo maravilloso de estar con Abel era que él ya lo sabía todo de mí, y yo no tenía que explicarle nada. Él me ama por lo que soy, nunca he tenido que fingir con él, y nunca he tenido que tratar de ser alguien que no soy. Todo lo que tengo que hacer es ser yo misma, y eso es maravilloso.

Desde el momento en que empezamos a salir, le dije muy claramente a Abel acerca de mi abstinencia sexual. Desde el día en que cambié, me había prometido no tener sexo hasta que me casara y tenía la intención de que así fuera. A mi juicio, desde el momento en que me volví a conectar con Dios, yo había nacido de nuevo y mi pasado había sido borrado. Yo creía totalmente que era la "nueva criatura" de la que habla la Biblia, y quería salvarme a mí misma para mi futuro esposo. Abel entendió y estuvo plenamente de acuerdo conmigo. Él también se estaba salvando a sí mismo para el matrimonio.

Pero justo cuando crees que tienes todo bajo control, la vida te la pone difícil. Un tiempo después de comenzar nuestra relación, y a pesar de nuestras mejores intenciones, Abel y yo caímos en el pecado sexual. Una cosa llevó a la otra, y aunque fue algo hermoso y significativo para nosotros dos, rompimos nuestra promesa y eso trajo mucho dolor. Nos sentimos muy mal y no sabíamos qué hacer. Al principio tratamos de mantenerlo en secreto. Nadie lo habría sabido si no hubiera sido por el hecho de que el pastor Pedro me lo preguntó sin tapujos. Puedo ser muchas cosas, pero hay una cosa que no soy, y es ser mentirosa. Simplemente no me gusta mentir, soy terrible para eso; es algo que se me nota. Y cada vez que lo intento, acabo confesando dos segundos después. Así que cuando Pedro me preguntó si había tenido relaciones sexuales con Abel, ¡no tuve más remedio que decir la verdad! Odiaba estar en pecado, me sentí como una mentirosa y una hipócrita, así que me tranquilicé un poco luego de confesar. Era como si Dios realizara una misión de rescate antes de que yo perdiera mi relación con Él.

No podía creerlo cuando se lo dije. Se llevó las manos a la cabeza y exclamó:

—¡Hermana! Pero, ¿por qué me lo dijiste?

—¿Y por qué me lo preguntaste? —le contesté. Yo estaba avergonzada de lo que había hecho, ¡pero desde luego no iba a mentir!

—¡Ahhh, Rosie! ¡Es algo que pregunto a todas las parejas de la iglesia para ayudarle a mantenerse puros! —comentó—. ¿Y ahora qué vamos a hacer?

Yo estaba muy avergonzada. ¡Y tener que contárselo a mi hermano mayor! ¡De entre todas las personas! Con el tiempo, toda la congregación se enteró y estuve en serios problemas: no sólo había incumplido mi promesa, sino que también había irrespetado gravemente a todos a nuestro alrededor y me sentía horrible. Era extraño pensar que tan sólo unos años atrás, algo así no me hubiera importado en lo más mínimo, pero ahora, pensar en lo que había hecho no me dejaba dormir. Sentí que mi mundo se estaba desmoronando. Y cada vez que mi mundo empezaba a desmoronarse, había una persona que yo sabía que siempre podía llamar. Mi hermana.

—Hermana, tengo un problema muy grave con la congregación —comencé a explicarle, con un tono serio en mi voz.

—Está bien, hermana, vas a estar bien... no te preocupes —dijo ella con calma.

—Hermana, me preocupa que no vaya a estar bien, estamos hablando de toda la congregación. ¡Son casi doscientas personas! —le dije. Ella me escuchó pacientemente mientras le contaba toda la historia.

—Bueno hermana, creo que tenemos casi el mismo problema —me dijo cuando terminé de hablar—. Tú estás en problemas con doscientas personas pero yo lo estoy... diría que... con dos millones.

—¿Qué? —pregunté con incredulidad.

—Sí, ¿te acuerdas de ese tipo que me gustaba? ¿El que es como veinte años menor que yo?

—Sí, claro que me acuerdo. El chico de tu banda.

—Exactamente. Ese mismo —dijo—. Bueno, me acabo de enterar de que alguien filtró un video en el que yo le daba sexo oral.

—¿¿En serio?? —dije casi cayéndome de la silla.

—Sí, hermana... una vez más, parece que estamos conectadas de algún modo. Así que algo me dice que vamos a estar bien.

Chay trataba de parecer fuerte, pero noté que estaba devastada por dentro. Lloré por ella y por mí. ¿Cómo podía alguien hacerle esto a mi hermana?

—Oh, hermana, ¿qué vas a hacer? —sollocé.

—No sé, hermana —respondió ella—. ¿Qué *debo* hacer?

Me pareció increíble que mi hermana me pidiera consejos: la mujer más fuerte del mundo me estaba pidiendo consejos a mí. Después de todo lo que ella había hecho por mí, poder ayudarla esta vez me hizo sentir muy bien.

—Hermana, creo que la verdad siempre es lo mejor —le dije—. Mucha gente se graba con sus parejas, no hay nada de raro en eso —añadí—. ¡Pero *él* es un gacho por haberlo filtrado!

Al día siguiente, el escándalo de la grabación sexual estalló y ella recibió mucha presión en Internet y en las redes sociales. Fue muy exasperante ver a la gente juzgar a mi hermana por algo privado que había sucedido entre dos personas. Estaba visiblemente dolida, así que fui a verla a uno de sus eventos. Estaba alojada en un hotel, y fui a la habitación para estar un tiempo con ella antes del concierto, sin saber muy bien cuál sería su estado de ánimo. Abrió la puerta con una gran sonrisa y me dio un gran abrazo. Noté que estaba feliz de verme. Más tarde supe que había estado llorando en el clóset, pero no lo sabía en ese momento. Todo lo que vi fue a mi fuerte, hermosa y brillante hermana mayor, sonriendo y en control de la situación. *She's good,* me dije a mí misma. Mi hermana siempre esta bien.

Nos acostamos un rato en la cama y platicamos. (Esos momentos en los que hablamos acostadas en la cama son invaluables para mí. Nos reímos, lloramos... incluso la vi quedarse dormida en paz. Me encantaba verla descansar).

De repente, Chay dijo:

—Entonces, ¿quieres verlo?

—¿Ver qué? —le pregunté.

—¡El video!

—¡No, hermana! —le dije—. ¿Estás loca? ¡No quiero verlo!

—Oh, vamos, échale un vistazo —dijo.

—*Please*, no, hermana, ¡no! ¡No quiero verlo! —dije riendo a carcajadas mientras ella me ponía el teléfono en la cara para que yo lo viera.

—¡Sí, hermana, tienes que verlo! —dijo—. Si vas a aprender cómo hacerlo, será mejor que aprendas de la mejor. Soy muy buena para hacer estas cosas, hermana, ¡así que míralo y aprende! Ahora que lo pienso, voy a hacerme una maestra, y tú deberías seguir adelante y aprender de mí, hermana. Sabes por qué los hombres engañan a las mujeres, ¿verdad? —me preguntó.

Puse los ojos en blanco. Toda la vida me había dicho eso.

—Porque no saben complacer a sus hombres —respondí como una colegiala que ha aprendido bien la lección. Y ambas nos echamos a reír.

Así era Chay. No importaba lo asustada que estuviera o el dolor que sintiera, el valor y la risa siempre terminaban por imponerse. Siempre la amaré por eso.

Abel me propuso matrimonio en marzo de 2011. Lo hizo en una hermosa tarde que él mismo organizó. Me invitó a una cita, y cuando vino a recogerme, me vendó los ojos y me llevó a un muelle en el océano. ¡Me sentía tan nerviosa que no sabía qué estaba pasando! Luego me pidió que me quitara la venda de los ojos, y apenas los abrí lo vi de rodillas frente a mí y a toda mi familia detrás de él. Lupe no había ido porque estaba de gira, pero estaba enterado de la propuesta porque, aunque yo no lo sabía en ese momento, Abel ya había llamado a cada uno de mis hermanos para pedir mi mano en matrimonio. Él sabía lo importantes que son para mí, así que se aseguró de tener sus bendiciones.

Abel me propuso matrimonio delante de mi familia porque sabía que eran las personas más importantes en mi vida, y lo hizo frente al mar porque sabía que es lo que más me gusta. Todo el mundo estaba allí y fue un momento hermoso y conmovedor. Incluso mi hermana logró encontrar un espacio en su agenda tan apretada para estar allí. No importaba lo que pasara en su vida —y créanme, siempre pasaban *muchas cosas*—, de algún modo ella estaba ahí para la gente que amaba.

Yo estaba tan nerviosa que no recuerdo lo que él dijo exactamente, pero tan pronto dejó de hablar comprendí que era el momento en que yo debía decir "Sí". Las lágrimas empezaron a resbalar por mis mejillas, y de repente, oí a mi hermano Juan gritar: "¡*Hey*, no puedo oír nada!, ¿qué dijo Rosie?".

—¿A poco no ves que dijo que sí y que se están besando, *stupid*? —contestó mi hermana. Y todos estallamos en una gran carcajada. Fue un momento muy emotivo. Inmediatamente llamé a Lupe para contarle. Estaba muy feliz por mí; pensaba que Abel era el hombre adecuado para mí, y su bendición lo era todo para mí. Chay me abrazó con fuerza y no podíamos dejar de llorar. Habíamos esperado este momento durante mucho tiempo, y yo sabía que ella estaba tan emocionada como yo. Y a pesar de que no aprobaba necesariamente nuestra diferencia de edad, se dio cuenta de lo mucho que yo amaba a Abel. Simplemente, ella era así, y me apoyaría sin importar lo demás.

En un principio, yo estaba pensando que nos casaríamos al año siguiente, pero Abel quería lo hiciéramos tan pronto como fuera posible, y eso fue lo que hicimos. La fecha que elegimos fue el 4 de julio de 2011, pues el 4 de julio desde siempre ha sido un día especial para mí, y qué mejor manera de celebrarlo que casándome con el hombre que amaba. Después de tantos años de dolor e incertidumbre, era un sueño hecho realidad. Sentí un poco de nerviosismo y de miedo, pero no tuve dudas después de pedirle a Dios que confirmara que esta relación era Su voluntad. El hecho fue que, por primera vez en mucho tiempo, yo veía un futuro.

Toda mi familia se unió para ayudar a planear la boda. Aunque yo había estado ahorrando desde el día en que decidí entregar mi vida al Señor, Chay se ofreció a pagar por todo. Quería que yo guardara mi dinero para comprar nuestra primera casa. Juan pagó el fotógrafo, Gustavo nos dio el DJ, Chiquis me dio mi vestido de novia, Jacqie me dio mi velo, Chay fue mi dama de honor, el pastor Pedro ofició la ceremonia y primero Lupe, y luego mi mamá y mi papá, me encaminaron por el pasillo. Mientras Lupe y yo caminábamos juntos por el pasillo, me dijo que agarrara su dedo como yo lo hacía cuando estaba en primer grado y me sentía un poco nerviosa por mi primer día de clases. Él sabía que yo estaba nerviosa por esta boda, y al ofrecerme su dedo quería que yo supiera que todo iba a estar bien.

La celebración tuvo lugar en el Hotel Marriott en Playa del Rey, y aquel 4 de julio fue uno de esos hermosos días de verano del sur de California. El cielo estaba perfectamente azul, y todo era tan brillante y nítido que yo sabía que Dios estaba en cada detalle. La ceremonia tuvo lugar en la terraza, y mientras caminaba por el pasillo, alcancé a ver a Abel al lado de Pedro en el altar. Llevaba un traje gris oscuro y parecía nervioso, pero estaba muy guapo, y en ese instante supe que me estaba casando con el hombre que me haría feliz porque ya lo había hecho. Así que allí, con Dios, nuestras familias y amigos como testigos, juramos amarnos y honrarnos el uno al otro hasta que la muerte nos separe.

Después de la ceremonia llegó la fiesta. Al igual que en todas las fiestas de los Rivera, hubo discursos, pero esta vez, Abel y yo pronunciamos discursos de amor y gratitud para con nuestras familias. Al final de la noche, todos estaban llorando. Sentían el amor de Dios, y eso era exactamente lo que yo quería.

Fue un día extraordinario que superó mis sueños: una noche digna de una princesa con fuegos artificiales iluminando el cielo como parte de nuestra celebración. Lo mejor de todo fue que, a pesar de que en los últimos tiempos habían sucedido algunas disputas en nuestra familia, todos mis hermanos, mamá y papá asistieron, y la paz y la armonía fueron la orden del día. Fue uno de los días más felices de mi vida. Y fue el último día en que toda mi familia estuvo reunida en un mismo lugar.

Unos meses después, estábamos en una fiesta en la casa de mi hermana en Encino. La mayoría de mis hermanos había asistido y estábamos pasando el rato y divirtiéndonos. Chay había contratado una banda y había mucho ruido y risas por todas partes, uno de esos momentos en los que doy gracias al Señor por ser una Rivera. A pesar de los desacuerdos que podamos tener y de las dificultades que hemos pasado, siempre encontramos la manera de volver a unirnos y de ser una familia. Y cuando esto sucede, es mágico. Se siente como un abrazo cálido y relajante, y sabes que no quisieras estar en ninguna otra parte.

Esa noche en particular, mis hermanos y mi hermana estaban tomando y Lupe, que es muy divertido cuando está borracho, terminó en la fuente de agua. Mi hermana me pidió varias veces que me tomara un *shot*. "¡Sólo uno, sólo uno!", me rogó, pero yo me negué. Insistió un rato pero finalmente entendió y me dejó en paz, instando a todos a que dejaran de presionarme. Todo era muy divertido y nos reíamos a carcajadas, pero a medida que la noche avanzaba, mis hermanos, que nunca perdían una oportunidad, empezaron a burlarse y a reírse de Abel. Mi esposo es el hombre más delicado y dulce, y aunque mis hermanos también pueden serlo, les gusta hacer bromas, y supongo que Abel era un blanco fácil. Sin embargo, él no tiene hermanos mayores—sólo un hermano pegueño y una hermana—, por lo que no estaba acostumbrado a bromas tan pesadas. Yo había estado toda mi vida con ellos y sabía que simplemente querían divertirse, pero Abel ignoraba esto y yo lo podía ver en su cara, y también en su corazoncito, que se sentía dolido.

—Ay, ya basta —les dije—. ¡Déjenlo en paz! ¡Paren!

Abel permaneció completamente callado mientras mis hermanos se burlaban de él.

Mi hermana, que estaba sentada a mi lado, también debía percibir la mirada de dolor en el rostro de Abel porque en un momento dado lo miró y me susurró al oído:

—Hermana, es tan hermoso.

—¿Te parece? —le pregunté.

—Lo sé —respondió ella—. Tiene una de las almas y corazones más bellos que he visto en mi vida. Porque no sólo te aguanta a ti, sino también a tu familia loca.

—Así es —dije riendo.

Ese día sentí más amor por Chay, ¡incluso más del que ya sentía por ella! A pesar de que en un principio se había opuesto con tanta vehemencia a mi relación con Abel, finalmente lo había visto como el ser humano hermoso que es, y nada podría haberme hecho más feliz. Nada.

Chay se convirtió con el tiempo en un gran *fan* de Abel. Era un poco tímido con ella, pero a Chay le encantaba su voz y siempre que estábamos juntos le pedía que cantara. Él me cantaba canciones románticas como "Para Una Mujer Bonita" de Pepe Aguilar, y a Chay y a mí nos fascinaba. ¡Y también a Abel! El hecho de que a una cantante tan importante y popular como mi hermana le gustara tanto su voz lo hacía extraordinariamente feliz.

catorce

los miércoles

La Biblia dice: "Deja a tu padre y a tu madre y conviértete en una sola carne con tu esposo", lo que, en otras palabras, significa que cuando uno se casa, deja a sus padres y hermanos, y tu familia pasa a ser tu cónyuge y, con el tiempo, tus hijos. Yo había leído estas palabras una y mil veces y entendía su significado, pero lo que significaban realmente era mucho más difícil de lo que yo había imaginado.

Yo tenía treinta años y por primera vez en mi vida dejaría la casa de mi madre. Yo quería mucho a mi esposo y sabía que él también me quería, pero me costaba dejar a mi familia. Seguían siendo las personas más importantes en mi vida y tuve muchos problemas para aprender a poner a mi esposo en primer lugar. Mi familia siempre había estado en el centro de mi vida, y era algo que no podía cambiar de la noche a la mañana. Si Lupe o Juan, por ejemplo, me llamaban por la noche para pedirme un favor, yo corría a ayudarles.

Abel me preguntaba:

—¿A dónde vas, *baby*?

—Lupe me necesita, *babe*; regresaré pronto —le contestaba yo.

—Pero espera, ¿acaso no íbamos a salir?

—Sí, lo sé, cariño, pero Lupe me necesita, lo siento —y salía por la puerta—. Mi familia es lo primero.

—Espera un minuto, soy *tu* familia. ¡Soy tu esposo! —decía él.

—Sí, pero a ellos los conozco desde hace treinta años y a ti sólo desde hace tres. ¡Así que ellos ganan!

—Sí, *babe*, pero ahora somos *tú y yo*.

—¡No, *baby*, lo siento!

Abel es con mucho el mayor de su familia, por lo que la conexión que tiene con sus hermanas es diferente, no son tan cercanos... o tal vez sólo sea una cosa de los Rivera —¡o de Rosie!—; no lo sé. Tal vez sólo sea que aquellas primeras lecciones de que "la familia siempre es lo primero" y de ser fiel a mis hermanos estaban tan profundamente arraigadas en mis valores que tuve problemas para hacerle espacio a cualquier otra cosa. Mi familia me había apoyado en los momentos más oscuros de mi vida, así que ¿cómo no iba a ponerlos en primer lugar? Y a fin de cuentas, en todas mis relaciones anteriores, los hombres me habían abandonado o fallado, mientras que yo sabía a ciencia cierta que mi familia nunca lo haría. Abel fue muy paciente conmigo y comprendió mi situación, pero le costó mucho que yo antepusiera a mi familia.

Ese primer año de matrimonio fue difícil. No sólo me afectaban los problemas con Abel en casa, sino que se estaba presentando una situación en mi familia que no sabía cómo manejar.

Unos meses atrás, yo había llevado a Jacqie al Señor y ella también había entregado su vida a Él. Nada me hace más feliz que ver a un ser querido descubrir el amor de Dios y el efecto poderoso que tiene en nuestras vidas. Jacqie y yo empezamos a predicar y a cantar juntas en la iglesia y nos hicimos muy buenas amigas.

Pero como sucede con cualquier amistad, tuvimos un des-acuerdo. Yo veía las cosas de una manera, Jacqie las veía de otra, y no había poder en el cielo o en la Tierra que nos pusiera de acuerdo. Chay estaba atrapada en el medio. Intenté explicar y va-lidar mi punto de vista de todas las formas posibles, pero el asunto no parecía tener solución. Simplemente no podíamos dejar el inci-dente atrás. Jacqie, Chay y yo estábamos molestas. Mi hermana no sabía quién tenía razón y quién estaba equivocada, pero lo cierto era que quería terminar con el problema. Y como no cedí, hizo lo que creía que tenía que hacer: tomó partido por su hija. Hoy puedo decir que es asunto del pasado y que ella tenía toda la razón en hacer eso, pero me sentí devastada. Yo sabía que Chay siempre estaría de parte de sus hijos, pero yo necesitaba que enten-diera al menos mi punto de vista. Empezamos a distanciarnos poco a poco.

Caí en una depresión profunda como no había sentido jamás. Hasta ese momento, yo siempre salía adelante, sin importar lo malas que fueran las cosas o el dolor que sintiera. De hecho, en mi familia decimos que no hay tiempo para la depresión ni para detenerse en lo que está mal. Hay que mantener la cabeza en alto y seguir ade-lante. Simplemente seguir adelante.

Pero esta vez fue diferente. Por primera vez en mi vida, mi her-mana y yo no nos estábamos llevando bien, y al igual que en los tiempos en que Trino había amenazado con matarla, yo estaba aterrorizada de perderla. No podía concebir la vida sin Chay. La tristeza comenzó a apoderarse de todos los aspectos de mi rutina diaria: no podía levantarme de la cama por la mañana, escasa-mente probaba bocado y pasaba días enteros llorando y orando a Dios por una solución. Dios me decía, una y otra vez, que dejara mi orgullo a un lado, perdonara y siguiera adelante. Yo podía perdonar, pero deshacerme del dolor era mucho más difícil.

Al igual que en otros momentos difíciles de mi vida, hubo mucho silencio a mi alrededor. El resto de la familia estaba atrapada en el medio y nadie quería involucrarse. Esta vez no iban a entrometerse. Ya no hubo carcajadas ni discursos, sólo un silencio ensordecedor. Juan no es alguien que tomara partido, sobre todo cuando se trataba de sus hermanas, pero él siempre apoya lo que siente que es correcto, y en este caso estaba de acuerdo conmigo, así que su relación con Chay se volvió un poco tensa. Nadie sabía qué hacer y todos lloramos mientras esperábamos una solución.

Un día supe que Chay había hecho una gran fiesta de cumpleaños para uno de sus hijos y había invitado a toda la familia menos a mí. Yo estaba pasando por un momento muy difícil, pero ella no quería crear una situación que fuera incómoda para su hija, así que no me invitó.

Eso me rompió el corazón. Nunca en un millón de años me hubiera imaginado que Chay fuera capaz de no invitarme a un evento familiar. Era la gota que rebosaba el vaso, y me hizo comprender que no era un mero desacuerdo que pronto se arreglaría. Ella hablaba en serio, y si yo quería ser parte de su vida, tendría que hacer algo al respecto. Me dije a mí misma: *nadie me va a quitar a mi hermana. Nunca.* Entendí que tener a mi hermana era más sagrado que cualquier disputa o cualquier obstáculo que se me atravesara en la vida. Mi hermana era la persona que yo quería más en el mundo, y no iba a dejar que nada se interpusiera entre nosotros. Así que llamé a Chay y le dije: "Tienes mi bendición sin importar lo que hagas". Acepté mi culpa y rogué a Dios que me ayudara a olvidarme del asunto.

Mi hermana aceptó mis disculpas y superamos el incidente. Con el tiempo y el amor de Dios, pude sanar mi corazón y hacer esto a un lado, aunque nunca he olvidado el dolor que sentí en esos seis meses. Nuestro Dios poderoso tiene un plan para todos nosotros y todo sucede por una razón. Creo firmemente que al permitirme experimentar ese período de alejamiento de mi hermana, Dios me estaba preparando para lo que estaba por venir.

Durante ese primer año de matrimonio, Abel y yo nos encontramos pensando en el dinero y en los presupuestos, y tal vez como cualquier persona que está empezando en la vida, le pedí a Dios que nos ayudara con lo que yo creía que más necesitaba: dinero.

—Por favor, Dios, ayúdame a conseguir 10.000 dólares.

—Eso es demasiado fácil —me respondía Dios.

—Está bien —decía sorprendida—. Entonces envíame 20.000.

—Eso es demasiado fácil, Rosie; piensa en grande —dijo.

—Está bien... ¿Qué tal entonces 200.000?

—Todavía no lo entiendes, Rosie. Eso es muy fácil —me dijo—. ¿Por qué no intentas cambiar ese número de dólares por las personas que puedas traer a mí con el fin de transformar sus vidas?

Y entonces entendí. No era suficiente con que yo le pidiera que me enviara dinero para mis necesidades mundanas. Lo que necesitaba pedirle era algo más grande que yo y que cualquier cosa que había imaginado hasta ese entonces, y eso era lo que iba a traerme el verdadero amor y la felicidad.

Cada vez que hablo en algún lugar, agradezco siempre a Dios por mi familia maravillosa, que me ha ofrecido cosas tan increíbles durante toda mi vida. He sido muy bendecida por el imperio que construyeron mi madre y mi padre, por lo que Lupillo y Chay lograron y por todo lo que hicieron por nosotros. Nuestros padres nos dieron todo lo imaginable y como yo era la menor, me dieron todo lo que quise. Tuve la oportunidad de hacerme todas las cirugías plásticas que quería, comprar cualquier carro, cualquier bolsa, cualquier tipo de ropa. Pero la verdad es que nada de eso me llenó nunca. Fui desdichada la mayor parte de mi juventud. Es tan fácil soñar con conseguir 100.000 o 200.000 dólares y pensar que seremos felices cundo los tengamos. Tan pronto me haga esa cirugía plástica seré feliz. Tan pronto me case seré feliz. Tan pronto tenga tres hijos —dos niños y una niña— seré feliz. Obviamente, la vida está llena de este tipo de momentos felices, pero si estás rota por dentro, si realmente no has abierto tu corazón a toda la belleza y al amor que hay en el mundo, realmente *nunca* serás feliz. Toda mi vida he deseado la paz y el amor, los busqué por todas partes, y los encontré en el lugar que menos lo esperaba: en Dios.

Apenas comprendí esto, supe lo que tenía que hacer. Decidí llegar al mayor número de personas para llevarlas a Él. Con la guía de Dios, pasé un tiempo pensando en cuántas almas iba a llevarle a Él, hasta que finalmente se me vino una cifra a la mente.

—Dos millones —le dije—. Quiero ayudar a dos millones de mujeres. Dos millones de víctimas de abusos sexuales o de mujeres maltratadas. Quiero ayudarles a sanar. Te traeré dos millones de personas cuyas vidas transformarás.

Con esto, mi misión ya era clara.

Si me hubiera detenido a pensar demasiado en esto, si no hubiera sabido en mi corazón lo que puede hacer Dios, la gran magnitud de la tarea en cuestión podría haberme abrumado. Después de todo, yo no era nadie en esa época, simplemente la hermana menor de los Rivera, y mientras mis hermanos y hermana estaban llenando estadios y anfiteatros con decenas de miles de personas, tanto en este país como en el extranjero, la mayor audiencia que yo había tenido era una congregación de casi 200 personas en nuestra iglesia. ¿Cómo iba entonces a lograr este sueño?

Con Dios a mi lado, supe que tarde o temprano encontraría una manera de hacerlo. Simplemente tenía que mantener los ojos abiertos y no perder de vista el futuro.

Una vez que superamos ese difícil primer año de matrimonio y que limamos todas las asperezas, Abel y yo decidimos que estábamos listos para tener un bebé. Me había reconciliado con mi hermana, le había hecho una promesa a Dios y tenía un renovado sentido de propósito, así que comencé a sentir que tenía un mayor control de mi nueva vida al lado de mi marido. Por la forma en que Abel trataba a mi dulce Kassey como si fuera suya, yo sabía que sería un gran padre y no podía esperar para darle la bienvenida al mundo a nuestra bebé.

Comencé a tratar de quedar embarazada en el verano de 2012. Siempre había pensado que yo era súper fértil como mi hermana —sólo necesitaba que un hombre la mirara para salir embarazada—, pero no pasó nada. Empecé a preocuparme después de unos meses. ¿Podría tener algún problema? Le conté mis preocupaciones a Chay pero ella siempre las descartaba, diciendo: "¡Ah, no estás tratando lo suficiente, hermana!", me tranquilizaba en tono de broma.

Y un par de semanas más tarde quedé embarazada. Apenas vi el signo más en la barra de pruebas, me apresuré a contarle, no a Abel, ¡sino a mi hermana! Ella estaba de viaje, así que le envié un mensaje de texto.

—Hermana, te tengo noticias —le escribí.

—Estoy a punto de subir a un avión, ¿es importante?

—No te preocupes, te lo contaré más tarde.

—Oh, vamos, hermana, dímelo.

—No hermana, está bien, ¡te lo diré más tarde!

—¡Dímelo! ¡Quiero saber ya!

—Estoy embarazada.

—¡OH MY GOD! ¿Ves, hermana? ¡Yo sabía que tu útero funcionaba!

—¡Así es, hermana!

—Ok, estoy subiendo a un avión, pero comenzaré a pensar en nombres para el bebé.

No sé por qué decidió dedicarse a esa tarea. Tal vez porque siempre se le ocurrían nombres para todos y pensó que era un talento natural. ¡Yo no tenía ningún problema con eso! Me sentía emocionada por la idea de una nueva vida dentro de mí. Mi hermana me llamó ese mismo día, y ya tenía una lista de nombres.

—¡Hermana, estoy tan feliz por ti! Tengo un par de nombres. Podemos hablar de ellos si quieres.

—¡Hermana! Ni siquiera se lo he dicho a Abel. ¿Puedes esperar por favor a que le diga?

—Oh, claro que sí, hermana —dijo ella, fingiendo estar distraída—. Pero he estado pensando en esto: ¿Qué tal Pharell?

—¡¡¡Hermana!!!

—Bueno, ¿qué opinas de Ice Cube? ¿O Fo-Real? —sugirió riendo a carcajadas—. Quiero decir, tienes que estar preparada, porque vas a tener un niño moreno.

Dijo esto porque la piel de Abel es más oscura que la mía.

—¡Lo sé, hermana! ¡Quiero un niño moreno! ¡Me encantan los niños morenos!

—Simplemente estoy diciendo...

Decidí que quería sorprender a Abel con esta noticia en su cumpleaños, que es el 13 de noviembre. Así que envolví la prueba de embarazo en una hermosa caja de regalo (ya sé, un poco raro) y ese sería mi regalo. Chay estaría presente, así que le pedí:

—Por favor, hermana, demuestra sorpresa por favor. ¡No quiero que Abel sepa que te lo dije a ti primero!

—Oh, claro que sí, hermana; no te preocupes, entiendo.

Y cuando comenzó la celebración de Abel y todos nuestros familiares y amigos estaban con nosotros, le di una caja de dominó en madera. Fue un momento hermoso que nunca olvidaré. En cuanto Abel abrió la caja y entendió cuál era su regalo, las lágrimas comenzaron a rodar por sus mejillas. Estaba emocionado, nervioso y extasiado, todo al mismo tiempo. Verlo llorar me hizo derramar lágrimas (estoy segura de que las hormonas también hicieron su parte) y en poco tiempo, todo el mundo nos estaba abrazando, llorando y felicitándonos, incluso Chay que, a pesar de sus mejores esfuerzos, exageró su sorpresa y pareció estar fingiendo. No soy capaz de mentir, y le dije la verdad a Abel esa misma noche, pero a él ni siquiera le importó. Estaba muy emocionado y entendía la profunda relación que chay y yo teríamos!

Cuando acudí por primera vez al Señor, nadie tuvo que decirme que dejara de tomar, de fumar, de blasfemar o de ir a antros. Tomé esa decisión por mi cuenta y Dios rompió las cadenas de adicción. Yo sabía lo que tenía que hacer, y lo hice. Pero lo cierto era que la única persona que realmente estaba bebiendo, fumando y yendo a discotecas en ese momento de mi vida era mi hermana. Cada vez que salía de gira, yo la acompañaba, nos volvíamos locas y nos íbamos de parranda. Sus conciertos eran muy divertidos, y me encantaba estar con ella. Sin embargo, renunciar a las fiestas no fue un gran sacrificio, dada la inmensidad del amor de Dios. Su amor era superior a cualquier tentación terrenal. Lo difícil, sin embargo, fue renunciar a pasar tiempo con mi hermana. No extrañaba la bebida, no extrañaba las discotecas; pero extrañaba salir con mi hermana. Ella me decía:

—¡Vamos, hermana! ¿Por qué no vienes a este concierto conmigo? ¡Ven conmigo a México! ¡Nos divertiremos mucho!

Y yo le decía:

—No puedo, hermana, realmente no puedo.

—Pero, ¿por qué? —me preguntaba ella.

—Aún no soy lo bastante fuerte, hermana. Sentiré una gran tentación de tomar, ya sabes, el humo, los muchachos y esas cosas...

Ella siempre quería que yo la acompañara, pero entendía mis razones y respetaba mis deseos. Yo la quería mucho por apoyarme, pero al mismo tiempo me partía el corazón no verla más a menudo. Con todos sus viajes, además de sus otras obligaciones empresariales y familiares, rara vez tuve la oportunidad de pasar el rato con ella, de platicar horas y horas acostadas en la cama. Me sentía plena y en paz por mi nuevo compromiso con Dios, pero durante ese primer año lloré porque la extrañaba mucho. No ver a mi hermana fue de hecho mi mayor sacrificio para con Dios. Ninguna otra cosa me parecía un sacrificio. Pensaba que debía resistirme a mi hermana no porque fuera una mala influencia, sino porque sabía que yo aún no era lo suficientemente fuerte. Le decía a Dios: "Voy a dejar esto, pero te ruego, así como nos has permitido viajar por el mundo divirtiéndonos en los conciertos, por favor permítenos trabajar juntas para Ti. Tal vez ella pueda cantar y yo pueda predicar, o a lo mejor ella pueda predicar y yo pueda cantar... Por favor, Dios, permítenos trabajar para Ti".

Aunque yo estaba sufriendo mucho, la idea de trabajar juntas para Dios se convirtió en mi consuelo, mi enfoque y mi inspiración. Yo soñaba con que ella cambiara su vida y se convirtiera en una creyente, y que en vez de cantar empezara a predicar o a hacer eventos evangélicos.

Pude ver que ya lo estaba haciendo, pues a veces decía en sus conciertos: "Sí, ahora mismo ustedes están todos borrachos aquí cantando y baliando, pero un día estarán orando aquí conmigo".

Una de las cosas que aprendí en mis estudios de la Biblia es que todo lo que se expresa verbalmente se hace realidad, y si alguien fue profética de la manera más sencilla, fue Chay. Tan pronto como ella decía algo, sucedía, ya fuera en su vida o en la de otra persona. Así que me puse a pensar: "Bueno, Dios, esta es la forma en que vamos a salvar a esas dos millones de almas. Mi hermana va a cantar música cristiana y yo voy a predicar, ¿verdad? Vamos a hacer esto juntas".

Soñé que las dos viajábamos por el mundo, haciendo eventos y llevando uno, dos, veinte millones de almas a Dios.

En octubre de 2011, Chay me llamó con una propuesta.

—Hermana, quiero que hagas un programa de radio conmigo.

—¿Qué? —contesté—. ¿Cómo voy a estar en un programa de radio?

—¡Vamos, hermana! ¡Será divertido!

—Pero ¿quién va a querer oírme a mí? —pregunté. Yo entendía que a la gente le gustara escuchar a Chay en la radio, pero ¿por qué habrían de hacerlo conmigo?

—¡Sólo sé tú misma, hermana! ¡La gente te amará! Eres todo lo que necesito.

—De acuerdo, pero ¿de qué hablaré?

—Quiero que hables de Dios. Te daré los últimos cinco minutos del show para que hables de Dios porque me encanta la manera como que lo haces. Me gusta mucho que no se lo metes a la fuerza a la gente, que no asustas a nadie cuando hablas del infierno y simplemente dices que Él los ama. Y eso es lo que quiero. ¿Crees que puedes hacer eso, hermana? —me preguntó.

Recordé que la había extrañado mucho en los últimos años y que esta sería la oportunidad para verla cada semana sin falta.

—¡Sí! —le dije.

El formato fue exactamente como me había dicho Chay. En la primera parte del programa, ella y yo hablábamos tal como lo hacíamos normalmente, y respondíamos a las preguntas de los radioescuchas. Y en los últimos cinco minutos, yo terminaba con una nota de inspiración.

El show se llamaba *Contacto Directo con Jenni Rivera* y se transmitía todos los miércoles en vivo. Pronto, el miércoles se convirtió en mi día favorito de la semana porque podía ver a mi hermana. Después de tantos años de no estar mucho tiempo con ella en las giras y en las fiestas, sentía un gran un alivio de tenerla conmigo —así fuera ante una gran audiencia en la radio— cuatro horas por semana.

Durante las pausas comerciales del programa, Chay y yo empezamos a soñar con hacer una diferencia en el mundo a una escala mucho mayor. Hablamos de viajar un día por el mundo y llenar estadios con un mensaje de esperanza, donde cantar pasaría a un plano secundario y cambiar vidas sería lo primordial.

El tema surgía cada par de semanas y yo le recordaba a Chay: "Dios no te hizo famosa sólo por diversión. Hay un propósito detrás de todo esto".

Al mes siguiente, en una de las últimas conversaciones que tuvimos juntas sobre el tema, Chay me dijo:

—Hermana, sé que hablamos de viajar a otros países para cantar y hablar, pero estoy muy cansada. Dejaré que tú lo hagas, pero no me molestaría hacer un evento semanal en el Staples Center aquí en Los Ángeles.

—Realmente piensas en grande, ¿no? —le contesté riendo. Las dos nos pusimos de acuerdo para orar por esta posibilidad.

Contacto Directo con Jenni Rivera duró exactamente trece meses, desde octubre de 2011 hasta el 9 de diciembre de 2012, y no hay día en que no agradezca a Dios por haberme dado esa oportunidad. Gracias a ese programa de radio, tuve la oportunidad de hablar con mi hermana y verla cada semana, y me sentí la persona más bendecida en el mundo.

A finales de noviembre de 2012, Chay me llamó por teléfono y me dijo:

—Me gustaría ir contigo al servicio del jueves por la noche.

Y allí, en la iglesia de nuestro hermano, y luego de una reunión profundamente conmovedora, ella renovó su compromiso de entregarle su vida al Señor.

Sólo Dios sabía lo que ocurriría unos días después en las montañas de México.

lo impensable

El 8 de diciembre de 2012, mi esposo Abel y yo estábamos en la boda de mi sobrina Karina en Las Vegas. La mayor parte de nuestra familia estaba allí. Sin embargo, Chay no pudo asistir porque tenía programada una presentación en Monterrey que no podía cancelar: los boletos se habían agotado, semanas antes del evento y ella nunca le fallaba a sus fanáticos.

Como siempre, Chay y yo pasamos el día enviándonos mensajes de texto. *Siempre* hacíamos esto —eran conversaciones largas e interminables— y ese día no fue la excepción. Muy pronto —o debería decir, como de costumbre—, comenzamos a platicar de los hombres. Su divorcio aún no era oficial y ella se sentía destrozada, por lo que yo trataba de que no pensara más en su exmarido y le pedí que cambiara la foto de su BlackBerry Messenger por una de ella y Beto Cuevas, uno de sus coanfitriones en *La Voz... México*. Ella estaba viendo una serie de fotos de sus colegas y amigos, y le dije en broma que quería una de ella y de "mi nuevo cuñado", como llamé a Beto.

"Ve a tomarte otra foto con él y coquetéale un poco", le escribí en un mensaje.

"¿Estás loca? ¡Es simplemente un amigo!", me contestó.

Le creí, y sabía que nunca tendrían una cita, pero yo sólo quería que supiera que era hermosa y fuerte y que podía levantarse a cualquier hombre que quisiera. Era una conversación desenfadada y divertida, al igual que miles de otras que habíamos tenido toda nuestra vida. Pero nunca la terminamos porque un par de horas después, mi teléfono celular se quedó sin batería. Me reí en voz alta, porque cuando esto sucedía, Chay siempre se quejaba: "¡Hermana, eso es muy irresponsable! Ten contigo siempre con un cargador". Obviamente, ella tenía razón. Hoy en día, me aseguro de llevar un cargador a todas partes porque un teléfono celular "muerto" siempre me recuerda a mi hermana, y no puedo permitir que eso suceda. Pero en aquel momento no pensé mucho en eso. *Ay, bueno, mañana me pondré al día con ella cuando estemos de vuelta en casa.*

La boda tuvo lugar en The Little White Chapel en Las Vegas y fue una ceremonia sencilla pero hermosa. Debido a la presencia de casi todos los Rivera, hubo un gran bullicio y mucho ruido antes de la ceremonia, pero una vez comenzó, todos fuimos sonrisas y lágrimas. Karina se veía hermosa y todos estábamos muy contentos de verla feliz. Gustavo era el padre más orgulloso que hayan visto y fue genial verlo tan radiante. Después de la ceremonia todos nos fuimos a un gran buffet en un hotel de lujo e hicimos todo un escándalo: la fiesta casi termina con la tradicional pelea de pastel de los Rivera pero finalmente decidimos no lastimar a la novia y no hacernos expulsar del hotel de la misma forma en que nos habían expulsado dos veces de Chuck. E. Cheese.

Abel y yo la pasamos padrísimo, pero en vez de quedarnos esa noche en Las Vegas, decidimos manejar de vuelta a Los Ángeles después de la recepción. Subimos al carro alrededor de la 1:00 a.m., y nos preparamos para el viaje de cuatro horas. Abel y yo íbamos con Kassey, Jacqie, su esposo y su hija. Yo estaba agotada, y normalmente me habría quedado dormida de inmediato, pero sentí por dentro que algo no estaba bien. Había una especie de inquietud en el carro. Todo el mundo estaba dormido excepto Jacqie y yo. Acababa de darle una nalgada a Kassey y me sentía tan mal porque nunca hago eso: ella es la niña más dulce y amorosa que hay en todo el mundo, así que la desperté y le dije:

—Hija, ven acá, siento haberte dado una nalgada. Insisto en que no deberías haber hecho lo que hiciste, pero no debí darte una nalgada, ¿quieres hablar de ello?

—*It's okay* mami, no te preocupes por eso, entiendo —respondió ella con suavidad, con los ojos todavía pesados por el sueño—. No debería haberme comportado así.

—*Okay, baby,* te amo —respondí y la besé mientras se dormía de nuevo.

Daba vueltas esperando poder conciliar el sueño, pero no podía. Sentía una opresión extraña en la boca del estómago y no lograba relajarme. Me volteé para mirar a Jacqie y vi que también estaba despierta.

—¿No puedes dormir?

—No, tía, no puedo —respondió.

—Yo tampoco, momma.

Jacqie le dijo a su esposo que extrañaba a su mamá y, aunque no dije una sola palabra, no pude estar más de acuerdo con mi sobrina. ¡Cómo extrañaba los tiempos antes de que Chay se hiciera famosa!

Permanecimos en silencio absoluto durante el resto del viaje, mientras las luces de la carretera titilaban.

Cuando finalmente llegamos a casa unas horas después, me

sentía cansada y lo único que quería era descansar un poco. No sé a qué horas me dormí, pero sí sé que cuando el teléfono empezó a sonar alrededor de las 7 a.m., inmediatamente me arrepentí de no haberlo apagado. ¿Quién podía llamar tan temprano? Vi la pantalla del teléfono celular destellando en mi mesa de noche, pero apenas podía abrir los ojos y lo dejé sonar. Estaba exhausta. Recuerdo que pensé que tal vez era mi hermano Lupe. A veces, cuando toma demasiado, me llama y me canta una linda canción. Amo esas serenatas por teléfono. Y cuando hace esto ¡prefiero no contestarle para poder grabarlo! Una llamada a las siete de la mañana un domingo significaba tal vez que él no había dormido, y pensé que simplemente dejaría que se fuera al correo de voz, por si acaso me tenía una sorpresa especial.

Pero sólo unos pocos segundos después, el teléfono celular comenzó a sonar de nuevo. Traté de ignorarlo, pero sentí una sensación extraña. ¿Y si era algo importante? Tanteé mi mesa de noche y agarré el teléfono. Efectivamente, era Lupe.

—¿Rosa? —preguntó.

—Sí, hermano… —contesté atontada.

—Necesito que mantengas la calma. No importa lo que pase, prométeme que permanecerás calmada.

Se me hizo un nudo en el estómago.

—Okay —dije—. Lo prometo.

Lupe hizo una pausa que pareció una eternidad.

—El avión de Janney desapareció —dijo finalmente.

—¿Qué?

—Me acaban de llamar de México. Su avión está desaparecido. Estamos haciendo todo lo posible para encontrarlo.

No estoy segura de que pudiera procesar realmente lo que él me estaba diciendo en ese momento, pero decidí enfocarme en la palabra "desaparecido". Si el avión se había perdido, significaba que podían encontrarlo, así que sólo iba a pensar en eso. Seguramente, Chay no podía haber *fallecido*. Estaba claro que había *desaparecido*, y en ese sentido sería encontrada.

—Rosa, necesito que cuides de mamá. Todós lós noticiarios están hablando de esto, así que no dejes que vea televisión o entre a ninguna red social. Simplemente trata de mantenerla ocupada hasta que recibamos más noticias. Pedro ya está en camino.

—Okay, hermano —murmuré, demasiado aturdida para decir algo más.

Colgué el teléfono y pensé: *Permaneceré calmada. Se lo prometí a Lupe, así que permaneceré calmad*a. Recuerdo que ni siquiera oré a Dios en ese momento. Suelo hablar con Él acerca de todo, pero no lo hice en ese momento porque tenía muchísimo miedo de que me dijera que no la iban a encontrar. Yo pensaba simplemente que iban a encontrarla. Era imposible que no. La idea de que algo le hubiera pasado a mi hermana ni siquiera estaba en el ámbito de las posibilidades. Como un zombi, eché un vistazo a la pantalla del teléfono celular enfrente de mí y entré a mi cuenta de Twitter con el fin de confirmar lo que Lupe acababa de decirme. Efectivamente, la gente ya estaba tuiteando: *Es tan triste que ella se haya ido. Rosie, mi más grande pésame.*

Yo estaba furiosa. ¿Quiénes se creían para enviarme condolencias? Inmediatamente contesté:

No se atrevan a darme el pésame. Todavía no sabemos si ha fallecido.

En ese momento, Abel y yo vivíamos en la casa de mi madre. Después de mi depresión, yo había decidido renunciar a mi maravilloso trabajo en Infinity para comenzar a escribir mi libro. Necesitaba encontrar un mayor sentido del propósito, y durante varios años había querido escribir un libro sobre mi experiencia de abuso sexual. Chay me había animado a hacerlo desde 1997 cuando confesé el abuso pero aún no me sentía lo suficiente meute fuerte. Finalmente sentí que era el momento de hacerlo. Era un riesgo enorme, pero Chay me había apoyado y estaba muy orgullosa de lo que estaba haciendo yo. Sin embargo, sólo un mes después de renunciar a mi trabajo, Abel fue despedido de su empleo en control de calidad, por lo que empezamos a tener problemas de dinero y mamá tuvo la amabilidad de recibirnos en su casa hasta que pudiéramos salir adelante otra vez.

Esa mañana, ayudé a mi madre a preparar el desayuno, tratando de actuar lo más normal posible. Pero unos minutos después, cuando Pedro entró por la puerta, ella supo de inmediato que algo pasaba, porque por lo general él está ocupado preparándose para el servicio todos los domingos por la mañana.

—¿Qué están haciendo aquí? —preguntó ella cuando nos vio a Pedro y a mí— Es temprano, ¿no vas a ir a la iglesia hoy?

—No mamá, creo que vamos a estar hoy aquí —dijo Pedro, tomando la iniciativa—. Siempre estamos ocupados los domingos. Simplemente quiero estar con usted. Quiero llevarla a desayunar. ¡Vamos a pasar un tiempo juntos!

—¿Por qué? —preguntó ella completamente sorprendida.

Yo apenas podía contener las lágrimas. Pensar que Chay había desaparecido, además de ver que mi madre no sabía aún lo que había pasado, me destrozó por dentro. Sentí que podía desmoronarme en cualquier momento, pero yo sabía que tenía que mantenerme fuerte por el bien de mi madre. Y sin importar lo mucho que Pedro y yo tratáramos de actuar de una manera espontánea, mi mamá es una mujer inteligente y sabía que estaba pasando algo. Lo que más le sorprendió fue que Pedro hubiera ido a la casa: él es el pastor de nuestra iglesia y no tenía sentido que le estuviera haciendo una visita espontánea una mañana de domingo.

Nos esforzamos para responder sus preguntas y mantenerla ocupada, mientras entrábamos y salíamos de una habitación donde teníamos una televisión encendida pero sin volumen. Todos los canales estaban reportando: "El avión de Jenni Rivera ha desaparecido en las montañas del norte de México". Pronto, las noticias fueron: "El avión de la superestrella musical Jenni Rivera ha sido encontrado. Todas las partes del jet privado están destrozadas y no hay sobrevivientes".

Pensé rápidamente en todos los escenarios posibles. Tuvo que haber sucedido algo de lo que simplemente no éramos conscientes. Tal vez ella había decidido no subir a ese avión en el último minuto. O tal vez alguien la había secuestrado y nos iban a llamar para pedirnos dinero. Tal vez estaba retenida contra su voluntad y hacía todo lo posible para estar de nuevo con nosotros. Tal vez... sólo tal vez. Mi mente estaba llena de "tal vez" mientras trataba de captar todo lo que me permitiera creer que Chay aún estaba viva.

Unos minutos después, estaba hablando por teléfono con alguien cuando oí de repente que mi madre dejó escapar un grito que me heló la sangre. La habíamos dejado un momento sola cuando el teléfono sonó en la otra habitación. Mi madre contestó y un fan angustiado le preguntó de inmediato: "¿Es cierto que Jenni falleció? ¿Que murió en un accidente de avión?".

—¡*Es* por eso que están aquí! —gritó—. ¡Ustedes no me dijeron nada! —Y corrió hacia la televisión. Sus ojos estaban llenos de dolor y de incredulidad, y lo único que pudo decir fue—: ¿Por qué no me lo dijeron?

Pedro y yo tratamos de explicarle.

—Mami, queríamos asegurarnos de que fuera verdad. Usted sabe que la gente inventa cosas… y no queríamos que se molestara. Lo sentimos, pero usted tiene problemas de salud y tenemos que cuidarla.

Pero ella no quería saber nada de eso. A partir de ese momento se mantuvo pegada a la televisión, cambiando de canales para ver los últimos informes, esperando que alguien anunciara que habían encontrado a Chay, y que estaba bien y con vida.

Pero como todos sabemos, esa noticia nunca llegó. Con cada minuto que pasaba, la desaparición de Chay se hizo más y más real a pesar de que nuestros corazones y nuestras mentes no querían creerlo. En las horas siguientes, toda la familia se reunió en la casa: mis hermanos, sus esposas y sus hijos, Chiquis, sus hermanos y hasta mi padre. A pesar de que mamá y papá apenas se hablaban entre sí en esa época, él se unió a nosotros en cuanto se enteró de la noticia. Cada familia tiene sus problemas y la nuestra no es una excepción, pero una cosa es cierta y es que siempre estamos ahí el uno para el otro cuando las cosas se ponen difíciles.

Todos los canales en español y varios de todo el mundo trasmitieron la noticia sin parar. Algunos de nosotros decidimos no ver la televisión porque muchas de las cosas que estaban reportando eran mera especulación y no se habían confirmado. Pero en esas primeras horas, lo que sabíamos era más o menos esto: en la noche del sábado 8 de diciembre, Jenni dio un concierto con lleno total en la arena cubierta de 17.000 asientos en Monterrey, México. El espectáculo terminó a las 2:00 a.m. del 9 de diciembre, y, después de una conferencia de prensa local, ella, junto con el publicista Arturo Rivera, el abogado Mario Macías, el artista de maquillaje Jacob Yebale y el estilista Jorge "Gigi" Sánchez, abordaron un Learjet piloteado por Miguel Pérez y Alejandro Torres, rumbo a Toluca, donde Jenny iba a participar en *La Voz… México*. El avión despegó más o menos a las 3:15 a.m. de Monterrey, y cuando habían transcurrido 60 millas de vuelo aproximadamente, y por causas aún no establecidas por las autoridades, cayó desde una altura de 28.000 pies y se estrelló en las montañas de Nuevo León a una velocidad de casi 600 millas por hora.

Comenzaron a surgir todo tipo de rumores. La gente decía que el avión, fabricado en 1969, no estaba en buenas condiciones; que el piloto de sesenta y siete años de edad supuestamente no debía volar en horas de la noche a causa de su mala visión y que todo era una conspiración. En tiempos de dolor, y como seres humanos, nos esforzamos para encontrar explicaciones a algo que parecía imposible de entender. El accidente fue muy absurdo; para mí, simplemente no podía ser cierto.

Yo estaba hecha un desastre, pero hice un gran esfuerzo para mantenerme firme por el bien de mi madre, de mi padre, y especialmente por el de los hijos de Chay. Ya habían llegado casi todos los miembros de nuestra familia inmediata; éramos casi cuarenta personas, todas bajo un mismo techo. La casa se sentía abarrotada de gente, pero estábamos allí para darnos aliento, y el poco consuelo que encontramos fue en los brazos del otro. Algunos preparamos alimentos, otros limpiaban o hacían cualquier cosa para estar ocupados y no tener que pensar. Nuestros hermanos y yo estábamos averiguando vuelos para ir a buscar a Chay. Todos queríamos ir a buscarla en las montañas… Necesitábamos rescatarla.

Me sentía escindida entre la comprensión de lo que había sucedido y la esperanza que aún guardaba en el fondo de mi corazón de que Chay había sobrevivido de algún modo. Justamente el día antes del accidente, ella y yo nos habíamos enviado mensajes de texto haciendo bromas y riendo como solíamos hacerlo siempre. ¿Cómo podía haberse *ido*? ¿Cómo podía ella estar tan presente en un momento y tan ausente en el próximo? Le mandaba mensajes de texto desde mi Blackberry y no respondía. Chay siempre respondía. *No puede ser*, me dije a mí misma una y otra vez. *Ella no puede haber estado en ese avión.*

Los niños de Chay sentían lo mismo que yo, o peor aún. Estaban escuchando los informes, pero no querían creer lo que decían los periodistas. Aún no había confirmación oficial de que Chay estuviera en ese avión, y todos nos estábamos aferrando a esa luz de esperanza. Yo quería proteger a los niños de Chay de todos los informes descabellados que veíamos, pero también tenía que ser honesta con ellos.

—Tía, tienes que decírnoslo en caso de que se haya ido —me dijeron.

—Se los diré si pueden manejarlo —les prometí.

Poco después, vieron una imagen del pie de mi hermana en Internet y me preguntaron:

—Tía, ¿ese es su pie?

Yo no les dije que ella había fallecido, pero respondí:

—Podría ser que se lo cortaron y están tratando de hacernos saber que la tienen secuestrada, pero sí, ese es su pie.

En esos tiempos de crisis, tu mente puede embarcarte en un viaje desenfrenado. Todos esperábamos contra toda esperanza y con una fe infantil, pero les dije lo que sabía en cuanto me lo preguntaron. Tenía que hacerlo.

Pasaron las horas y sentí que mi alma se rompía en mil pedazos. Con cada minuto que hacía tictac, pensé que probablemente Chay no regresaría nunca. Pero aún no me atrevía a platicar con Dios. Tenía mucha necesidad de Él, pero no podía hablarle. Para mí, no conversar con Dios es como no conversar con mi mejor amigo o con mi esposo. Era como si yo le estuviera diciendo que mejor no me hablara si me iba a decir algo que yo no quería oír.

Simplemente no estaba dispuesta a oírlo por parte de Él porque esto significaba que mi peor pesadilla se había hecho realidad.

Sin embargo pensé una y otra vez ¿qué puedo hacer? Lo único que yo sabía hacer cuando tenía un problema en esta época de mi vida era adorarlo. Yo estaba en el coro y en el grupo de alabanza, y adorar a Dios era lo que había aprendido a hacer cada vez que necesitaba sobrevivir a una tormenta, y siempre que me sentía sola y perdida. Así que aunque no era capaz de hablar directamente con Dios, me acerqué al grupo de alabanza de la iglesia y les pedí que me acompañaran para adorar a nuestro Señor. Acudieron de inmediato, y mientras el sol se ocultaba aquella primera noche sin mi hermana en el mundo, nos reunimos en la sala de mi madre y cantamos Su gloria en voz baja.

Desde el momento en que comenzaron a aparecer los primeros informes de prensa, un flujo constante de personas empezó a congregarse frente a la casa de mamá. Eran los fanáticos de Chay, queriendo ofrecernos su apoyo en nuestra hora más oscura. Trajeron flores, alimentos y agua para compartir con nosotros y entre ellos; mariposas de papel, botellas de tequila y conmovedoras cartas de solidaridad, dejándonos saber lo mucho que mi hermana y su música significaban para ellos. Ella les había dado muchas cosas, y ahora estaban allí para darle todo su amor y apoyo a ella y a su familia.

En un momento, miramos por la ventana y vi que el grupo de aficionados reunidos en el jardín delantero había aumentado a una multitud de alrededor de cuatrocientas o quinientas personas. Era hermoso y completamente abrumador. Ver a tantas personas que ni siquiera conocíamos llorando y orando por nuestra hermana como si fuera un miembro de su familia me hizo sentir una sensación que nunca podré describir. Entonces les dije a mis amigos de la iglesia: "Salgamos y ayudémosles a superar este momento de dolor". No sé cómo reuní fuerzas para decir esto porque pensé que iba a derrumbarme en ese momento de dolor. "Vamos afuera", repetí. Y entonces cantamos y adoramos con la gran multitud que se había congregado allí, y les dije con el corazón roto: "No sé si mi hermana está en la tierra o en el cielo, pero pase lo que pase en la vida, siempre hay esperanza". Y luego añadí: "Lo que sí sé es que veré de nuevo a mi hermana".

Les dije que estábamos pasando por un momento muy difícil, pero que Dios nos sostenía, y que sin importar el dolor que sintieran, había un poder superior esperando darles fuerza.

—Gracias por amarnos —continué—. Sigan orando. No importa lo que pase, vamos a estar bien. Dios nos ama y Él LOS ama.

Al día siguiente, el 10 de diciembre, comenzamos a hacer planes para traer a nuestra hermana de México. Teníamos que hacerlo, estuviera viva o muerta. Lupe regresaba de otra ciudad donde se había presentado, y estábamos esperando que llegara a su casa de Long Beach para ir todos juntos. Pensar que Chay estaba sola en esa montaña era insoportable. Chiquis y mamá permanecerían en casa con los niños mientras que Gustavo, Pedro, Lupe, Juan y yo volaríamos a Nuevo León para traerla de vuelta.

Estábamos en medio de todos los preparativos cuando recibí una llamada de los abogados de Chay; me pedían que me reuniera con ellos a la mayor brevedad posible.

—Necesitamos que vengas —dijeron por teléfono—. Hay algunas cosas que tenemos que decirte y que son absolutamente necesarias.

Fue entonces cuando me acordé que Chay me había pedido que

fuera su albacea. ¿Esta llamada significaba que ese día había llegado?

Abel y mi cuñada Mona me llevaron a la oficina del abogado, y nunca olvidaré que la radio tocó una canción cristiana de Jesus Culture que decía: *Dador de cada respiración, camina conmigo. Sanador de mi alma, camina conmigo.* Yo sabía exactamente a dónde estaba yendo: a ver a sus abogados, cuyos nombres me sabía de memoria, pero a quienes no conocía. Chay siempre había dejado sus negocios en manos de sus empresarios para que yo fuera simplemente su hermana. Y el hecho de que estos dos mundos estuvieran chocando significaba que algo terrible había sucedido. Entonces canté la canción y le pedí a Dios: "simplemente camina conmigo, iré a donde tú quieras y adondequiera que nos lleve este viaje, pero por favor, no me dejes sola, camina conmigo. Sin importar lo que hayas preparado, simplemente camina conmigo." Yo estaba tratando de no orar porque aún no quería hablar con Él, pero era por eso que estaba cantando para él.

Cuando llegamos a las oficinas de los abogados en Santa Fe Springs, me dijeron:

—Sabemos que el avión de tu hermana ha desaparecido.

—Sí, está desaparecido —respondí.

—¿Sabes que ella te dejó como albacea?

—Sí, lo sé —respondí con mucha calma—. Ella me informó.

—Está bien, es nuestro deber comunicarte lo que dice su testamento —respondieron ellos.

—Con el debido respeto, su muerte no ha sido confirmada todavía —les dije—. No quiero saber lo que dice su testamento porque quiero respetar su intimidad. No quiero saber nada de su testamento hasta que se confirme de manera incuestionable que ella falleció. Si tienen que decirme algo ahora, por favor remítanse a la información más básica. No quiero saber nada más.

Y entonces me dijeron que yo era su albacea, y que en absoluto, y bajo ninguna circunstancia, debíamos incinerarla. Esto era lo que necesitaban informarme. Sin embargo, ella había dejado otra nota. Yo tendría que tomar muchas decisiones, y también me había dejado un mensaje final: "Tienes que ser fuerte, hermana. Sé muy, muy fuerte. No es tiempo de renunciar". Dijo que confiaba en mí, que yo sabía por qué me había elegido, y que no dejara que nadie influyera en mis decisiones, ni siquiera nuestros padres o nuestros hermanos.

—Está bien —dije, conteniendo las lágrimas, con la esperanza de nunca tener que seguir sus instrucciones.

El regreso a casa me pareció eterno. Las palabras de Chay resonaron profundamente en mi mente: "Sé muy fuerte. No es tiempo de renunciar".

Tan pronto crucé la puerta de la casa, vi que mis hermanos estaban discutiendo. Era evidente que no estaban de acuerdo en algo. Yo me había ausentado sólo por un par de horas, y los planes ya habían cambiado. Ya no iríamos todos a México; Lupe sería el único en ir. Habían lanzado una moneda para decidir quién lo acompañaría, y resultó ser Gustavo. Ni siquiera me habían incluido en el sorteo porque yo era una mujer.

—¿Qué están diciendo? —exclamé—. ¡Por supuesto que iré! ¡Ella también es mi hermana!

—Rosa, eres mujer y estás embarazada —dijo Lupe.

—¡Quiero ir! ¡Ella se merece que yo vaya! —grité de nuevo.

—No Bubba, creo que deberías quedarte con mamá y con los niños —dijo Juan.

Acepté sus palabras, pues era mi hermano más cercano junto a Chay.

Pero Chiquis definitivamente no estaba de acuerdo con el arreglo. Quería que Juan viajara y se mantuvo firme al respecto.

—Tienes que ir, tío Juan, porque sé que traerás de nuevo a mi *momma*. La buscarás y la traerás de vuelta —dijo.

Yo la entendía; Juan había permanecido a su lado durante esos meses difíciles que precedieron al accidente, y era el tío en quien más confiaba ella. Además, todo el mundo sabe que la persona más leal y de gran corazón en nuestra familia es Juan. Es profundamente leal, y si hay alguien con quien puedes contar que nunca te fallará, es Juan.

—Los niños y yo hicimos una votación —dijo Chiquis—. Y nosotros también queremos que vaya el tío Juan. Tío, trae a mi *momma* a casa.

Justo antes de que se dirigieran al aeropuerto, convoqué a una rápida reunión familiar en la recámara de mi madre y les dije, de la manera más humilde y tranquila posible, lo que me habían dicho los abogados esa mañana:

—Chay me dejó de albacea.

Todos asintieron sin decir palabra.

—Pero quiero que sepan que si ella está secuestrada, creo que debemos vender todo para rescatarla. No me importa lo que tengamos que hacer, lo venderemos todo.

Todos estuvieron de acuerdo sin dudarlo. Fue un momento hermoso, porque a pesar de todas nuestras diferencias, nadie dudó de que todos aunaríamos esfuerzos para traer de nuevo a Chay. Nuestro padre nos había enseñado bien: La familia siempre es lo primero.

—Así que recuerden cuando estén allá —repetí—, hagan lo que sea necesario para traerla de vuelta, hermanos. Simplemente tráiganla de vuelta.

Juan y Gus pasaron horas y horas buscando a Chay en esa montaña. Se entregaron en cuerpo y alma con el fin de encontrar a nuestra hermana. Sólo Dios sabe lo que vieron allá, pero permanecieron fuertes y mantuvieron su promesa.

De vuelta en casa, los minutos parecían horas mientras veíamos las imágenes por Internet y esperábamos cualquier noticia que pudiéramos recibir.

Johnny, el hijo de Chay, miraba mapas de la zona y me decía:

—Mira tía, hay un río a tres millas de donde cayó el avión; mi mamá es inteligente y seguramente irá hacia allá, así que pídele al tío Juan que la busque en el río.

Todos esperábamos que ella siguiera con vida en algún lugar, que estuviera a salvo, aunque también temíamos lo peor en nuestros corazones.

El 12 de diciembre, mis hermanos empezaron a identificar las partes de su cuerpo. Los demás seguíamos en casa, así que no sabíamos nada de esto, pero recibí una llamada de Gustavo.

—*Hey, Rose,* ¿Janney tiene una cicatriz en la espalda? —me preguntó.

Fue el momento en que supe que había fallecido. Cuando vi el pie, yo seguía esperando que la hubieran secuestrado y que nos pedirían dinero por su rescate. Pero cuando mi hermano, que nunca podría darse cuenta de que era el cuerpo desnudo de mi hermana, me preguntó por una cicatriz grande y larga… lo supe.

—Hermano, estás mirando su vientre —le dije.

Los dos permanecimos un momento en silencio.

—Muy bien, gracias hermana —dijo.

—Gracias, hermano —contesté y colgué.

Los niños estaban sentados a mi lado y vieron las lágrimas resbalar por mi cara.

—¿Hablaban de mamá? —preguntó Chiquis.

—Sí —dije, haciendo una breve pausa, y recordando que había

prometido que les diría cuando supiera algo—. Su tío Gustavo me hizo una pregunta sobre una cicatriz.

—Sí, es la cicatriz de mi mamá —dijo Chiquis, y pareció concentrarse en sí misma.

No tenía que confirmar nada. Ellos ya lo sabían.

Unas horas después, recibí otra llamada de Juan. Al parecer, Lupe y Gustavo estaban discutiendo porque Lupe acababa de decirle a Gustavo que había hecho una urna roja —diseñada por él— con el fin de que Chay fuera cremada. Le estaba pidiendo a Gustavo firmar unos papeles para emprender la incineración.

Gustavo se sintió horrorizado. Estaba buscando a su hermana porque quería llevarla a su casa en Long Beach, y Lupe le estaba hablando de una urna. Tenía el corazón roto, y luego de tantas tensiones estalló una pelea. Juan, que los había observado discutir, les dijo que deberían llamar y preguntarme si sabía algo.

—*Sis,* ¿Chay dijo algo acerca de que la incineraran? —me preguntó por teléfono.

—Sí, hermano —respondí—. Dijo que no la incineraran bajo ninguna circunstancia.

Aunque esto puso fin a la discusión, ya era demasiado tarde. Algo se había roto. El incidente abrió una brecha entre mis dos hermanos, y con el tiempo dio paso a una guerra. Gustavo se sentía muy herido de que Lupe hubiera hecho una urna para Jenni. Creía que aún podría encontrarla, en tanto que Lupe ya estaba haciendo planes para incinerarla. Obviamente, todos tenemos nuestra propia manera de lidiar con el dolor en situaciones como estas, y es imposible juzgar: mientras Gustavo todavía quería encontrar a Chay y traerla a casa, Lupe estaba pensando en términos más prácticos. Quería honrarla y prepararla para su incineración encargándose de todo lo que hubiera que hacer; era su manera de proceder.

Mientras, en el instante en que su muerte se confirmó, me pareció que la situación no podría haberse vuelto más surrealista. Yo era oficialmente su albacea y, como tal, recibí un gran cantidad de llamadas telefónicas para pedirme que tomara decisiones. Como soy la menor y probablemente la más introvertida entre todos mis hermanos, por lo general permanezco callada mientras hacen sus cosas. Nunca soy el centro de atención. Me estaban llamando para pedirme permiso y hacer varias cosas: necesitaban mi firma para pruebas de ADN, poderes y formularios de autorización. Era una sensación muy extraña. Eran hombres que había admirado toda mi vida. Los respetaba mucho y el hecho de que ahora *me* llamaran para pedirme permiso y hacer todo tipo de cosas me parecía muy extraño. Era un nuevo paradigma, y en ese momento supe que mi vida había cambiado.

El 13 de diciembre, mis hermanos finalmente llegaron a casa con Chay.

Lupe llamó para hacerme saber que volarían al aeropuerto de Long Beach, y me pidió que sólo Pedro y yo fuéramos a recibirlos.

No nos dieron la hora exacta de llegada, así que esperamos varias horas en la terminal aérea. El Aeropuerto de Long Beach es muy pequeño. Yo había estado allí con mi hermana, luego de conseguir un jet privado para hacer una de sus grandes giras. Mientras esperaba a mis hermanos, me acordé de cuando estuve en ese aeropuerto con ella, y que al abordar el avión no nos sentimos impresionadas con los cómodos asientos ni con el servicio de cinco estrellas. ¡Lo que realmente nos impresionó fue que nos dieron galletas recién horneadas! *¿Puedes creerlo? ¡Están recién horneadas!*

Casi podía oír su voz diciéndome: "Bueno, hermana, ¡comamos sólo media galleta porque sabes que todo se va directamente a tus muslos!".

¡Ella siempre me decía que todo se iba directo a los muslos!

Dios, pensé. *¿En realidad nunca iba a escuchar su voz de nuevo?*

El avión aterrizó y se detuvo a un lado de nosotros; Lupe fue el primero en bajar.

—Rosa, ¿quieres subir al avión? —me preguntó.

—Sí, quiero ver a mi hermana —le dije, las lágrimas rodando por mi cara.

—No puedes verla, Rosa —me dijo con calma mientras me veía llorar.

—¡Quiero verla! —sollocé.

—No puedes estando así —dijo Lupe—. Así que si te dejo subir al avión, tendrás que estar muy tranquila. No puedes tratar de abrir la caja. ¿Lo prometes?

—Está bien, hermano. Lo prometo.

Pedro subió primero, y mis cuatro hermanos estuvieron con ella. No puedo imaginar lo que Pedro y Gustavo sintieron ese día porque se habían encargado de proteger a Chay desde que estaban muy pequeños.

Cuando llegó mi momento, subí al avión y vi a mi hermana hermosa, fuerte, voluptuosa, de cinco pies con dos pulgadas creyéndose de cinco pies con nueve... en una caja. En una caja pequeña con una tela de seda color vino.

—¿Es ella? —pregunté.

—Sí, Rosie. Te prometo que es ella —dijo Gustavo—. Me aseguré de que lo fuera.

Permanecí sentada un rato, tratando de procesar el hecho de que esa caja era mi hermana, y que ella estaba realmente ahí. Nunca más volvería a ver su cara, su pelo, nunca más volvería a sentir su cálido abrazo. Una profunda tristeza se apoderó de mí, pero no como la que había sentido en los últimos días. Esta tristeza era pura y violenta, y me estaba quemando por dentro. Sin importar cuánto lo intentara, no podía dejar de sentirla y lo único que podía a pensar era que necesitaba un abrazo. Le dije a Dios: "Por favor, dame sólo un abrazo más. Sólo otro más". Quería sentir los brazos de mi hermana a mi alrededor, quería que ella sintiera que yo la abrazaba y le decía que todo iba a estar bien. Así que abracé la caja tan fuerte como pude y no sé si ella me estaba abrazando porque yo la necesitaba, o si yo la estaba abrazando porque ella había sentido mucho dolor en los últimos meses. Yo quería que supiera que iba a estar bien, que ahora estaba con Dios y que ya nada podría hacerle daño. Yo iba a ser fuerte y a cuidar de sus bebés, y un día todos nos reuniríamos en el cielo.

La parte más difícil de ese día fue tener que decirle a nuestra madre. Nadie la había llamado todavía; lo único que ella sabía era que mis hermanos estaban yendo a casa. Al llegar, la vimos sentada en el sofá con los niños, todos muy apretujados. Apenas cruzamos la puerta, miró a Juan, y sólo a él. Juan le devolvió la mirada y se limitó a inclinar levemente la cabeza.

Y entonces lo supieron.

Todos rompieron a llorar. Como yo ya había sentido ese dolor, pensé: *Tendré que cuidar de todos los demás cuando se enteren.* Traté de tocarle la rodilla a Jenicka, pero no quería que nadie la tocara, lo que obviamente era totalmente comprensible. Johnny estaba muy enojado. Mi mamá gritaba, papá estaba muy callado, como en *shock*, y Chiquis y los niños se abrazaron y lloraron. Yo no podía llorar cuando veía el dolor de otra persona; ni siquiera podía moverme. Sólo quería hacer que las cosas fueran mejor para los niños, así como Chay siempre había hecho que fueran mejores para mí. En el transcurso de los días siguientes, hice todo lo que pude para cuidarlos. Había mucho que hacer, muchas decisiones que tomar, y me limité a las actividades básicas, haciendo todo lo posible para mantenerme ocupada y no pensar en el hecho de que nunca más iba a abrazar, besar o recibir un mensaje de texto de mi hermana.

Me esforcé muchísimo para mantenerme calmada por mi bebé. La niña morena e inocente a quien Chay había llamado Fo-Real... Porque al igual que los Rivera, ella sería un asunto real. Sólo me desmoroné una vez en diciembre (sucedería varias veces más en 2013, dentro de mi clóset), el día en que mi amiga Gladyz, que había estado tantas noches con Chay y conmigo y que siempre nos acompañaba en todos los momentos de alegría y de tristeza de los Rivera, vino para cuidarme. Cuando la vi, comprendí que nunca más oiría a Chay decirme Samalia y solté el grito más fuerte que pude. Caí de rodillas en la cocina y Gladyz se hincó para abrazarme y levantarme mientras yo sollozaba incontrolablemente en sus brazos.

Mi hermana se había ido.

una celebración de la vida

En los seis días que siguieron a su regreso a Long Beach, toda la familia se reunió para planear el funeral de Jenni Rivera, o la "Graduación Celestial", como decidimos llamarla. Chay siempre fue una estudiante de puras "A", y aunque la vida no le había brindado el honor de graduarse de una universidad prestigiosa, algo que ella siempre soñó, nos íbamos a asegurar de que se graduara con honores de su vida en esta Tierra. Janney Dolores Rivera fue un ser humano extraordinario en todos los aspectos de su vida, y queríamos asegurarnos de que fuera así como la recordara el mundo.

Aunque Chay nos dejó instrucciones claras sobre lo que debíamos hacer si ella fallecía, nada fue más claro que "Cuando Muere Una Dama", una canción que escribió y grabó en 2003. La hermosa letra nos dijo todo lo que necesitábamos saber:

Quiero una última parranda,
por allá en mi funeral.
Todos los que me quisieron,

la tendrán que celebrar,
recordando mi sonrisa
y mi forma de llorar.

Fui una guerrillera fuerte
que por sus hijos luchó,
recuerden muy bien que en vida
su madre no se rajó,
con la frente muy en alto,
despídanla con honor.

Quiero mi grupo norteño,
y que sea con tololoche,
échense un trago por mí
y también un que otro toque.
Ya se fue la hija del pueblo,
la mujer de los huevotes.

(...)

A mi familia querida,
mis padres y mis hermanos
sé muy bien que en la otra vida
volveremos a juntarnos para reír y gozar
de lo mucho que triunfamos.

Y no me extrañen mis jefes que su hija la rebelde
por siempre vivirá.

Que en mi lindo Playa Larga
haya una última parranda,

que me canten mis hermanos,
mi madre flores reparta,
mi padre fotografías
y mi hermana lea mi carta.

Tomen tequila y cerveza,
que toquen fuerte las bandas,
suelten por mí mariposas,
apláudanme con sus palmas,
porque así es como celebran,
cuando se muere una dama.

Chay escribió "Cuando muere una dama" luego de que uno de sus fans, Blacky, falleciera antes de que ella se presentara en el Gibson. Chay cantó en su funeral y algo hizo clic en su interior; le hizo pensar en la forma como quería que la celebraran cuando falleciera. Poco después, escribió la letra y me la mostró mientras estábamos en su carro a la entrada de su casa. Aguardó con paciencia mientras yo leía, pero antes de llegar al final las lágrimas ya corrían por mi cara.

—Es hermosa —dije cuando terminé—. Pero no quiero oírla nunca.

Ella se sorprendió de oírme decir eso porque yo era por lo general una gran fan de Jenni Rivera y escuchaba sus canciones varios días seguidos.

—No quiero que se convierta en una realidad —le expliqué—. No quiero vivir nunca sin ti, y si te mueres, te prometo que me tiraré al ataúd contigo.

Chay hizo una pausa y me miró. Ella sabía exactamente lo que yo quería decir.

—Lo sé, hermana, lo sé —respondió. Y después de una breve pausa, añadió—: Pero sigue siendo una canción fregona, ¿verdad?

—¡Pues claro! —dije, echándome a reír.

Permanecí fiel a mi promesa y sólo escuché la canción una vez antes de hacerlo de nuevo el 9 de diciembre. Y hasta el día de hoy, escucharla me rompe el corazón.

Todos sabíamos que queríamos que la Graduación Celestial de Chay fuera una celebración, un reflejo de su vida y del ser tan hermoso que era ella, pero eso significaba cosas diferentes para todos y cada uno de nosotros. Algunos querían un evento íntimo sólo en familia, otros querían un gran tributo estilo Michael Jackson. Todos amábamos a Chay a nuestro modo y queríamos honrarla de la mejor forma posible. Hubo algunas discusiones en nuestra familia, pero finalmente decidimos hacer un evento que incluyera a todas las personas importantes en la vida de Chay: su familia, sus amigos, y por supuesto sus fanáticos. Después de su familia, Chay vivía para ellos, y realizar un evento que no los incluyera no era lo mejor. Entonces, decidimos celebrarlo en el Gibson Amphitheatre, el lugar donde mi hermana había realizado algunos de sus conciertos favoritos con sus fans de Los Ángeles. Aunque se había vuelto lo suficientemente popular como para llenar el Staples Center, ella decía a menudo que el Gibson era su escenario favorito porque le parecía más íntimo y le permitía estar más cerca de su público. De hecho, había planeado volver al Gibson en marzo de 2013, en un concierto llamado "Inquebrantable".

En los días previos a la Graduación Celestial, Michael —el hijo de Chay— trabajó incansablemente para preparar el *cocoon* de su madre, la preciosa caja de madera que contendría sus restos durante la ceremonia y lugar de descanso final. Ella había especificado que quería un capullo rojo, y como no pudimos encontrarlo con el color exacto que quería, mandamos a hacer uno especial, y Juan, Gustavo y Michael lo lijaron antes de pintarlo de rojo. No me puedo imaginar lo que pasaba por su mente mientras él preparaba el *cocoon* de su mamá, pero sé que era todo lo que ella había soñado: un hermoso capullo rojo, decorado con siete mariposas —cinco por sus hijos y dos por sus nietos en esa época— para honrar a nuestra propia "Mariposa del Barrio".

Yo estaba teniendo problemas para encontrar un lugar en mi nuevo rol como albacea mientras planeaba cada detalle de la celebración y lloraba al mismo tiempo la pérdida de mi hermana. Pasé todos los días y todas las noches pensando en ella, en lo que habría querido, en lo que podría haber pensado sobre tal o cual decisión. Estaba abrumada y me di cuenta que seguía enojada con Dios, porque no platicaba con Él de nuestros asuntos diarios. Yo no entendía por qué me la había arrebatado. No había podido hablar con Él desde el 9 de diciembre, hasta que un día ya no pude soportar más. Salí a correr y le grité a todo pulmón: "Devvélveme a mi hermana. La necesito. ¿Qué pasó con nuestro plan? ¿Qué pasó con nuestros dos millones de almas? ¿Cómo esperas que haga esto si no es con mi hermana?". En medio de mi dolor y desesperación, pensé que Él no podía oírme por más que yo le gritara.

Mi hermana era parte de este sueño. Íbamos a viajar por el mundo y a cambiar la vida de las personas, íbamos a llevarles el amor de Dios y a mostrarles que ya no necesitaban tener miedo. Pero ahora que Chay se había ido, ¿quién escucharía o se interesaría por Rosie si no estaba Jenni? ¿Cómo haría yo la voluntad de Dios sin mi hermana?

Sentí como si Él estuviera esperando a que yo hablara acerca de mi ira y la expresara verbalmente para poder descubrir lo que Él ya sabía, pues Él conoce mis pensamientos y sentimientos más profundos antes de que abra la boca para expresarlos o racionalizarlos incluso en pensamientos. Mi coraje no lo asustó ni lo hizo sentir molesto. Dios me mostró la forma en que esto me separaba de Él, pero Él no se estaba separando de mí. Estaba esperando, con bondad y misericordia, para ayudarme a lidiar con la amplia gama de emociones que estaba sintiendo ahora que mi mayor temor se había hecho realidad.

Entonces sentí que Dios le habló de nuevo a mi corazón: "El plan para ustedes dos de viajar juntas por el mundo fue idea tuya, pero sigo trabajando para que llegues a dos millones de personas".

Respiré profundo. Dios todavía estaba ahí; no se había olvidado de mí, y nuestro plan aún estaba en marcha. Ese día comprendí que, en cuanto seres humanos, creamos nuestras propias metas y objetivos, y mientras el Señor los oiga, sólo Su voluntad es lo que cuenta en última instancia.

El 19 de diciembre de 2012, toda la familia Rivera, junto con casi siete mil fans de mi hermana, asistió a su Graduación Celestial en el Gibson Amphitheatre; alrededor de dos mil personas estaban afuera, y muchos millones más siguieron la celebración a través de la transmisión en vivo por la televisión en español. Todos cantamos, lloramos, reímos y oramos juntos. Celebramos su vida tal como ella hubiera querido que la celebráramos.

Todos los miembros de nuestra familia estaban vestidos de blanco, excepto mi madre, que iba vestida de rojo, el color favorito de Chay. Tres pantallas grandes mostraban hermosas fotos de Chay en muchas etapas de su infancia, de su vida familiar y profesional. Queríamos que la gente viera no sólo a Chay la "Diva de la banda", pero también a Chay la madre, la hermana y la hija. A esa mujer increíble que todos amábamos.

Empezamos el evento con la misma música introductoria que utilizaba Chay en sus conciertos, un resumen musical de cinco minutos de lo que era ella como artista. Siempre que la música comenzaba a sonar a todo volumen por los altavoces en uno de sus eventos, sus fans sabían que eso significaba que ella estaba a punto de aparecer en el escenario y la multitud se llenaba de emoción. Mientras planeábamos la ceremonia, queríamos que sus fans sintieran esas mismas emociones por última vez. Pensándolo bien, me doy cuenta que tal vez también *necesitábamos* sentir esas emociones, que tal vez *necesitábamos* sentir eso siempre que Chay hacía su aparición.

En el escenario sólo había una pasarela (como las que ella utilizaba en sus conciertos), con treinta y cinco sillas para la familia y un micrófono debajo de un reflector para representar su presencia. Los hombres de nuestra familia —mi padre, mis hermanos y los dos hijos de Chay— y yo permanecimos en silencio con el *cocoon* detrás del escenario. Estábamos orando para tener paz y fortaleza. Nos habíamos dicho mutuamente que no íbamos a llorar: queríamos permanecer fuertes y serenos para nuestra hermosa Diva. Todos llevábamos guantes blancos porque teníamos la responsabilidad de traer el capullo a su lugar en el centro del escenario.

Apenas sonó la música, las hijas de Chay, junto con mi madre y el resto de la familia, caminaron por el escenario a sus asientos asignados. A medida que la música llenaba el anfiteatro, comencé a sentir mariposas en el estómago, sintiendo lo que había sentido tantas veces cuando mi hermana estaba a punto de subir al escenario. Sin embargo, la emoción que pude haber sentido se hizo pedazos cuando me di cuenta de que ella reposaba en el *cocoon* a mi lado, y que nunca más volvería. Yo estaba conteniendo las lágrimas, tratando de ser fuerte como mis hermanos, pero Lupe empezó a llorar. Y no pude resistir más. Las lágrimas corrían por mi cara y momentos después Juan también estaba llorando. Tardamos un par de segundos en reponernos antes de recibir nuestra señal y comenzar a caminar hacia adelante para darle a la Diva su gran aparición.

Y lo hicimos. Llevamos a la Reina a su lugar en la pasarela. Fueron los cien pasos más difíciles que he tenido que dar, pero a la multitud le encantó: podía oírlos animar y sollozar a un mismo tiempo, y todo por su amada Jenni. Cada emoción posible era palpable y fue un hermoso momento de alegría y desesperación en el que compartimos el peso de la tristeza de cada uno de nosotros.

Cuando por fin llegamos a su lugar en el escenario, colocamos cuidadosamente el *cocoon* en su stand y lo tocamos, como queriendo tranquilizarla luego de decirle que estaríamos allí, junto a ella. Me agaché y besé el capullo así como la habría besado a ella en la frente. No sé por qué, pero en ese instante vi a la mujer más fuerte del mundo como la criatura más frágil de la creación de Dios y sentí la necesidad de cuidarla. Era como si los papeles se hubieran invertido y yo tuviera que acariciar y cuidar ahora a mi hermana mayor.

Chay hubiera querido música en su celebración, así que nos aseguramos de invitar a algunos de los mejores artistas de nuestro tiempo, artistas que Chay admiraba y quienes la admiraban a ella. Entre ellos se encontraban Ana Gabriel, Joan Sebastian, Los Horóscopos, Larry Hernández y Olga Tañón. Pete Salgado, el mánager de Chay, nos ayudó a planear el espectacular evento y no se escatimó ningún detalle para hacer que fuera la graduación de una reina.

Además de las actuaciones musicales, hicimos planes para que los amigos más cercanos de Chay y los miembros de nuestra familia inmediata hablaran unos minutos. Todo el mundo —mi mamá, mi papá, mis hermanos, los hijos de Chay, su mentor Pepe Garza y Pete Salgado— subió al podio y platicaron. La ceremonia duró varias horas, pero a mí se me pasó volando. En medio de todo el dolor que sentí, fue un soplo de aire fresco oír a otras personas hablar de la hermosa vida de mi hermana —y no de su muerte, que es de lo que habían estado platicando todos los medios de comunicación—; fue como pasar un poco más de tiempo con ella. Nunca antes había experimentado la muerte de un ser querido, y en ese momento comprendí lo importante que es llevar a cabo un ritual donde todo el mundo se reúna para celebrar una vida. La intensidad de las emociones era palpable en el anfiteatro, y me sentí bendecida de estar rodeada de tantas personas que amaban y extrañaban a la persona que yo quería más en el mundo. No sé si fui capaz de procesar completamente lo que sucedía, pero lo recuerdo todo con destellos: destellos de dolor, alegría y devastación, todo ello a un mismo tiempo. Cuando veo los videos de la ceremonia, me cuesta creer que cada miembro de nuestra familia haya sido capaz de ponerse de pie y hablar en el podio. Me sentí asombrada con Johnny, quien habló con el porte y la elegancia de un hombre adulto, y no como un niño angustiado por la muerte de su mamá. Chiquis, debido a lo que había ocurrido recientemente con su madre, estaba nerviosa por lo que pudiera decirle el público, pero sus palabras fueron tan hermosas y tan llenas de amor por su madre adorada, que estoy segura de que no había un alma en el mundo que dudara de su devoción. Jenicka y Jacqie también hablaron, y cada una cantó una canción de Chay con sus hermosas voces. Mikey habría hecho orgullosa a su mamá con sus palabras atentas y compasivas. Mi madre, mi padre y mis hermanos le hablaron a Chay desde sus corazones, y estoy segura que ella nos estaba sonriendo mientras nos turnábamos para darle nuestra despedida final. Papá y Lupe le cantaron una canción ante una multitud que lloraba en silencio. Las personas en la audiencia estaban tan angustiadas como nosotros, y desde lo alto en el escenario vi cómo todos los que estaban presente ese día la querían desde lo más profundo de sus corazones. Estaban tan dolidos como nosotros, y oré para que pudieran encontrar la paz.

Durante la mayor parte de la ceremonia, mantuve los ojos fijos en el *cocoon.*

Pero al mismo tiempo, hice todo lo posible para no mirarlo.

Me sentí nerviosa cuando llegó mi momento de hablar. No había preparado nada —¿cómo podría haber pensado en escribir algo con todo lo que estaba pasando?— y el pastor Pedro me preguntó varias veces durante la ceremonia si estaba segura de poder hacerlo.

"¡Claro que sí!", le decía yo, sabiendo que no tenía absolutamente ninguna idea de lo que iba a decir. Sólo esperaba que Dios me ayudara a encontrar las palabras adecuadas en mi corazón.

Mientras me dirigía al podio, pasé al lado de Pedro y temí que repitiera su pregunta. Pero en vez de ello, me dijo simplemente: "Tú puedes hacerlo".

Comencé a hablar y antes de darme cuenta, las palabras ya salían de mi boca.

"Antes de que ustedes conocieran a Jenni Rivera, yo conocía a Chay, mi única hermana", dije mientras agarraba el micrófono. "Es una bendición tan grande que me ha dado Dios, que pude ser su única hermana: su muñeca de carne.

"Les confieso, he temido este día desde que tenía siete años y mi hermana y yo hablamos de esto varias veces. Yo le decía, 'Hermana, no puedo vivir sin ti'.

"Yo creía que al llegar este día, no sería capaz de soportar el dolor, y tal vez no podria si no fuera por Dios que vive en mí. La Palabra de Dios dice en Romanos 8:28, 'Todo obra para bien para los que aman a Dios y están hechos para su propósito'.

"Jenni Rivera ama a Dios; la familia Rivera ama a Dios. Jenni Rivera fue creada para el propósito de Dios, y la familia Rivera también. En este caso, todo, todo obra para bien. Lo que significa que todo obra para bien.

"Dios me la dio cuarerta y tres años como hermana, y obró para bien. Ahora me la da una eternidad como hermana y obra para bien.

"No pasaba un día de nuestra vidas sin que ella me dijera: *Sister, I love you*, y yo le contestara *I love you*. Y ella me decía: *I love you more*, y empezaba una alegata hasta que una se rendía. Ahora que se ha graduado, ahora que está en el cielo con nuestro Padre, dejo que gane. Puedo decirle que tal vez ella me amó más. Pero sí puedo tomar el tiempo de decir que la extrañaré todos los días de mi vida

"Si me ven con una sonrisa algún día, es porque Dios me tiene de pie, y si alguna vez me ven llorando, es que Dios está sanando mi corazón.

"Jenni Rivera dejará un legado enorme y ese es el plan de Dios. El plan de Dios sigue adelante y nosotros hacemos que Jenni viva toda la vida. El sufrimiento que tenemos hoy es grande, pero es poco tiempo en comparación con una eternidad que tendremos en el cielo con ella.

"Todas las cosas obran para bien. Si Dios se llevó a mi hermana a una graduación en estos días obra para bien".

Dije mirando su ataúd: *Sister, how are you?* Y ella habría respondido: *Sister, I'm good. How are you?*

"Y ahora puedo decirle: *I know you're good. Sister*, en todo eras la primera. Y hasta en conocer a Jesucristo eres la primera. Y estoy feliz por ti. Disfrútalo, besa su hermoso rostro por mí. Te amo todos los días, hermana. Hoy es martes y mañana te veré en el cielo.

"Que Dios me los bendiga".

Cuando oigo a esa mujer —cuyo temor más grande era perder a su hermana— abrir la boca y hablar de manera tan coherente mientras está de pie delante del capullo de su hermana, me pregunto *¿quién es ella?* No tengo idea de cómo fui capaz de hablar con tanta claridad cuando era un completo desastre por dentro. "Todo obra para bien", señalé, y lo dije en serio. Acababa de perder a mi hermana; estaba viviendo los peores días de mi vida, pero yo sabía sin embargo, por lo que había vivido hasta ese momento, que Dios obra para bien. No sabía cómo ni cuándo, pero sentí profundamente en mi alma que esta tragedia iba a funcionar para bien. Que todo lo que ha sucedido en mi pasado —el abuso sexual, el aborto, el divorcio y mucho más— me habían preparado de alguna manera para este momento crucial. Y yo tenía que estar lista para el desafío.

Mi hermano Pedro leyó las Escrituras poco antes de que terminara la ceremonia; yo le había pedido que me dejara compartir algunas palabras finales y ofrecer una oración. Mientras Pedro seguía leyendo, Dios me recordó al apóstol Pedro, que estaba llorando la pérdida de su amigo Jesús. Pero después de la experiencia del Cenáculo en el Día de Pentecostés, Pedro se dirigió a una multitud en Jerusalén y, lleno del Espíritu, dio un mensaje y 3.000 personas se sumaron a la iglesia.

Dios me dijo: "Rosie, tú puedes hacer eso".

Así que cuando llegó mi turno, comencé mis palabras de clausura diciendo: "Tal vez hoy sea un día muy doloroso para ustedes, como lo es para nosotros. Tal vez se estén preguntando '¿Cómo puedo superar esto? ¿Cuándo terminará el dolor?'. Tal vez hoy se den cuenta de que necesitan algo diferente en sus vidas".

Entonces le conté a la audiencia cómo había encontrado las respuestas que había buscado toda mi vida, y que ellos podrían hacer exactamente lo mismo. Dios me amaba. Dije: "Jesús tiene a mi hermana en Sus manos y quiero que cada uno de sus fans que la siguió aquí en la tierra la siga en el cielo".

Tuve el honor de que el mundo supiera que Chay estaba en paz, y que quienes estaban en el Gibson, viendo la televisión, o escuchando la radio, pudieran encontrar la misma paz. Les pedí a las personas que necesitaban al Señor: "Por favor, levanten la mano y oraré por ustedes". Oré con los ojos cerrados como suelo hacerlo, y al abrirlos vi unas 3.000 manos alzadas. Mis ojos se llenaron de lágrimas de dolor y de alegría: saber que alguien está recibiendo a Jesús en su corazón siempre trae alegría a mi corazón, aunque esté destrozado.

Afuera de la arena, hombres, mujeres y niños que miraban las grandes pantallas se hincaron de rodillas con las manos levantadas hacia Dios. Sólo la eternidad revelará el impacto que tuvo esto en una audiencia estimada no sólo en dos millones, sino en los veinte que estaban viendo o escuchando la Graduación. Posteriormente oí una historia tras otra de personas que se habían conectado o reconectado con Dios ese día, y en medio de mi devastación me dio alegría saber que había contribuido a hacer una diferencia en la vida de las personas en un momento de tanto dolor. Tal como yo lo había soñado, tal como Dios y yo lo habíamos discutido, mi plan se estaba haciendo realidad. Chay y yo estábamos trabajando para Dios, pero no de la forma como yo lo había esperado. Y a pesar de que habría preferido que las cosas nunca terminaran de esta manera, sé que Dios lo hace todo por una razón, y no dudo ni por un instante de Sus intenciones.

Al concluir la Graduación Celestial de Chay, cada miembro de nuestra familia se acercó uno por uno, y puso una rosa blanca en su ataúd, abrazando y besando el féretro rojo. A continuación, los asistentes hicieron fila para presentar sus respetos. Vinieron a ver a mi hermana uno por uno. La procesión duró varias horas.

Doce días después tuvimos una pequeña reunión íntima en el entierro de mi hermana. No había cámaras ni fans... únicamente nuestra familia. Fue una hermosa ceremonia digna de una reina, con música y un tapete rojo, tal como Chay lo habría querido. Cuando su *cocoon* fue llevado a la tierra, sentí como si esta se abriera debajo de mis pies, y toda la fuerza y la determinación que había tenido durante las tres semanas anteriores se hicieron pedazos. No podía soportar la idea de que la vida tuviera que seguir sin Chay, y por un instante quise, con todo mi corazón, aventarme a la tumba con ella. Sin Chay, la vida nunca más sería agradable y yo no quería intentarlo siquiera. Pero pensar en los niños —mi hija, los hijos de Chay y el bebé que estaba creciendo dentro de mí— me detuvo en seco y desde ese momento en adelante, sin importar lo triste que me sintiera o lo mucho que extrañara a mi hermana, nunca miré atrás. Sé que mi lugar está aquí y ahora, y que cuando llegue el momento, mi hermana y yo estaremos reunidas en el cielo.

sanando

Después de llevar a Chay a su sitio de descanso final —al Momma's Garden, como decidieron llamarlo los niños— el 31 de diciembre de 2012, Abel, Kassey y yo nos mudamos a la casa de Chay en Encino. Si yo iba a ser su albacea y la guardiana de sus hijos, tenía que estar a su lado en todo momento y cuando más me necesitaran. Chiquis también se mudó de nuevo a la casa y a todos nos costó encontrar nuestro rumbo en esos primeros meses. Esa casa grande y hermosa —la casa de los sueños de mi hermana— estaba llena de gente pero se sentía penosamente vacía sin ella.

Me hice cargo de la dirección de Jenni Rivera Enterprises (JRE) y desde el momento en que asumí mi nuevo rol lo di todo de mí. Mi hermana siempre hizo hasta lo imposible por mí, y yo iba a asegurarme de hacer lo mismo por ella. Y para mí, eso significaba dar el 110 por ciento, así me excediera. Estaba embarazada, y trabajaba sin embargo día y noche, haciendo un gran esfuerzo para manejar las cosas y mantener su imperio funcionando, esperando siempre tomar las decisiones correctas que ella habría aprobado.

Fue una época difícil. Ha habido muchos momentos difíciles en mi vida, pero 2013 fue de lejos el año más duro que he tenido. No sólo perdí a mi hermana, sino también mi vida. Prácticamente de la noche a la mañana pasé de ser la hermana pequeña y anónima de los Rivera que trabajaba de nueve a cinco y predicaba los fines de semana, a ser la albacea de Jenni Rivera y la guardiana de su legado. Tuve problemas para encontrarme a mí misma en este nuevo paradigma en el que era vigilada constantemente y no tenía ni un minuto para mí. Perdí mi anonimato y escasamente tenía tiempo para comer un helado con mi familia o para salir a correr por el parque. Pero mi mayor reto, y que simplemente no podía entender, fue la forma como debía seguir viviendo sin mi hermana en el mundo. Anduve como un zombi en los días y semanas después de su entierro. Esa sensación antigua y conocida de no querer vivir más volvió a atormentarme y me encontré dividida entre mis deberes para con mi hermana y la agitación interna que se estaba apoderando de mi mente y de mi corazón. Todas las emociones que había logrado mantener casi a raya mientras planeábamos la Graduación Celestial y el entierro, se desataron en una avalancha y no siempre pude controlarlas. Si me hubieran dejado hacer lo que me diera la gana, probablemente me habría encerrado a llorar días y días, pero tuve que controlarme y cumplirle mi promesa a mi hermana.

Fue una época muy difícil. Yo le había dicho al mundo en el Gibson Amphitheatre: "Todo obra para bien", y aunque sabía en mi corazón que Dios se había llevado a mi hermana por una razón, no podía ver aún cuál era esa razón. "Dios, ¿por qué no me llevas con ella?", le pedí. Era yo la que siempre había querido morir; era yo la que le había rogado, durante años y años, que pusiera fin a mi vida. Chay quería vivir. *Siempre* tuvo ganas de vivir. Ella cumpliría ochenta años y seguiría estremeciendo al mundo, tocando corazones y sacudiendo almas. No había ninguna persona que estuviera más viva que Chay; ella tenía sueños y planes: toda su vida giraba en torno al presente y al futuro, mientras que yo había querido morir durante todo el tiempo que podía recordar. Por supuesto, con Abel a mi lado y Dios en mi corazón, yo estaba en un lugar mucho mejor que antes, pero aún sabía que estar en el cielo era mejor que estar en este mundo cruel. Y saber esto hizo que quisiera morirme aún más, porque yo quería estar cerca de Dios. ¿Cómo pudo permitir Él que sucediera esto? Sin embargo, yo sabía que había una razón. *Tenía* que haber una razón, simplemente yo no la veía todavía. El dolor me estaba cegando.

Llorar la muerte de un ser querido es algo que cada uno hace a su manera, y es algo que todos nosotros, de una forma u otra, tendremos que hacer. No hay una forma correcta o incorrecta de hacerlo, sólo la que sea adecuada para ti. Algunas personas necesitan una gran cantidad de tiempo, otras apenas unos pocos días o semanas. Algunas necesitan hablar de ello con todo el mundo a su alrededor, en tanto que otras prefieren mantenerlo en privado.

En mi caso, el proceso ha ocurrido muy lentamente, y he tenido muchas conversaciones con Dios, tratando de entender por qué mi hermana tenía que irse tan pronto. En uno de mis intentos por hacer frente a mi dolor, fui a ver a un consejero cristiano. Pasé por la consejería de la misma manera en que platiqué con muchos terapeutas después de mi abuso sexual. Supongo que después de tantos años de guardarme esos secretos tan terribles, aprendí por fin a tener el valor para hablar y analizar lo que pasaba en mi mente y en mi corazón. En mis sesiones, hablé sobre el dolor que estaba sintiendo, sobre lo enojado que estaba con Dios por habérmela arrebatado, y sobre lo destrozada que me sentía de tener que vivir sin ella. El consejero me escuchó, hizo un par de comentarios y de repente dijo algo que cambió mi mundo entero. En lugar de profundizar en mis sentimientos de pérdida y desilusión, me pidió que orara con él. Juntó sus manos y dijo:

—Gracias, Dios, por Jenni.

En ese momento caí en la cuenta: todo este tiempo había estado tan molesta con Dios por habérmela arrebatado que me había olvidado de darle las gracias por los treinta y un años que la había tenido. Y yo tenía que darle las gracias porque Él no sólo me había dado una hermana (todos sabemos que hay buenas hermanas, y otras que no lo son tanto). Él me dio la Hermana Más Increíble del Mundo. No sólo era una artista fantástica, sino también una mujer inspiradora y una madre extraordinaria. Ella era la hermana más increíble: la persona que nunca me falló, que nunca me menospreció o regañó, y cada vez que yo me equivocaba, ella me lo decía, pero siempre con tanto amor que nunca me sentí avergonzada. Ella conocía de todos mis errores y mis defectos, y a pesar de esto me amaba de todos modos. Ella era la única persona en el mundo que siempre, siempre, estuvo a mi lado. Hay muchas personas que pasan por la vida sin experimentar siquiera una fracción de esto, y yo lo había tenido durante treinta y un años. Fue entonces cuando comencé a encontrar un poco de paz; mi hermana era una luz que brillaba tanto que si Dios tenía que llevársela, eso estaba bien, porque fue increíble mientras la tuve.

La verdad es que no creo que la vida vuelva a ser igual después de haber perdido a mi hermana. A medida que pasa el tiempo Dios va sanando mi corazón, pero sé que nunca dejaré de extrañarla. ¿Cómo podría hacerlo? Ella era la persona más importante en mi vida. Y no importa cuánto consuelo pueda encontrar en mi familia y en Dios, no pasa un solo día en que no quiera poder abrazarla así sea sólo una vez más. Pero sé que podré hacerdo, un miércoles, en el cielo.

Mi hermana me dejó encargada de sus negocios y de su legado, y entre todas las responsabilidades que dejó, la más importante para mí era cuidar de sus hijos. Vi a mi hermana partirse el lomo para que nunca les faltara nada, ya fuera en aquellos días en que vendía bienes raíces en Long Beach, o más tarde, cuando se convirtió en una artista exitosa. Su agenda siempre estaba repleta de cosas por hacer —desde conciertos, conferencias de prensa a eventos de caridad y apariciones en televisión— y aunque lo que más quería en el mundo era estar en casa y pasar tiempo con sus hijos, cada día se despertaba y salía para construir una vida mejor para ellos; para darles la mejor vida posible. Chiquis, Jacqie, Mikey, Jenicka y Johnny son cinco seres humanos extraordinarios, y cada uno de ellos tiene una pequeña parte de Chay; me consuela saber que ella sigue viviendo a través de todos y cada uno de ellos.

Chay siempre dijo que ser madre era su trabajo favorito, y lo hacía de una forma maravillosa. Y como ya no está aquí para cuidar de sus hijos, los convertí en mi prioridad número uno. Todo lo que tenía que ver con *mis* sueños y *mi* vida quedó en suspenso. No fue un sacrificio ni tampoco un esfuerzo: era lo que yo quería hacer. Había empezado a trabajar en este libro y en la grabación de un álbum en 2012, pero nada de eso sería una realidad porque mi hermana me necesitaba. El bienestar de mis sobrinas y sobrino se hizo más importante que el mío. Le pedí incluso a mi esposo que aplazara sus sueños: Abel es un cantante extraordinario y estaba trabajando para grabar su primer álbum, pero en el instante en que mi vida cambió, lo dejó todo para apoyarme. Se encargó de la casa, de los niños, de que todo funcionara sin problemas, y de que yo pudiera hacer mi nuevo trabajo de la mejor manera posible.

Las cosas no eran tan sencillas como podrían parecer cuando se trataba de cuidar de los niños. Johnny y Jenicka acababan de perder a su madre y también a su padre, y sus pequeños corazones tenían mucha necesidad de sanar. Pero por mucho que yo quería ayudarles en cada paso del camino, una de las cosas que tuve que aprender fue darles amor y cuidarlos sin ser dominante ni controladora. Necesitaba asegurarme de que pudieran continuar con las vidas que ellos querían. De hecho, fui a terapia para aprender a ayudarles a hacer el duelo, y el psicólogo infantil me aconsejó que la vida tenía que seguir siendo para ellos tan normal como fuera posible. Necesitaba asegurarme de que no tuvieran que enfrentarse a demasiados cambios, pues la vida ya les había cambiado bastante tras la muerte de su madre. Yo tenía que recorrer una línea delgada entre el hecho de darles el espacio que necesitaban para hacer su duelo, al mismo tiempo que le daba a Chiquis su lugar como su verdadera guardiana, todo esto mientras seguía siendo su tía cariñosa y me aseguraba de que supieran en sus corazones que no eran huérfanos porque siempre nos tendrán a nosotros: a su familia. A veces se resistían a mi presencia y, aunque yo entendía muy bien eso y respondí dándoles más espacio y privacidad, todo el tiempo me esforcé para no fallarle a mi hermana al no cuidar debidamente de sus bebés.

Seis meses después del accidente de Chay, el 24 de julio de 2013, Abel y yo le dimos a nuestra hermosa niña la bienvenida al mundo. Era una verdadera Rivera, y no vino al mundo como un bebé normal, en la cama de un hospital... ¡sino en un carro!

Yo estaba en la oficina que Chay tenía en la casa cuando se me rompió la fuente. Sólo estábamos mi bebé y yo. Chay siempre está conmigo desde su partida, así que yo sabía que no debía tener miedo porque ella me iba a ayudar a salir de esto.

Abel había salido a conseguir el almuerzo, y como yo había hecho labores de parto durante treinta y cinco horas con Kassey, ni siquiera me molesté en llamarlo, pues estaba convencida de que aún teníamos tiempo. Terminé lo que estaba haciendo y unos treinta minutos después le envié un mensaje de texto: "*Babe*, se me rompió la fuente. No te preocupes, tenemos tiempo". Obviamente, Abel llegó de inmediato, muy apresurado y nervioso, y me encontró afeitándome las piernas en la regadera como si no pasara nada. Comenzó a grabarme, pues yo estaba muy tranquila, bromeando, siendo coqueta frente a la cámara, y diciendo que me sentía tan bien que podía tener dos bebés si quisiera... Cuando de repente, y en menos de diez minutos, mis contracciones dejaron de ser perfectamente tolerables y se convirtieron en una verdadera locura. En cuanto me dieron un respiro, salí de la regadera y logré ponerme un sostén y una falda: agradezco a Dios por la falda, ¡pues terminó siendo la vía de escape perfecta para el bebé! Abel corrió detrás de mí con una camisa y la bolsa de pañales.

En cuestión de minutos ya estábamos yendo al hospital en el carro, y yo tenía un dolor insoportable. Subí los pies al tablero y antes de darme cuenta, ¡la bebé sacó la cabeza! Entramos completamente en pánico, y en medio de mi estupor inducido por el dolor, no supe si debía empujar o tratar de retener a la bebé mientras llegábamos al hospital. Abel se detuvo a un lado de la carretera y llamó al 911, y la operadora le dijo lo que tenía que hacer en el parto. Allí, en la esquina de Havenhurst y Espirit a la 1:30 p.m., nació nuestra hija menor, y después de seguir instrucciones del 911, Abel ató el cordón umbilical con el cordón de su zapato para que nuestra niña pudiera respirar por primera vez en este mundo.

La llamamos Samantha Chay. A mi hermana le encantaba darles apodos a todos, y me llamaba "Samalia", "Sam" o "Sammy" cuando yo estaba pequeña. "Chay" es el apodo que Juan y yo le dimos a ella, por lo que con Sammy Chay, mi hermana y yo estamos unidas una vez más. Di a mi hija el nombre de mi hermana Chay, la mujer maravillosa que conocí, y deseo que herede las virtudes extraordinarias de mi hermana: amor, misericordia, ética laboral, generosidad y pasión. Y me gustaría que Sammy Chay tuviera la misma personalidad de mi hermana, desde la capacidad para levantarse temprano hasta su entrega total por las cosas en las que creía. Nuestra hija nació un miércoles: el día favorito de Chay. Al compartir la buena noticia a través de Twitter, escribí: "Ayer fue martes y hoy vi a mi hermana. Gracias, Dios, porque hoy, un miércoles, Chay ayudó a pasar a una hermosa *baby girl* de Tus brazos a los míos".

Ese primer año, todos trabajamos día y noche para resaltar el legado de Chay, pero a medida que las semanas se convertían en meses, y los meses se convertían en años, comencé a ver que la intensidad de mi dedicación le estaba pasando factura a mi familia. JRE se apoderó de mi existencia, y me encargué más de mis deberes para con JRE de lo que me ocupé de mí misma y de mi embarazo. No dormía, y escasamente comía: lo único que me importaba eran JRE y los niños. Si Jenicka tenía necesidad de hablar conmigo o Johnny necesitaba ayuda con su tarea, yo quería estar con ellos. No porque me lo pidieran, sino porque sentía que era mi obligación. Hacer algo para mejorar sus vidas se convirtió en mi prioridad.

—Anda a descansar un poco, tía; no te preocupes, mañana podremos hablar —me decían a veces los niños—. Tía, anda con tu familia, estamos bien.

Me preocupaba mucho por ellos y aunque sabía que no estaba en mis manos ofrecerles consuelo, nunca quise que se sintieran solos o perdidos. Me preocupé tanto por ellos ese año que Dios sabe que no le di a mi dulce Kassey toda la atención que se merecía. Pensaba en lo más profundo de mi mente: *Aunque no estoy presente, por lo menos mi hija tiene una madre; pero los niños de Chay ni siquiera la tienen. Ellos me necesitan más ahora. Kassey y yo tendremos tiempo después.* Pero el tiempo es un asunto complicado. Siempre crees que tendrás más tiempo, hasta que un día no lo tienes. Y si la muerte de Chay me había enseñado algo, era eso.

Abel entendió perfectamente todo lo que pasaba por mi mente, pero comenzó a preocuparse por lo que esta locura le estaba haciendo a nuestra familia.

—Ya sabes, esposa, que JRE no es más importante que nuestra familia —me decía—. ¿Qué pasa con nuestra hija? ¿Y con nuestra bebé? También necesitamos cuidarlas.

Cuando Abel empezó a decir estas cosas me di cuenta que yo estaba yendo demasiado lejos. Eso no era lo que hubiera deseado mi hermana. Sí, ella quería que yo le ayudara a preservar su legado por el bien de los niños, ella quería que me encargara de JRE, pero ella nunca habría querido que antepusiera esto a mi marido y a mis hijas. Ella sabía lo mucho que yo había luchado para encontrar el verdadero amor, y ahora que tenía un hombre que no sólo me amaba a mí, sino también a mi familia grande y loca, ella no habría querido que me olvidara de eso. Así que comencé a dar un paso atrás y aunque seguía apoyando a los niños en todo lo que necesitaban, también pude dedicar tiempo para cuidar a mi familia.

Abel, Kassey, Sammy y yo vivimos en la casa de Chay hasta el otoño de 2014. El año y medio que pasamos allí con Chiquis y los niños fueron abrumadores y difíciles, pero también hermosos y muy especiales. Sin embargo, la casa de Chay es su casa y había llegado el momento de seguir adelante. De no haber sido por su amor y su apoyo, junto con el del resto de mi familia, no estoy segura de que hubiera sido capaz de superar los muchos desafíos que tuve que enfrentar esos primeros años. Su fuerza me inspiró a ser fuerte, y en muchas ocasiones parecía como si me estuvieran cuidando.

No fue una decisión fácil de tomar, sobre todo porque Kassey se había apegado mucho a sus primos y no se quería ir de la casa, pero fue la decisión correcta para mi familia. Mi marido necesitaba tener su propia casa y espacio, y yo también. Ahora que Sammy estaba cada vez más grande, era importante que encontráramos un lugar propio.

También estaba la cuestión de la custodia.

Aunque realmente había un documento firmado que decía que yo era la tutora legal de Jenicka y de Johnny, yo había decidido desde el 9 de diciembre que debía ser Chiquis quien los cuidara y se encargara del día a día. Ella es la persona que mejor los conoce y ha cuidado de ellos siempre que Chay estaba trabajando o en la carretera. Sin embargo, ocurrieron algunas situaciones en las que era injusto que Chiquis tuviera que pasar a través de mí para hacer lo que mejor sabe. Un día, por ejemplo, ella quería viajar con los niños a otro país, pero cuando fue a sacarles los pasaportes, no podía hacerlo sin mi firma. Esto sucedió otras veces y eso bastó para que Chiquis y yo decidiéramos que ya era hora de cambiar las cosas. Ya habíamos hablado de ello en diciembre de 2012, pero estas situaciones confirmaron que era el momento adecuado. Quiero mucho a mis sobrinas y sobrino pero nunca, mientras viví con ellos, esperé ni intenté reemplazar a su mamá. Siempre quise que estuviera muy claro que soy su tía y que aunque los amo y los apoyo con todo mi corazón, nunca podré reemplazar a su madre.

Renunciar a la tutela fue muy difícil, a pesar de que era lo correcto. Me sentí como si estuviera traicionando la confianza de mi hermana, como si estuviera traicionando su último deseo. Cuando alguien muere, tiendes a querer dejar todo exactamente de la manera como esa persona quería: la cama, la habitación, la tina, todo. Quieres preservar la presencia de esa persona en este mundo tanto como sea posible, y aunque yo sabía en mi corazón que era lo correcto, no quería que ella sintiera que yo le había fallado, o que había evadido mis responsabilidades. Quería asegurarme de que cuando yo llegara al cielo y viera de nuevo a mi hermana, pudiera decirle: "Hermana, cuidé bien de tus niños, de tus hijos preciosos y hermosos". Y en este caso, cuidar de sus hijos significaba darle a Chiquis lo que ya era de ella: lo que siempre ha sido suyo. Lo único que importaba en ese momento era lo que Chiquis, Jenicka y Johnny más necesitaran. Chiquis, en particular, perdió a su madre mucho antes que el resto de nosotros, y como si fuera poco perdió también su casa, sus hermanos, su intimidad y su dignidad. Asumí todas las pérdidas de Chiquis y traté de cargar con ellas, y fue entonces cuando decidí cederle la tutela, porque yo sabía que esto significaba más para Chiquis que todo el dinero del mundo. Me gustaría poder devolverle todo lo que ha perdido pero al menos puedo hacer *esto*. Y todos estamos en una mejor situación gracias a ello.

A medida que sigo tomando cada día como se presenta, puedo decir que "todo obra para bien". Si yo lo sabía en mi mente cuando Chay falleció, ahora lo sé en mi corazón. La pérdida de mi hermana fue la experiencia más difícil que he tenido que vivir, pero gracias a ella, ahora soy más fuerte que nunca. Perder a mi hermana fue mi mayor temor, creía que nunca podría sobrevivir a eso, pero aquí estoy, y he sobrevivido. No me quité la vida, ni me volví loca o entré en depresión, todo gracias a Dios y a mi familia.

No estoy acá para demostrarle nada a nadie; mi única intención es compartir mi historia con la esperanza de inspirar a otros en sus momentos de necesidad. Pasé toda mi vida queriendo que la gente me amara —ya fuera mi familia, quienes me veían frente a una cámara o los hombres con los que salí—, y lo único que me importaba era agradar a los demás y sentirme amada. Pero cuando me di cuenta de que Dios me amaba, independientemente de quién era yo o de lo que había hecho en el pasado, ¡me sentí libre! Su amor es tan grande que inmediatamente dejé de tomar y fumar, y de tener relaciones sexuales, porque ya no necesitaba nada de eso. El amor de Dios es tan grande que yo podía simplemente alimentarme de ese amor.

Todo lo que sucedió en mi vida me preparó para lo que estaba por venir. Ser la albacea de mi hermana me ha dado mucho poder, pero como he sido abusada —y como el abuso sexual es un abuso de poder— probablemente soy más cuidadosa con el poder que tengo de lo que sería si no hubiera pasado por todo lo que pasé. Y por supuesto, mi hermana sabía esto.

Así que hoy puedo agradecer a Dios por la humildad y sabiduría que obtuve gracias a mi pasado roto: los dieciocho años de llanto y de sufrimiento, las relaciones abusivas, el abuso sexual. Esos dieciocho años ablandaron un corazón que podría haber sido orgulloso, que podría haber sido codicioso o enojón, porque con lo que me había dado la vida al servirme todo en bandeja de plata, yo podría haber sido el ser humano más horrible, egoísta y codicioso que haya existido sobre la faz de la tierra. Pero todos esos años de sufrimiento y de dolor me hicieron humilde, y ahora puedo manejar el dolor y todo lo que el mundo tenga para ofrecerme. Puedo estar en un *reality show* con mucha gente odiándome y amándome y volviéndome a odiar, pero no me importa, porque lo que piensan los demás ya no tiene el poder de cambiar lo que soy. Sólo yo tengo ese poder. Y estoy orgullosa de lo que soy. Cuando miro hacia atrás el viaje desenfrenado que ha sido mi vida, me siento orgullosa de lo lejos que he llegado y de la persona que soy. A pesar de todo por lo que he pasado, estoy en un lugar de mi vida donde finalmente estoy viviendo la vida que tenía la intención de vivir, una vida llena de amor y felicidad, donde todo es posible.

Todo obra para bien. Mi hermana está descansando ahora y creo que no sintió dolor tras su accidente. Todos tenemos dolor, pero ella está en el cielo con el Señor Jesucristo y puede mirarnos y ver que aunque todavía nos duela, todos estamos bien. Jenicka acaba de graduarse antes de tiempo y con honores, está continuando con sus estudios y convirtiendo su fotografía extraordinaria en arte para la venta. Johnny se graduará dos años antes de lo planeado, y está diseñando camisetas y el último perfume de su madre. Chiquis está floreciendo en su nueva carrera y gracias al amor de sus fanáticos, ha recuperado un poco de lo que perdió. Mis hijas están mucho mejor, tienen de nuevo a su mamá, y ahora que las cosas se han calmado un poco, Abel ha comenzado a grabar un par de canciones. Jacqie y yo seguimos siendo muy buenas amigas y la nombré presidenta de Jenni Rivera Love Foundation, donde se destaca donando tiempo y fondos para el refugio de mujeres maltratadas llamado A Butterfly's Beginning, en Long Beach. Mi hermano Juan y yo seguimos trabajando juntos en preservar la herencia de Chay, incluyendo sus discos, conciertos, videos, libros, así como el concierto de recaudación de fondos Jenni Vive. Mi madre va al Momma's Garden cuatro veces por semana para asegurarse de que su Janney tenga siempre flores frescas, en tanto mi padre sigue produciendo una parte de su música y le escribe canciones. Mikey está trabajando en el Paloma Project, haciendo murales de su madre por todo el país. Ha hecho tres hasta la fecha y el más bello es el de Jenni Rivera Memorial Park, en Long Beach. También trabaja en la tienda online... procesando personalmente cada orden con amor y humildad. Es un padre maravilloso: lo aprendió de su mamá. Gustavo trabaja en La Gran Señora Tequila de Jenni Rivera, y Juan dedica horas y horas a hacer que Jenni Vive suceda. El pastor Pedro ha recibido en su iglesia a cientos de fans de Jenni Rivera que están dolidos tras su muerte, conduciéndolos a la sanación y a la salvación por medio de Cristo.

Lupe continúa con su carrera y, aunque se ha distanciado de la familia, estoy cien por ciento segura de que nos reuniremos: no por nosotros, sino porque tengo fe en Dios y en su plan para nuestra familia. Hay un plan más grande para todo esto y necesitamos seguir a pesar de que lo extrañamos profundamente. Lupe me pidió un poco de espacio, y se lo estoy dando. Un día, espero poder ir a su casa para asumir la responsabilidad por mis acciones, con la esperanza de enmendar nuestra relación. Ha sido muy, muy difícil vivir esta nueva etapa de mi vida sin él, y aunque necesito a mi hermano, respeto sus deseos porque lo quiero demasiado.

En abril de 2015, Abel, Kassey, Sammy y yo nos mudamos a una casa nueva y hermosa, y estamos disfrutando el tiempo que tenemos para estar juntos, para ser simplemente nosotros mismos. Es la primera vez desde 2012 que vivimos en una casa distinta a la de Chay o de mi madre, y me he empezado a sentir de nuevo como Rosie. Todavía estoy a cargo de la compañía de mi hermana y sigo dedicando toda mi energía para hacer crecer su legado, pero por primera vez en mucho tiempo estoy comenzando a permitirme soñar de nuevo. Me he permitido ser otra vez esa niña sentada sobre las piernas de su padre, soñando con conquistar el mundo.

No sé todavía cuál será mi próximo sueño, pero estoy entusiasmada con lo que me depare el futuro. Cada día es una nueva aventura, y aunque hay momentos en que la tristeza y el dolor todavía abruman mi alma, sé que Dios me ama, y con Él a mi lado todo obra para bien. Mi corazón estaba roto, pero ofrecí a Jesús los pedazos y gracias a Él estoy entera de nuevo. Puedo tropezar, puedo caerme, pero siempre volveré a ponerme de pie porque Dios está en mi corazón. Puedo decirle a mi abusador lo que planeé decirle durante dieciocho años: "No me vas a quebrar". Y mientras Dios camina conmigo, nada podrá hacerlo.

agradecimientos

Escribir un libro es un esfuerzo de equipo y este no fue la excepción.

Gracias a todos en Penguin, a Raymond, Kim, Kio y Andrea, por conformar un equipo maravilloso que hizo este sueño realidad.

A Marissa Matteo, gracias por hacer que la conexión divina fuera posible con Raymond.

A Neil Eskelin, por ayudarme a escribir este libro, y por creer en él cuando nadie conocía mi nombre.

A mi iglesia local, por moldear mi carácter; a mi familia, por amarme a pesar de mi mala actitud y carácter fuerte, y por creer en mí en el momento en que les conté sobre el abuso sexual.

A mis hijos, por permitirle a mamá amar sus sueños y trabajar noches largas e incansables para hacer que esto suceda.

A mi marido, el hombre suave, paciente y misericordioso que nunca me pregunta por mi pasado y que me ama lo suficiente para permitirme brillar intensamente.

agradecimientos

A todas las mujeres abusadas que me han contado su historia y llorado en mis brazos; ustedes me dieron la pasión y el propósito para hablar: el amor no puede permanecer en silencio.

A Cristo, por hacerme íntegra y darme mi voz.

Gracias.